数字中国

洞察产业数字化发展新趋势

何 伟 左铠瑞 张 东 等◎编著

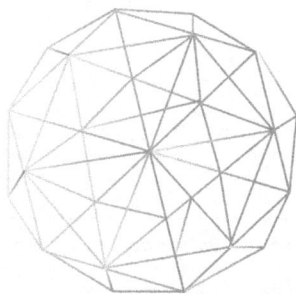

人民邮电出版社

北 京

图书在版编目（ＣＩＰ）数据

数字中国 ：洞察产业数字化发展新趋势 / 何伟等编著. -- 北京 ：人民邮电出版社，2022.7（2024.2重印）
ISBN 978-7-115-59330-6

Ⅰ．①数… Ⅱ．①何… Ⅲ．①信息经济－研究－中国
Ⅳ．①F492

中国版本图书馆CIP数据核字(2022)第091039号

内 容 提 要

　　建设数字中国是以习近平同志为核心的党中央站在时代前沿和战略全局高度做出的重大部署，是抢抓数字化发展历史机遇、全面建设社会主义现代化国家的必然要求。建设数字中国涵盖经济、政治、文化、社会、生态等领域，内涵丰富、外延广阔。本书聚焦数字中国产业发展，分析研判了信息通信产业、新基建、制造业数字化转型以及部分行业数字化应用等重点领域的最新发展热点和趋势，并形成十大洞察，助力社会各界全面了解、深入研究数字中国产业的发展现状和特色。本书适合政府相关部门人员、数字经济产业体系内的企业管理人员、数字经济研究机构从业者，以及高校数字经济相关专业学生阅读。

◆ 编　著　何　伟　左铠瑞　张　东　等
　　责任编辑　张　迪
　　责任印制　马振武
◆ 人民邮电出版社出版发行　　北京市丰台区成寿寺路 11 号
　　邮编 100164　电子邮件 315@ptpress.com.cn
　　网址 https://www.ptpress.com.cn
　　北京天宇星印刷厂印刷
◆ 开本：720×960　1/16
　　印张：19.5　　　　　　　　　2022 年 7 月第 1 版
　　字数：431 千字　　　　　　　2024 年 2 月北京第 5 次印刷

定价：89.90 元

读者服务热线：(010)81055493　印装质量热线：(010)81055316
反盗版热线：(010)81055315
广告经营许可证：京东市监广登字 20170147 号

编写组

何 伟　左铠瑞　张 东　李晨惠　王 锐

汪明珠　张 舒　刘子路　刘 娜　刘 阳

张伟东　喻 平　粟样丹　弓瑞峰　吴 倩

柴莹辉　程超功　康培培　李 军　任世杰

李双佶　吴江寿　宋宇震　刘译璟　李霖枫

前 言

当今世界，数字化转型成为引领全球经济走出阴霾和实现绿色低碳智能可持续发展的关键新动力。以习近平同志为核心的党中央高度重视数字中国建设，《中华人民共和国国民经济和社会发展第十四个五年规划和2035年远景目标纲要》对加快数字化发展，建设数字中国进行了专篇部署，要求迎接数字时代，激活数据要素潜能，加快建设数字经济、数字社会、数字政府，以数字化转型整体驱动生产方式、生活方式和治理方式的变革。

数字中国涵盖经济、政治、文化、社会、生态等领域，内涵丰富、外延广阔。信息通信技术产业及融合应用新产业、新业态等数字中国产业是建设数字中国的主战场。中国信息通信研究院牵头并组织中国电信、航天云网、贝壳找房、科智云佳、同程研究院、北京印刷学院、中移系统集成、数字政通、百分点等企业的专家，撰写了《数字中国：洞察产业数字化发展新趋势》，分析研判了重点领域的发展热点和趋势并形成十大洞察。

洞察一，数字产业：ICT技术融合渗透拓展发展新空间。洞察二，数字新基建：新一代信息基础设施多维演进创新。洞察三，数字化转型：数字技术与制造业融合向纵深推进。洞察四，居住服务：数字驱动服务向专业品质多元化升级。洞察五，智慧医疗：应用场景加速落地促进资源优化配置。洞察六，在线旅游：新业务、新市场、新消费驱动行业抗疫复苏。洞察七，数字内容：行业规范有序发展迈出坚实步伐。洞察八，政务服务："数治"应用赋能政务管理新形态。洞察九，网格化管理：多网格融合助力实现"一网统管"。洞察十，应急管理：智慧应急产业促进应急管理水平提升。

本书内容丰富、数据翔实、图文并茂，是认识、了解、研究数字中国产业发展的宝贵资料，有助于社会各界全面了解、深入研究数字中国产业发展的现状和特色。衷心希望本书的出版能够为推动数字中国产业高质量发展发挥积极的促进作用。

由于时间、条件和水平的局限，本书不可避免地存在错误和疏漏，欢迎各界朋友和读者不吝批评指正。

编写组

2021 年 12 月

目 录

第一章
数字产业：
ICT技术融合渗透拓展发展新空间

新冠肺炎疫情仍在世界范围内蔓延，全球经济复苏乏力，通胀压力和供应链困局持续削弱复苏动能。我国紧抓数字革命的历史机遇，加快数字基础设施建设，促进数字技术与实体经济深度融合，赋能传统产业转型升级，助力新冠肺炎疫情防控和脱贫攻坚，保障经济社会平稳运行，为开启全面建设社会主义现代化国家新征程，向第二个百年奋斗目标进军提供强大数字动力。

一、核心产业发展情况

信息通信技术产业作为数字中国建设的核心产业，在国民经济中的基础性、战略性、先导性地位尤为突出。5G、工业互联网等新型基础设施加快建设，物联网、大数据、人工智能等新一代信息技术与各行业深度融合应用，在支撑经济社会转型和疫情防控等方面发挥了巨大的作用。据统计，2021年我国信息通信技术产业的收入规模达 26.6 万亿元，同比增长 15.7%，增速较 2020 年上涨 5.6 个百分点。电子信息制造业、软件业、电信业、互联网及相关服务业收入分别为 14.12 万亿元、9.50 万亿元、1.47 万亿元、1.55

万亿元。从产业结构上来看，电信业、互联网服务业、软件和信息技术服务业收入占比达 47%，与 2020 年基本持平。

（一）电信业发展情况

双千兆网络部署应用拉动电信业务收入重回增长回升。2018 年，我国电信业正式迈入 4G 技术产业周期成熟阶段，行业收入增速下行，到 2019 年已降至 0.8%。随着 5G、千兆光纤等新技术商用推广，云计算、大数据等企业服务业务的快速增长，电信业务收入增速回升，2020 年电信业务收入增速已回升至 3.6%。2021 年电信业务收入达 1.47 万亿元，同比增长 8%，增速达到 2014 年以来最高值，2018 年以来，31 个省（自治区、直辖市）首次均实现正增长。2015—2021 年电信业务收入增速如图 1-1 所示。

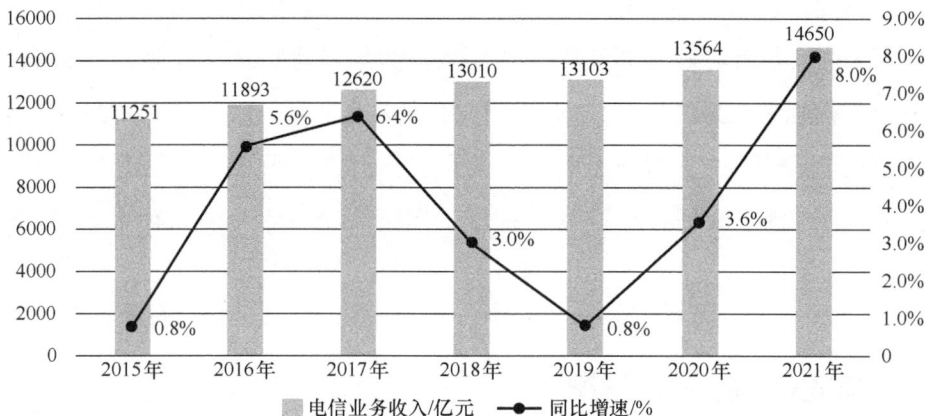

数据来源：工业和信息化部

图 1-1　2015—2021 年电信业务收入增速

移动数据仍是电信业务的主要收入来源。2015 年以来，我国开始推进网络提速降费，移动网络单位流量平均资费降幅超过 95%，移动网络端到端用户体验速度增长 7 倍，拉动移动数据流量消费快速攀升，月用户平均移动互联网接入流量由 2015 年 1 月的 0.28GB 上升至 2021 年 12 月的 14.72GB，增长超 50 倍。移动数据及互联网业务收入大幅增长，在电信业务收入中的占比由2015年的28%上升至当前的40%以上，成为电信业务的主要收入来源。2015—2021年各细分业务在电信业务收入中的占比如图1-2所示。

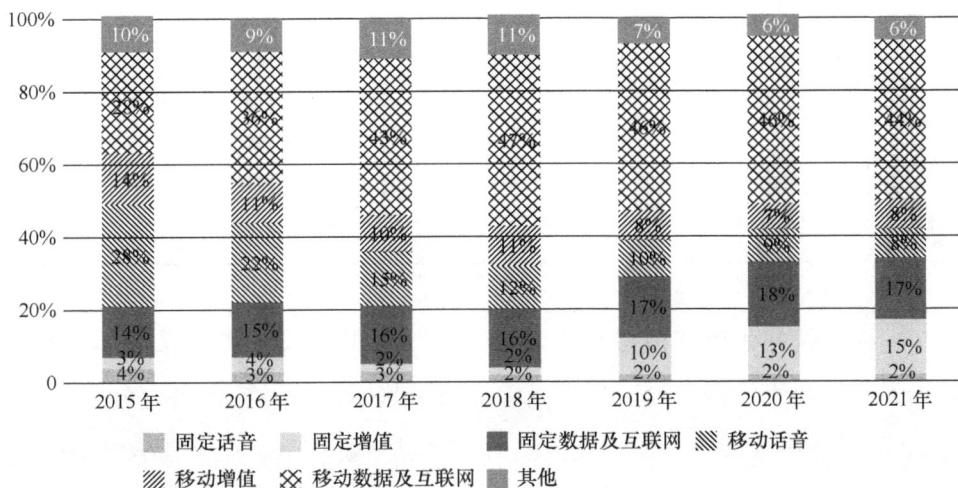

数据来源：工业和信息化部

图1-2　2015—2021年各细分业务在电信业务收入中的占比

产业数字化业务超越移动数据成为电信业务收入增长第一动力。4G时代，移动数据流量业务一直是拉动电信业务收入增长的第一动力，但2019年以来，移动数据流量增速放缓，拉动电信业务行业增长百分点降至不足1%。与此同时，新一轮科技革命和产业变革蓬勃兴起，以网络为载体，通信技术（Communications Technology，CT）、信息技术（Information Technology，IT）、运营技术（Operation Technology，OT）、数字技术（Digital Technology，DT）不断耦合，融合服务能力大幅提升。以数据中心、云计算、集成业务为代表的产业数字化业务（统计中计入固定增值业务）加速成长，逐渐超越移动数据、固定宽带等业务的增长贡献，成为行业增长的第一动力。2016—2021年各细分业务拉动电信业务收入增长百分点见表1-1。

表 1-1   2016—2021 年各细分业务拉动电信业务收入增长百分点

	2016 年	2017 年	2018 年	2019 年	2020 年	2021 年
固定话音	−0.4%	−0.4%	−0.4%	−0.1%	−0.3%	−0.2%
固定增值	0.5%	0.2%	0.4%	1.8%	2.8%	3.6%
固定数据及互联网	1.0%	1.4%	0.8%	0.8%	1.5%	1.6%
固定其他	0.7%	1.1%	1.8%	0.2%	−0.2%	0.2%
移动话音	−4.9%	−9.0%	−4.4%	−2.2%	−1.1%	−0.3%
移动增值	−1.9%	0.2%	1.3%	−0.6%	0	1%
移动数据及互联网	10.6%	9.7%	4.4%	0.7%	0.8%	1.5%
移动其他	0	3.2%	−0.9%	0.1%	0.1%	0.5%
合计	5.6%	6.4%	3.0%	0.8%	3.6%	8.0%

数据来源：工业和信息化部

网络持续向大带宽演进升级。自"宽带中国"战略实施以来，我国持续加大网络建设投资力度。固定网络完成了从铜缆向光纤入户的全面替换，2019 年光纤接入端口占宽带接入端口的比重突破 90%，全国所有地级市均已建成光纤网络全覆盖的光网城市，全国行政村通光纤比例超过 99%。接入速率由 2015 年的 20M 上升至 100M，并加快向千兆演进，截至 2021 年年底，建成 10G PON 端口 786 万个，已具备覆盖 3 亿户家庭的能力。移动通信网络实现跨越式发展，我国用不到 3 年时间建成全球规模最大、覆盖最广的 4G 网络。5G 建设进度全球领先，截至 2021 年年底，我国累计建成并开通 5G 基站 142.5 万座，实现覆盖全国所有地级市城区、超过 98% 的县城城区和 80% 的乡镇镇区，并逐步向有条件、有需求的农村地区逐步推进。2015—2021 年 FTTH/O 端口数量及占比如图 1-3 所示。

用户结构持续调整优化。固定宽带接入速率快速攀升，2015 年年底，我国仅有 30% 的固定宽带用户接入速率超过 20Mbit/s，到 2021 年，我国百兆以上宽带用户占比已达 93%，千兆以上宽带用户已达 3456 万，在固定宽带用户中占比 6.5%。移动用户加速向 5G 升级，截至 2021 年年底，我国 5G 移动电话用户达 3.55 亿，在移动电话用户中占比达 21.6%。物联网用户

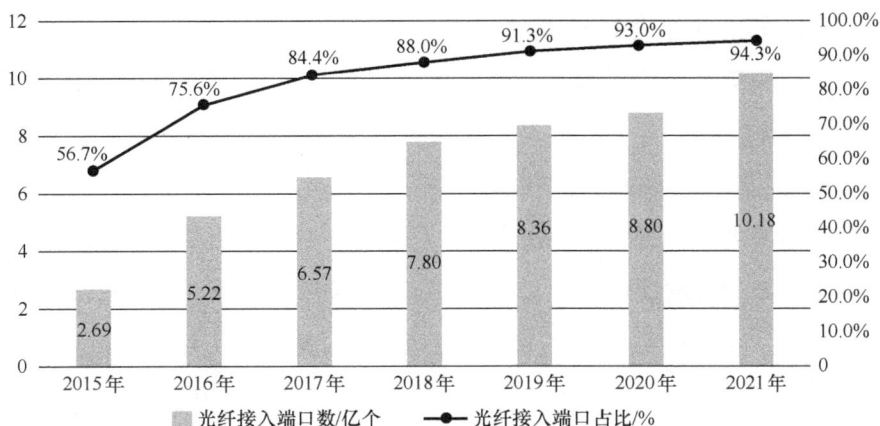

数据来源：工业和信息化部

图 1-3　2015—2021 年 FTTH/O 端口数量及占比

快速发展，2015 年年底我国蜂窝物联网终端用户仅 7928 万，在移动连接（移动电话用户 + 蜂窝物联网终端用户）中占比 7%，到 2021 年年底，我国蜂窝物联网终端用户已达 14 亿，在移动连接（移动电话用户 + 蜂窝物联网终端用户）中占比超 45%。2015—2021 年固定宽带用户接入速率占比如图 1-4 所示。

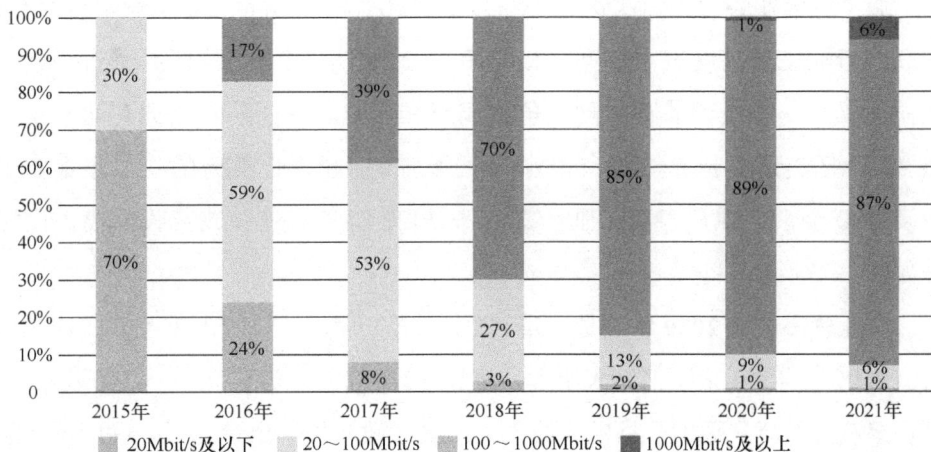

数据来源：工业和信息化部

图 1-4　2015—2021 年固定宽带用户接入速率占比

（二）互联网行业发展情况

行业规模进入中高速增长区间。 截至 2021 年 12 月，我国网民规模达 10.32 亿，互联网普及率达 73%，行业收入及用户增速呈逐年放缓态势。2015—2017 年，互联网企业营收规模保持 40% 左右的高速增长，移动端收入逐渐占据主导。近三年，受业务自身发展成熟等因素影响，电商、游戏、社交、搜索等业务增速放缓，云计算等新兴动能尚无法对行业增长形成有效支撑，行业从过去的高速增长进入平稳发展阶段。2021 年，我国规模以上互联网及相关服务企业完成业务收入 15500 亿元，同比增长 21.2%。

业务结构由传统业务迈向多元化发展。 从收入结构看，互联网业务收入主要以电子商务、广告（搜索引擎、门户、社交等）、增值服务（游戏等）为主，2010 年、2015 年、2020 年、2021 年电子商务与社交领域总营收占比分别为 68.4%、69.8%、77.8%、73.5%。从业务领域看，近年来，企业服务、云业务等创新业务收入占比逐渐提升，技术创新实力与国际化程度不断提升；互联网业务从信息服务向生活服务、生产服务、公共服务等领域持续拓展，本地生活、直播电商、远程医疗等新模式、新业态成为发展新动力，音视频、出行旅游等新业务收入占比达 5.1%、4%，较 2015 年增幅明显。从竞争格局看，互联网行业正从高度集中转向多极竞争，一批成长能力强的新兴垂直领域企业快速兴起，多极化的互联网竞争格局正在形成。目前，我国拥有两家市值超 2000 亿美元的超大型平台企业，十余家市值超百亿美元的生活服务类企业及 300 余家"独角兽"企业。2010—2021 年各细分领域营收规模占比提升如图 1-5 所示。

企业总市值较 2020 年明显下滑。 "十三五"期间，我国上市互联网企业总市值由 2015 年的 4.8 万亿元大幅提升至 2020 年的 17.9 万亿元。个人信息保护、平台经济反垄断、更加严格的未成年人防沉迷政策相继出台，对互联网行业的监管力度逐步加强。受政策环境趋严和新冠肺炎疫情冲击的叠加影响，2021 年互联网头部企业的经营业绩普遍没有达到预期，上市企业市值持续下降。截至

2021 年 12 月底，上市互联网企业总市值达 12.4 万亿元，相比 2020 年年底大幅下降。2015—2021 年我国上市互联网企业总市值变化情况如图 1-6 所示。

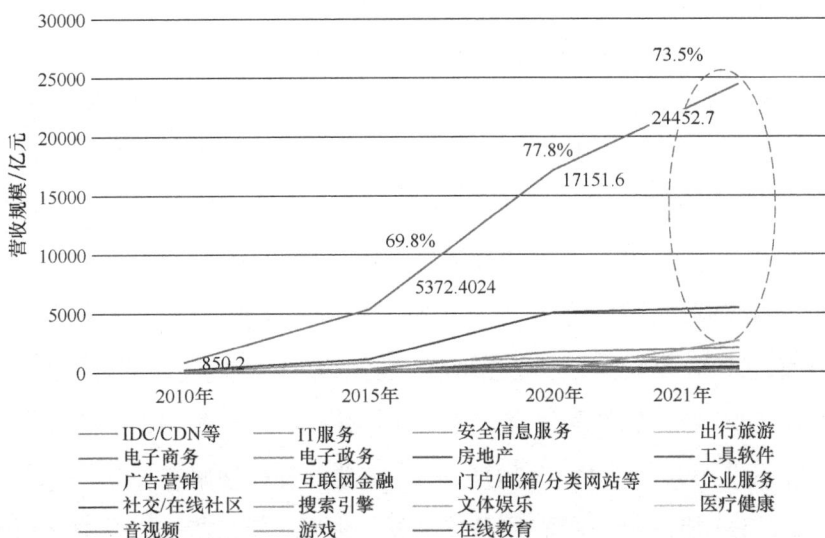

数据来源：中国信息通信研究院

图 1-5 2010—2021 年各细分领域营收规模占比提升

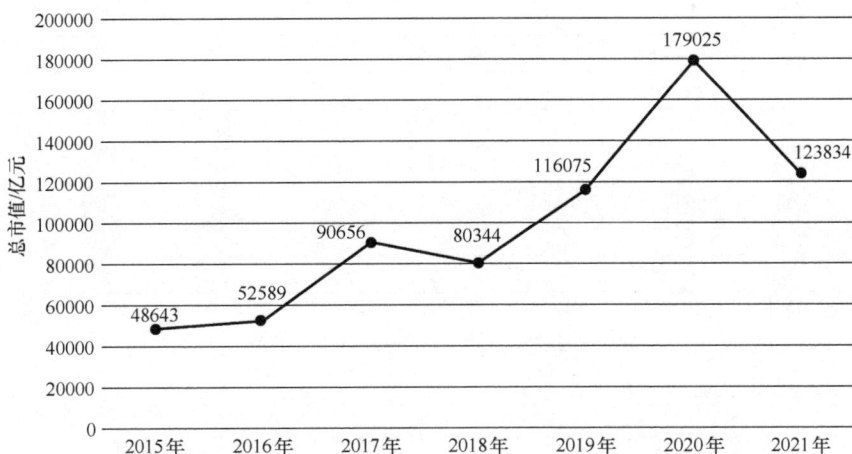

数据来源：中国信息通信研究院

图 1-6 2015—2021 年我国上市互联网企业总市值变化情况

（三）软件和信息技术服务业发展情况

我国软件和信息技术服务业持续恢复，逐步摆脱新冠肺炎疫情负面影响，规模和效益同步快速增长，创新能力、企业实力、综合竞争力持续提升，对经济社会数字化转型的引领支撑作用明显增强。

规模和效益保持良好增长势头。 在收入方面，"十三五"期间软件和信息技术服务业收入年均增速达 13.8%，为同期 GDP 增速的 2 倍以上，位居国民经济各行业前列，收入规模由 2015 年的 4.28 万亿元增长至 2020 年的 8.16 万亿元。2021 年，我国软件和信息技术服务业收入继续保持高速增长，实现收入 9.5 万亿元，同比增长 17.7%，近两年年复合增长率为 15.5%。在利润方面，2020 年软件和信息技术服务业实现利润总额 10676 亿元，同比增长 7.8%。2021 年，软件和信息技术服务业实现利润总额 11875 亿元，同比增长 7.6%，近两年年复合增长率为 7.7%。主营业务利润率提高 0.1 个百分点达 9.2%。2015—2021 年软件和信息技术服务业收入增长情况如图 1-7 所示。

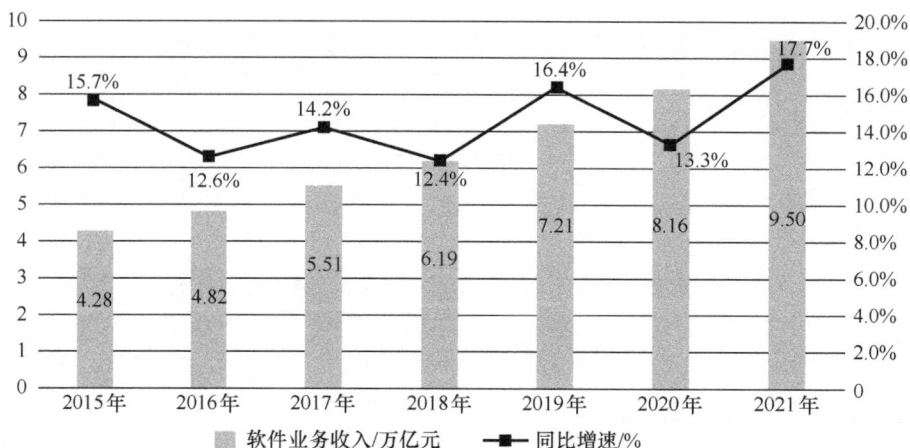

数据来源：工业和信息化部

图 1-7　2015—2021 年软件和信息技术服务业收入增长情况

软件和信息技术服务业收入占比持续提升。 2015 年，软件和信息技术服务业实现软件产品收入 1.4 万亿元、信息技术服务收入 2.2 万亿元，占总收入的比重分别为 32.5%、51.2%。2020 年软件产品收入占比下降至 28%，信息技术服务收入占比提升至 61%。2021 年，软件产品实现收入 24433 亿元，占全行业收入的比重为 25.7%。其中，工业软件产品收入 2414 亿元。信息技术服务实现收入 60312 亿元，在全行业收入中占比为 63.5%。其中，云计算、大数据服务共实现收入 7768 亿元，同比增长 21.2%，占信息技术服务收入的 12.9%；电子商务平台技术服务收入 10076 亿元，同比增长 33%。2020 年和 2021 年软件业务收入结构如图 1-8 所示。

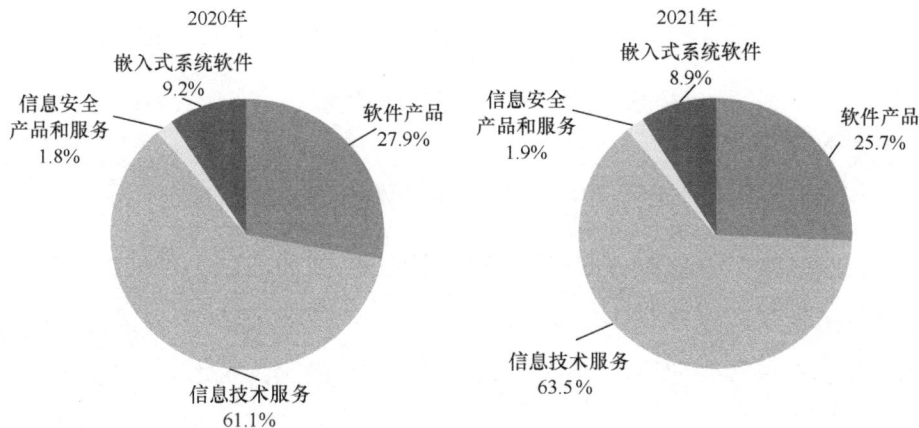

数据来源：工业和信息化部

图 1-8　2020 年和 2021 年软件业务收入结构

技术创新成效显著。"十三五"期间，我国基础软件取得突破，桌面操作系统技术路径进一步收敛，统一操作系统（Unity Operating System, UOS）、"鸿蒙 OS"移动智能终端操作系统等相继推出，国产的 WPS 办公软件全球用户突破 10 亿，月活用户超过 3 亿。工业设计、仿真等技术算法取得阶段性成果。智能语音识别、云计算及部分数据库领域达到国际先进水平。2020 年全国软件著作权登记量达 172.3 万件，较 2015 年（29.2 万件）增长近 5 倍。2021 年，全国软件著作权登记量达 228 万件，同比增长 32.3%。2015—2021 年软件著作权增长情况如图 1-9 所示。

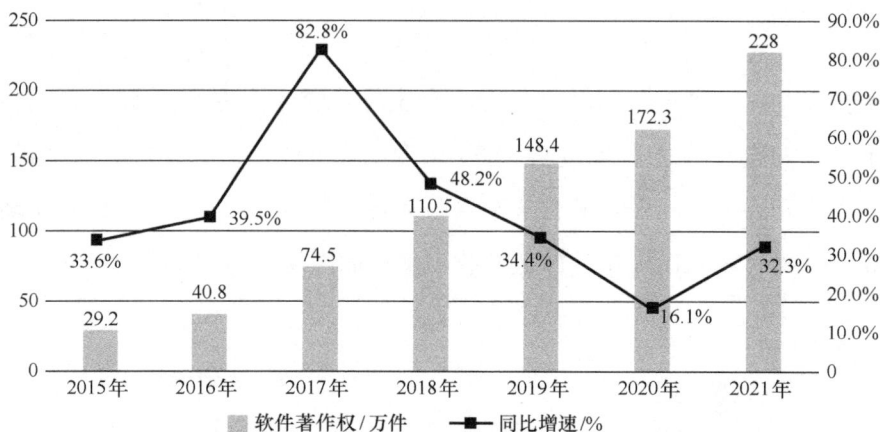

数据来源：国家版权局

图 1-9   2015—2021 年软件著作权增长情况

企业实力大幅跃升。规模以上软件和信息技术服务企业超 4 万家，较 2015 年增长 5.5%。《2021 年度软件和信息技术服务企业竞争力报告》显示，2020 年软件百强企业软件业务收入合计 18516 亿元，同比增长 16.7%，高于全行业平均增速 3.4 个百分点。在百强企业中，软件业务收入规模超过 100 亿元的企业有 20 家，入围企业软件业务收入门槛超过 15 亿元。百强企业实现利润总额 4279 亿元，同比增长 31.3%，高于全行业平均增速 23.5 个百分点。百强企业研发投入合计 3967 亿元，同比增长 23.4%，高于同期软件业务收入增速 6.7 个百分点，企业平均研发投入强度超过 10%。2020 年软件百强企业前二十强榜单见表 1-2。

表 1-2   2020 年软件百强企业前二十强榜单

1. 华为技术有限公司	3. 北京百度网讯科技有限公司
2. 深圳市腾讯计算机系统有限公司	4. 中国通信服务股份有限公司

5. 中兴通讯股份有限公司	13. 南瑞集团有限公司
6. 杭州海康威视数字技术股份有限公司	14. 联通数字科技有限公司
7. 网易（杭州）网络有限公司	15. 中软国际有限公司
8. 海尔集团公司	16. 航天信息股份有限公司
9. 海信集团控股股份有限公司	17. 软通动力信息技术（集团）股份有限公司
10. 小米集团	18. 中国信息通信科技集团有限公司
11. 国网信息通信产业集团有限公司	19. 东软集团股份有限公司
12. 浪潮集团有限公司	20. 深圳市大疆创新科技有限公司

软件定义深入融合拓展。以数据为驱动的"软件定义"成为软件和信息技术服务业发展的突出特征，成为信息化发展的新标志和新特征，催生了一批新的产业主体、业务平台、融合性业态的新兴消费，引发了居民消费、民生服务、社会治理等领域多维度、深层次的变革。信息技术服务加快云化发展，培育了一批具有全球影响力的骨干企业，在大规模并发处理、海量数据存储等关键核心技术和容器、微服务等新兴领域不断取得突破，部分指标已达到国际先进水平。软件在工业研发设计、生产制造、运维服务、企业管理等制造业关键环节的应用不断深化。企业关键工序数控化率、数字化研发设计工具普及率分别为 50.1%、70.2%。"软件定义"全面融入经济社会的各个领域，深刻影响了金融、物流、交通、文化、旅游等服务业的发展。

（四）电子信息制造业发展情况

2015 年以来，电子信息制造业运行稳中向好，占规模以上工业企业营业收入比重基本稳定为 11%。为推动经济高质量发展，满足人民对美好生活的需要，以及全面建成小康社会提供了有力的支撑和保障。

规模效益稳步提升。2015—2020 年规模以上电子信息制造业主营业务收入同比持续保持 10% 左右的增速，2019 年降至 4.5% 的低点后持续回升。2020 年，在新冠肺炎疫情冲击下，主营业务收入仍保持 8.3% 的较快增长，展现了电子信息制造业的较强韧性。2021 年，规模以上电子信息制造业实现营业收入 14.1 万亿元，比 2020 年增长 14.7%，增速较 2020 年提高 6.4 个百分点；实现利润总额 8283 亿元，同比增长 38.9%，两年平均增长 27.6%，增速较规模以上工业企业利润高 4.6 个百分点，但较高技术制造业利润低 9.5 个百分点。营业收入利润率为 5.9%，比 2020 年提高 1 个百分点。2015—2021 年规模以上电子信息制造业营收、利润总额增长情况如图 1-10 所示。

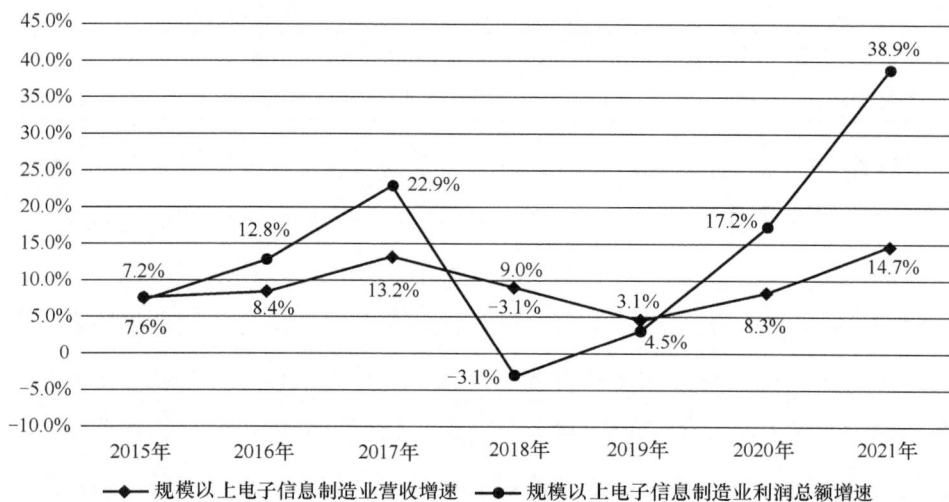

数据来源：工业和信息化部

图 1-10　2015—2021 年规模以上电子信息制造业营收、利润总额增长情况

增加值增速稳中趋缓。2015—2021 年规模以上电子信息制造业增加值增速分别为 10.5%、10%、13.8%、13.1%、9.3%、7.7%、15.7%，增加值增速趋于平稳，但仍高于同期规模以上工业增加值增速近 4 个百分点。2021 年，全国规模以上电子信息制造业增加值同比增长 15.7%，在 41 个大类行业中，排名第 6，增速创下近十年新高，较 2020 年提高 8 个百分点；两年平均增长 11.6%，比工业增加值两年平均增速高 5.5 个百分点，对工业生产拉动作用明显。2015—2021 年规模以上电子信息制造业增加值增长情况如图 1-11 所示。

固定资产投资保持高位增长。2016 年以来，电子信息制造业固定资产投资每年保持 15% 以上的增长势头，高于全国固定资产总投资增长 10 个百分点左右，高于制造业固定资产投资增长 12 个百分点左右。2021 年，电子信息制造业固定资产投资同比增长 22.3%，增速比 2020 年同期提高 9.8 个百分点。2015—2021 年规模以上电子信息制造业固定资产投资增长情况如图 1-12 所示。

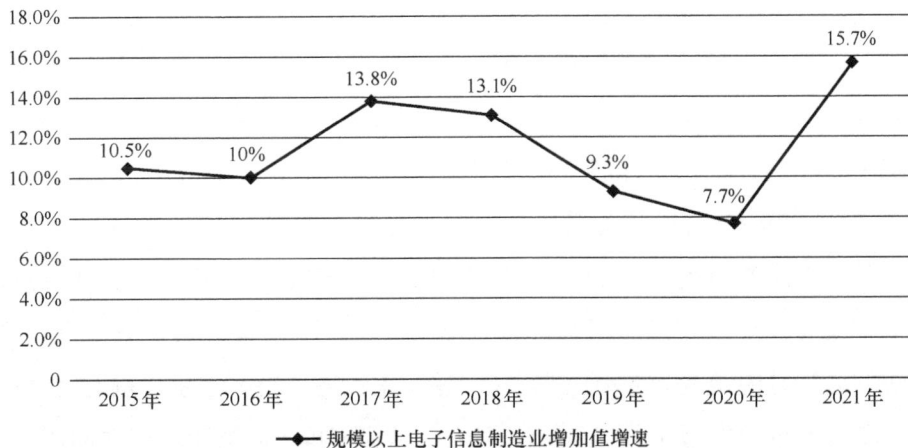

数据来源：工业和信息化部

图 1-11　2015—2021 年规模以上电子信息制造业增加值增长情况

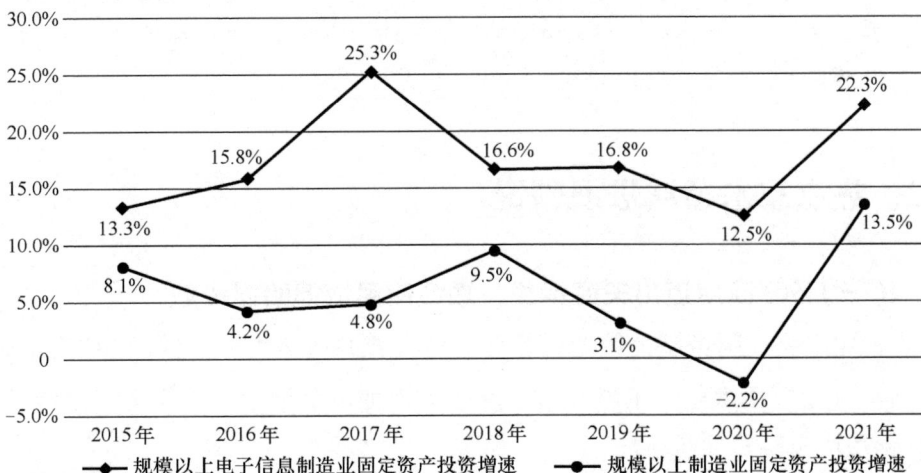

数据来源：工业和信息化部

图 1-12　2015—2021 年规模以上电子信息制造业固定资产投资增长情况

技术创新夯实基础。"十三五"期间，工业和信息化部大力推进产业创新发展，支持制造业创新中心建设，批复成立了国家集成电路、智能传感器、集成电路特色工艺及封装测试制造业创新中心；推动未来通信高端器件省级制造业创新中心创建；实施"芯火"创新行动计划，支持"芯火"双创基地建设，电子信息制造业的产业基础能力不断夯实。例如，新型显示产业实现了从"少屏"到"强屏"的转变，总产能较"十三五"初期增长149%，Micro-LED、印刷显示、激光显示等新兴技术不断取得突破。"北斗三号"全球卫星导航系统正式开通，核心器部件国产化率达到100%，构建起集芯片、模块、板卡、终端和运营服务为一体的北斗完整产业链。

示范应用普惠民生。"十三五"期间，工业和信息化部大力支持智能健康管理设备产业创新及应用推广，推动智能可穿戴设备公共服务平台建设；组织开展智慧健康养老应用试点示范工作，累计遴选出117家试点示范企业、225家试点示范街道（乡镇）、52家试点示范基地；组织开展智慧健康养老产品及服务推广目录的编制工作，遴选行业内优秀的产品及服务向各地推广；组织开展"基于宽带移动互联网的智能汽车与智慧交通应用示范"，与相关省市签订合作框架协议，相关成果在G20杭州峰会、云栖大会、乌镇世界互联网大会和北京世界机器人大会上进行了展示。

二、热点技术领域进展情况

（一）5G商用迈出关键步伐，融合应用取得明显成效

在党中央、国务院的统筹部署和产业各方共同努力下，我国5G发展环境持续优化，技术创新不断突破，融合应用加速落地，产业生态逐步壮大，5G商用取得阶段性成效。

1.政策环境不断优化

我国积极营造5G良好发展环境。在国家层面，2020年工业和信息化

部发布了《关于推动 5G 加快发展的通知》和《"5G+ 工业互联网"512 工程推进方案》，与国家发展和改革委员会联合印发《关于组织实施 2020 年新型基础设施建设工程（宽带网络和 5G 领域）的通知》，全力推进 5G 网络建设、应用推广、技术发展和安全保障。当前正处于 5G 融合应用规模化发展的关键期，工业和信息化部联合十部委共同发布《5G 应用"扬帆"行动计划（2021—2023 年）》，明确发展 15 个 5G 应用的重点行业，推动 5G 应用规模化发展。与此同时，各行业主管部门积极推动 5G 行业应用发展，优化政策环境、破除行业壁垒，促进 5G 融合应用加快落地，例如，工业和信息化部、国家发展和改革委员会、自然资源部联合发布《有色金属行业智能工厂（矿山）建设指南（试行）》，引导有色金属企业加快智能改造升级，国家能源局发布《能源领域 5G 应用实施方案》，推动 5G 与能源领域各行业深度融合。在地方层面，各地积极出台各类 5G 政策，截至 2021 年，各地政府出台 5G 政策文件近 600 个，各地政府针对当前 5G 建设和应用发展中存在的痛点与难点提出了更新、更扎实的政策措施，同时也为下一步的发展指明了方向。

2. 网络建设规模领先

5G 商用牌照发放三年以来，我国克服新冠肺炎疫情影响，坚持适度超前推进 5G 网络建设。一是网络部署全球领先，共建共享持续深入。截至 2021 年，我国累计建成 5G 基站达到 142.5 万座，占全球 5G 基站数量的 70% 以上，实现覆盖全国所有地级市城区、超过 98% 的县城城区和 80% 的乡镇镇区。二是 5G 用户加速迁移。截至 2021 年，我国 5G 移动电话用户达到 3.55 亿，在移动电话用户中占比达 21.6%。三是服务质量不断提升。5G 独立组网已初步实现规模商用，大量基站正切割到独立组网模式，全国超 300 个城市规模部署 5G SA；重点城市网速居于全球领先水平，部分地区下载速率超过 1000Mbit/s，随着网络部署逐步优化，网络服务质量将逐步提升。为推动 SA 模式规模化应用，新入网的 5G 终端自 2021 年 5 月 17

日起默认开启 SA 功能。

3. 产业支撑能力持续提升

我国 5G 整机系统性优势持续巩固，5G 商用发展产业基础支撑能力持续增强。一是终端种类进一步丰富、手机出货量进一步提升。2021 年，我国手机上市新机型 483 款，其中 5G 手机 227 款，同比增长 0.9%，占同期上市新机型数量的 47%；我国 5G 手机出货量 2.66 亿部，同比增长 63.5%，占同期手机出货量的 75.9%。二是 5G 行业模组芯片进入量产阶段。5G 行业模组芯片是承载终端接入网络的关键部件，对 5G 商用部署、赋能千行百业至关重要。多款 5G 模组商用，价格下探至 500 元，多形态、多种类、多功能泛终端持续突破，促进 5G 与各行业的深度融合创新。三是产业链短板持续加强。在关键器件方面，已成功研发高端射频芯片并即将量产，减少了对外依赖度；在 5G 基带芯片设计方面，海思 5 纳米芯片设计能力与高通公司的产品相当，达到国际先进水平。

4. 5G 融合创新日益活跃

我国 5G 融合应用探索热情高涨，应用场景不断丰富，发展路径逐渐清晰，正逐步从试点示范走向落地推广。

一是 5G 应用逐步向规模化发展。 据不完全统计，截至 2021 年，我国各省市共开展 5G 应用超 700 个，主要集中在江苏、浙江、广东、北京、山东、上海、四川等省（自治区、直辖市），约占全部应用数的 53%，继续保持 5G 行业应用引领态势。浙江、广东、上海、江苏、北京、福建等 20 个省（自治区、直辖市）共开展 5G 相关应用超 50 项，涉及工业互联网、智慧医疗、智慧城市、新闻媒体、智慧办公、智慧港口、智慧教育、智慧政务等 13 个应用领域。

二是应用场景不断丰富。 在行业领域，工业是 5G 融合应用的主阵地，全国"5G+工业互联网"项目超过 1500 个，覆盖了 22 个国民经济重要行业。华为、中兴等设备制造企业推出 5G 融合型产品和解决方案。中国商飞、三一重工、北汽福田、美的电器、格力电器、宝武钢铁、新元煤矿、南方电网、妈湾港、海螺水泥等一大批企业开展 5G 融合应用，成效显著。在消费领域，基础电信企业推出 5G 视频彩铃、超高清视频、云游戏等一系列新产品。"5G + 大数据 + 人工智能 +AR[1]/VR[2]"等技术组合在游戏娱乐、赛事直播、居住服务等细分消费市场催生新的增长点，丰富了消费者体验，带动了应用产业发展。在民生领域，5G 在公路、城市道路、铁路、地铁范围应用创新持续深化。"5G+4K/8K""5G+AR/VR/MR[3]"等超高清视频内容服务加快发展。5G + 智慧医院、应急救护、公共卫生、健康养老等典型应用相继推出，"上车即入院"的救护车、"管家式"的社区安防系统等开始应用。

三是应用融合走深向实。一方面，应用探索逐步向核心业务渗透。由安防监控、物流管理等生产外围环节向研发设计、生产控制、质量监测等核心业务延伸，例如，青岛港利用 5G 实现岸桥吊设备的远程控制，中国商飞利用 5G 实现复合材料无损检测。另一方面，5G 行业虚拟专网需求和方案愈加清晰，例如，第三届"绽放杯"全国总决赛项目中超 70% 采用 5G 行业虚拟专网部署模式。

（二）云计算市场规模稳定增长，加快赋能数字化转型

1. 全球云计算市场规模保持稳定增长，我国逆势上扬

全球云计算市场增速持续保持两位数增长。根据 Gartner 数据，2016—2020 年，全球云计算市场规模增速始终保持两位数增长，其中，2020 年受全球经济萎缩影响，以基础设施即服务（Infrastructure as a Service，IaaS）、平台即服务（Platform as a Service，PaaS）和软件即服务（Software as a Service，SaaS）为代表的全球云计算市场增速由 20% 以上放缓至 13.1%，市场规模为 2083 亿美元。

我国云计算市场呈爆发式增长。总体来看，2020 年，随着我国经济稳

1　AR（Augment Reality，增强现实）。

2　VR（Virtual Reality，虚拟现实）。

3　MR（Mixed Reality，混合现实）。

步回升，云计算发展呈高速增长态势，总体市场规模达 2091 亿元，同比增长 56.6%。其中，公有云增速表现亮眼，市场规模达 1277 亿元，同比增长 85.2%。私有云市场规模达 814 亿元，同比增长 26.1%。

我国 SaaS 市场稳定增长，IaaS、PaaS 市场保持高速增长。2020 年，我国公有云 SaaS 市场规模达 278 亿元，同比增长 43.1%。受新冠肺炎疫情对线上业务的刺激，SaaS 市场有望在未来几年迎来增长高峰。公有云 PaaS 市场规模突破 100 亿元，同比增长翻番，达 145.3%。随着数据库、中间件、微服务等服务的日益成熟，PaaS 市场仍将保持较高的增速。公有云 IaaS 市场规模达 895 亿元，同比增长 97.8%。未来，云计算将在企业数字化转型过程中扮演越来越重要的角色，预计企业将会在短期内继续加大基础设施投入，对 IaaS 市场依然保持旺盛需求。

头部企业基本保持稳定。根据中国信息通信研究院的调查，我国公有云 IaaS 市场上，阿里云、天翼云、腾讯云、华为云和移动云占据公有云 IaaS 市场的前 5 位，市场份额分别为 35.6%、13.3%、10.5%、9.7% 和 7.2%。在公有云 PaaS 方面，阿里云、腾讯云、百度云、华为云位居市场前列。

2. 云原生技术生态持续完善，行业应用加速崛起

云原生核心技术趋于成熟，细分领域的衍生技术呈井喷式爆发。在容器、微服务、DevOps 三大云原生核心技术中，通用的容器与容器编排技术已进入技术成熟期，市场采纳度高，在深化应用中诞生的边缘容器、多集群管理和容器安全均处于技术发展爆发期；在微服务技术领域，服务注册发现与服务代理技术已进入技术成熟期，新一代微服务架构即服务网格也从技术爆发期进入整合期；DevOps 处于技术整合期，市场采纳度初步攀升。另外，随着用户对云原生技术应用便捷化、免运维、一体化等需求增多，云原生中间件、无服务器架构的代表技术函数计算，以及云原生应用融合类技术（例如云原生 AI、云原生区块链技术）研究热度高涨，进入爆发期。云原生技术进入生产环境后，其安全性和稳定性成为应用关注的重点，系统稳定性、混沌工程、云原生安全技术等开始发展。

云原生行业应用加速落地。互联网和信息服务行业是云原生技术实践最成熟的应用，技术受众多，但随着垂直行业对云原生技术的价值认同逐渐加深，2020 年我国互联网和信息服务业云原生应用占比同期下降 14.11%。当前，在新一代信息技术加速演进升级的背景下，各行业积极拥抱新技术，加速数字化转型。云原生在行业数字化转型升级过程中，提供了众多可灵活组合的标准能力，呈现降本增效、弹性伸缩、敏捷迭代、高可用性等多重价值。金融、制造、服务业、政务、电信等行业的云原生应用占比则有所攀升。云原生技术有力推动了各行业创新发展，行业用户范围不断扩展，并呈现出多元化格局。

3. 企业上云持续深入，助力产业数字化转型

云计算赋能数字化转型政策集中出台，为企业数字化转型指明了方向。2020 年 4 月，国家发展和改革委员会、中央网信办发布《关于推进"上云用数赋智"行动 培育新经济发展实施方案》，提出在企业"上云"等工作的基础上，促进企业研发设计、生产加工、经营管理、销售服务等业务数字化转型。2020 年 9 月，国务院国资委发布《关于加快推进国有企业数字化转型工作的通知》，提出运用 5G、云计算、区块链、人工智能、数字孪生、北斗通信等新一代信息技术，探索构建适应企业业务特点和发展需求的"数据中台""业务中台"等新型 IT 架构模式，以及加快企业上云步伐，对企业运用云计算进行数字化转型指明了方向。2021 年 3 月，"十四五"规划提出实施"上云用数赋智"行动，推动数据赋能全产业链协同转型，为企业数字化转型明确了发展方向。

云计算成为企业数字化转型的坚实基础。云计算、大数据、边缘计算、物联网、区块链、人工智能、5G 等新一代技术持续演进升级，云计算技术作为新型基础设施之一，为企业数字化转型发展、降本增效奠定了坚实的基础。中国信息通信研究院有关云计算发展调查报告显示，95% 的企业认为使用云计算可以降低企业的 IT 成本，其中，超过 10% 的企业节省了一半以上的成本。另外，超四成的企业表示使用云计算提升了 IT 运行效率，IT 运维

工作量减少和安全性提升的占比分别为 25.8% 和 24.2%。由此可见，云计算将成为企业数字化转型的关键要素。

企业用云日益复杂化和多元化。一方面，企业上云应用逐渐由外围系统过渡到核心系统，上云的应用越来越复杂，且云上的数据日益增多。另一方面，企业开始拥抱多云混合部署模式，《中国混合云用户调查报告（2021年）》数据显示，用户平均用云数量达到 4.3 个，多云模式有效提升了工作效率。

（三）大数据产业加速发展，"数据驱动"价值更加深入人心

1. 数据是数字经济时代的关键生产要素，各国加快数据战略布局

数据为数字经济发展提供了不可或缺的动力支持。当前，全球数据量正处于飞速增长阶段。国际数据公司（International Data Corporation，IDC）预测，2025 年全球数据量将达到 163ZB，根据国际权威机构 Statista 的统计和预测，到 2035 年，全球数据产生量将达到 2142ZB。随着数字经济的快速发展，以及 5G、人工智能、物联网等新一代信息技术的加速演进，数据已成为影响全球竞争格局的关键的战略性资源。只有获取和掌握更多的数据资源，才能在新一轮的全球话语权争夺中占据主导地位。

世界主要国家加快出台数据相关战略。美国白宫行政管理和预算局（Office of Management and Budget，OMB）于 2019 年发布《联邦数据战略与 2020 年行动计划》，其核心目标是"将数据作为战略资源开发"，并以政府数据治理为主要视角，描述了美国政府未来 10 年的数据愿景和推行的关键行动。欧盟委员会于 2020 年 2 月公布了《欧盟数据战略》，对欧盟数据发展提出了明确的愿景目标，即 2030 年欧盟将成为世界上最具吸引力、最安全和最具活力的数据敏捷型经济体。英国数字、文化、媒体和体育部（Department for Culture，Media and Sport，DCMS）于 2020 年 9 月发布《国家数据战略》，支持英国对数据的使用，设定了释放数据价值、建立促进增长和科学的数据体制、确保数据所依赖的基础架构的安全性和韧性、倡导国际数据流动、转变政府对数据的使用 5 项"优先任务"，助力英国经济复苏。

中国大数据战略逐渐走向深化阶段。2017 年 10 月，党的十九大报告提出推动大数据与实体经济深度融合，为大数据产业的未来发展指明了方向。2019 年 3 月，《政府工作报告》第 6 次提到"大数据"，并且有多项任务与大数据密切相关。2020 年，数据正式成为生产要素，其战略性地位进一步提升。2020 年 4 月，中共中央、国务院发布《关于构建更加完善的要素市场化配置体制机制的意见》，将"数据"与土地、劳动力、资本、技术并列为 5 种要素，并提出"加快培育数据要素市场"。2020 年 5 月，《关于新时代加快完善社会主义市场经济体制的意见》进一步提出加快培育发展数据要素市场。这些都标志着数据要素市场化配置上升为国家战略。

2. 大数据产业蓬勃发展，行业应用持续深化

大数据产业发展日益壮大。"十三五"以来，我国大数据蓬勃发展，融合应用不断深化，数字经济质量提升，对经济社会的创新驱动、融合带动作用显著增强。IDC 预测，2019—2023 年，全球大数据市场相关收益将实现 13.1% 的年复合增长率，2023 年总收益将达到 3126.7 亿美元。中国信息通信研究院监测统计，当前我国活跃的大数据企业共有 3242 家。大数据企业的快速增长阶段出现在 2013—2015 年，增长速度在 2015 年达到最高峰。2015 年后，市场日趋成熟，新增企业趋于平稳，大数据产业走向成熟。

大数据行业应用不断深入拓展。在通信领域，大数据全面助力打赢疫情防控"阻击战"。新冠肺炎疫情期间，工业和信息化部创造性地应用通信大数据追踪溯源，以超常速度建成通信大数据国家平台及 31 个省（自治区、直辖市）平台并开通运行。中国信息通信研究院组织推出"通信行程卡"公益服务，累计查询超 50 亿次，全力支撑中央和各级联防联控机制指挥决策，高效支撑多地突发的疫情防控与溯源工作，构筑起内防扩散、外防输入的"数据长城"，对疫情防控工作发挥了强大的支撑作用。在工业领域，随着网络化协同、个性化定制、供应链金融等新业态、新模式的快速发展，越来越多的工业企业开始具备数据的积累和掌控能力。工业大数据分析应用到生产环节，例如设备健康管理、生产管理优化、生产监控分析、全流程系统性优化、质量管理等，通过大数据赋能企业生产，保障生产安全，降低了生产成本，提升了生产效率和产品质量。在互联网领域，互联网大数据在很大程度上改变了传统意义的营销手段，已往的营销主要依赖品牌推广，大数据分析挖掘通过用户数据分析，解析市场趋势、触达场景，评析营销推广产品，洞悉营销推广对象的诉求点，利用智能推荐技术，实现了真实意义上的人性化精准营销。

3. 数据治理能力不断提升，充分激发数据要素价值

数据管理能力逐步提升。行业主要从提升数据资产质量、挖掘数据价值入手，提升数据治理能力。从实践看，金融、电信、互联网等行业的数据资产管理的综合能力普遍领先于工业等传统行业，其数据资产管理能力优势集中于数据战略、数据治理、数据架构和数据生存周期。在金融行业，已有67%的金融机构建立了组织级别的数据治理架构并明确了相关管理层职责，85%的金融机构表示已经将数据治理纳入组织年度战略规划，67%的金融机构建立了全行业统一的大数据分析平台，并开展数据应用、数据服务相关的培训宣传。在互联网行业，中国互联网协会于2020年7月成立了数据治理工作委员会，通过搭建公共平台、制定标准等推动互联网行业数据治理能力提升。

数据开放共享加速推进。各地加快政府数据开放共享进程。截至2020年年底，全国已有130余个政府上线了数据开放平台，具备数据检索、数据申请、数据获取和数据探索等基本能力，形成省市分级维护数据资源、协同共享数据资源体系的局面。同时，多地举办数据创新应用活动，推动政府数据开发利用，激发政府数据活力。深圳、贵阳、上海、杭州、成都等地连续举办了"开放数据应用创新大赛"，在进一步推动政府部门开放数据的同时，也提升了政府数据资源的利用效率，激发了社会创新活力。

数据交易市场建设加快探索。各地加快重新布局数据交易产业的步伐。在各地2020年《政府工作报告》中，湖北省提出将筹建湖北大数据交易集团，天津滨海新区提到要加快建设北方大数据交易中心。2020年7月14日，湖南大数据交易中心正式开工建设。2020 年 8 月 12 日，北部湾大数据交易中心在广西南宁揭牌，作为国际化数据资源交易服务机构，北部湾大数据交易中心面向中国与东盟区域提供全链条"一站式"的数据服务。2020 年 9 月 5 日，北京市委宣布将建设国际大数据交易所。2020 年 9 月 7 日，《北京国际大数据交易所设立工作实施方案》正式发布，其将建设目标定位于国内领先的大数据交易基础设施和国际重要的大数据跨境交易枢纽。

（四）工业互联网创新发展，迈入快速成长期

工业互联网是新一代信息通信技术与工业经济深度融合的全新工业生态、关键基础设施和新型应用模式，对支撑制造强国和网络强国建设，提升产业链现代化水平，推动经济高质量发展和构建新发展格局等都具有重要的意义。党中央高度重视工业互联网，要求深入实施工业互联网创新发展战略。近年来，各方认真贯彻落实党中央决策部署，立足新时代、贯彻新理念、谋求新作为，合力推动我国工业互联网由起步发展期迈入快速成长期。

1. 基础设施建设量质齐升

网络体系稳步构建。 高质量外网服务能力不断增强，已覆盖全国 300 余个地级行政区，网络承载能力和互通水平明显提升。部分大型工业企业运用先进适用的网络技术进行内网改造，加速信息网络和工业控制网络融合。基础电信企业与工业企业深化合作，摸索形成满足工业生产需求的 5G 网络部署模式，全国已建、在建的"5G + 工业互联网"项目超过 1800 个。**标识解析体系建设步伐加快。** 五大国家顶级节点稳定运行，灾备节点建设有序推进。156 个二级节点上线，分布于 25 个省（自治区、直辖市），接入超过 3 万家企业。标识注册量达 535 亿，顶级节点日标识解析量超 4000 万次。**多层次平台体系初步形成。** 国内具有一定行业和区域影响力的工业互联网平台超过 100 个，连接的工业设备达 7600 万台（套）。**安全体系日趋完善。** 国家级工业互联网安全态势感知与风险预警平台建成并投入使用，已与 31 个省（自治区、直辖市）级平台对接，覆盖 13.6 万余家工业企业，监测 165 个平台，发现近 910 万台（套）

联网设备，实现网络安全态势可感可知。

2. 融合应用实践走深向实

工业互联网应用范围逐步扩大，目前已覆盖 40 个国民经济大类。应用模式更加多元，已从销售、物流等企业生产经营外部环节向研发、制造等内部环节延伸，涌现出一批优秀的应用案例，形成平台化设计、智能化制造、网络化协同、个性化定制、服务化延伸、数字化管理等典型模式。"5G＋工业互联网"探索出协同研发设计、远程设备操控、设备协同作业等十大应用场景，在电子设备制造、装备制造、钢铁、采矿、电力五大行业率先落地应用，展现出巨大的发展潜力，为后续规模化复制推广打下良好的基础。应用水平不断提升。工业互联网在助力企业提质降本增效方面的作用逐渐显现，某大型电子制造企业全面连接设备，对采集的海量生产数据进行分析，优化生产现场重点环节，使生产效率提升 30%、产品良率提高近 5 个百分点（从 94.7% 提升至 99.5%）。某钢铁企业建立基于数字孪生技术的智能工厂，单座高炉每年实现降本 2400 万元。某水务企业借助工业互联网建立高效流转的管理体系，实现总部、大区及水厂的全面协同，节省约 30% 的人力成本、6% 的综合运营成本。

3. 地方产业发展亮点突出

在国家顶层设计的引领下，各地立足自身优势，加快探索，逐渐形成各具特色的差异化发展路径。北京市高度重视工业互联网发展，依托强大的信息通信产业基础，培育了一批国内领先的工业互联网平台和解决方案供应商。同时充分发挥国家科创中心优势，引导本地企事业单位加强核心技术攻关，逐步形成辐射全国的高精尖供给能力。长三角地区充分发挥产业优势和区位优势，加强省（市）协同配合，建设全国首个工业互联网一体化发展示范区。引导人才、资金等资源要素的集聚，重点发挥国有企业的引领示范作用，促进大中小企业融通发展，激发多元主体发展活力，在工厂内网改造、"5G＋工业互联网"实践、工业互联网平台建设等方面取得显著成绩。粤港澳大湾区工业企业数量众多，"两化"融合基础较好，产业集聚效应强，目前已形成一批兼具质量与规模的工业互联网产业集群，逐渐发展为全国规模化应用高地。广州、深圳等地在推动中小企业上云上平台、标识解析节点部署、安全态势感知平台建设等方面走在全国前列。成渝两地签署《成渝工业互联网一体化发展示范区战略合作协议》，联合建设工业互联网公共服务平台，汇聚政府、企业、科研院所等各方资源，打通合作交流渠道，推动资源共享。

4. 多元产业生态繁荣兴旺

在技术与产品创新方面，工业 App、工业 AI 等新兴领域蓬勃发展，工业 5G、时间敏感网络、边缘计算设备实现产业化。"产、学、研"各方在网络、平台、安全等方向的技术标准研制工作正在同步推进，国内在研的国家标准、行业标准、团体标准等超过 150 项。工业互联网产业联盟汇聚 2100 余家成员单位，建设了一批关键技术测试床和联盟实验室，与美、欧、日等主要国家和地区的产业推进与标准化组织建立合作关系。产教结合加快推进，工业和信息化部牵头制定《工业互联网产业人才岗位能力要求》，对工业互联网产业人才岗位能力进行全面描述，规范专业技术人才培养。产融合作热度升温，大型银行积极参与工业互联网企业债务融资，数十家保险公司开发了百余款与工业互联网相关的保险产品，已有 210 余家工业互联网企业在 A 股上市，风险投资基金和产业投资基金的投资力度也在加大。工业和信息化部联合各地区、各部门连续举办多场高水平产业活动，包括中国 5G＋工业互联网大会、工业互联网全球峰会、中国工业互联网大会、中国工业互联网大赛等。

（五）人工智能同步发展，部分领域全球领先

当前，全球人工智能蓬勃发展，正进入大规模商用阶段，成为新的经济增长点。党中央、国务院高度重视人工智能产业的发展，工业和信息化部等行业主管部门积极贯彻党中央、国务院决策部署，相继实施了人工智能"先导区""揭榜挂帅"等重大政策举措，人工智能产业取得积极成果，初步具

备规模化发展基础。

1. 创新能力持续提升

我国人工智能产业创新能力持续增强。**一方面，部分核心技术产品取得重要突破。**人工智能"揭榜挂帅"机制激发创新主体活力，137家揭榜单位和66家潜力单位集中攻关，成效显著，其中应用算法、专用智能芯片、开放平台、智能传感器等核心关键技术取得局部突破，智能语音、视频图像识别、智能翻译等应用技术居世界先进水平，特别是在新冠肺炎疫情防控中，一批智能机器人、智能医疗等产品发挥了重要的作用。**另一方面，我国人工智能论文发表量、专利申请量等均处于全球前列。**2020年我国人工智能论文发表量为4万余篇，同比增长9.6%。高水平论文发表量为577篇，占全球高水平论文的47%。2020年，我国人工智能专利申请量为8万余项，百度、腾讯、国家电网、平安科技、阿里巴巴、浙江大学、电子科技大学等众多国内企业和高校在全球专利申请量上位居前列。

2. 产业基础逐步夯实

我国人工智能产业"三要素"能力进一步增强。**在算法方面，**我国在语音识别、视觉识别、机器翻译、中文信息处理等技术方面处于世界领先地位，在迁移学习、自动机器学习与自动深度学习等算法研究领域，我国学者在全球拥有较大的影响力。清华大学发布拥有1.75万亿参数的"悟道2.0"超大规模预训练模型；百度发布"百度大脑7.0"。**在算力方面，**我国计算力指数[1]位居全球第二，算力"基建"跻身全球领先行列。2020年1月至今，国内外发布AI芯片50余款，以云端芯片为例，NVIDIA A100 GPU较上一代V100性能提升20倍，寒武纪MLU290为上一代270的4倍。**在数据方面，**

---

1 计算力指数模型由计算能力、计算效率、应用水平、基础设施支持4个维度构成。计算能力反映国家在算力投入的整体水平和侧重点；计算效率反映计算能力的利用水平；应用水平旨在考量国家的人工智能、物联网等新兴技术的应用对算力的拉动；基础设施考量一个国家未来算力的发展可持续性。

我国拥有全球最为庞大的消费、制造、公共数据资源基础。北京、上海、天津等多地探索建立数据交易市场。另外，开源算法框架与国外差距进一步缩小，一批语音、视觉、自动驾驶、城市大脑、智能医疗等领域的开源开放平台初步具备支撑产业快速发展的能力。同时，5G、工业互联网、车联网等新型基础设施逐步完善，将进一步加速人工智能产业创新发展。

3. 产业规模不断壮大

我国人工智能产业规模平稳增长。中国信息通信研究院测算，2020 年国内人工智能产业核心规模（增加值口径）约为 3000 亿元 [1]，年增速约为 14% ～ 15%。考虑到新冠肺炎疫情得到初步控制，经济发展逐步回归常态，企业人工智能研发与支出将会增长，预计未来我国人工智能产业核心规模将保持持续平稳增长。

我国人工智能企业数量和投融资规模位居全球第二，仅次于美国，已初步形成产业链覆盖主要环节、部分智能应用和产品突出的人工智能产业生态。截至 2021 年 6 月，我国现有人工智能企业 2446 家 [2]，已形成一批技术创新能力强的人工智能企业，孵化培育出一批应用创新并有带动示范作用的人工智能初创型企业。其中，创新型企业积极布局人工智能核心算法、开放平台、智能芯片等基础能力领域，初创型企业重点服务于金融、制造、交通、医疗健康等行业的智能化转型。人工智能重点投融资行业分布见表 1-3，人工智能重点投融资技术领域见表 1-4，2020 年中国人工智能风险投资总金

1　数据来源：增加值是指常住单位在生产过程中创造的新增价值和固定资产的转移价值。人工智能产业是对国民经济有显著带动效应的新兴技术产业，通过对其增加值的核算，可以明确量化该产业对 GDP 的贡献。在国内人工智能产业核心规模核算过程中，首先将产业划分为人工智能软件、智能设备及相关元器件、人工智能平台、人工智能系统四大部分，然后通过与国民经济建立行业映射关系，梳理计算出国民经济行业中与人工智能直接相关的 12 个细分行业（包括计算机制造业、电子元器件制造业、互联网服务业、软件和信息技术服务业等）及其人工智能产业占比。再将各直接相关行业增加值与占比相乘得出该行业中人工智能相关部分的增加值规模，最后将各直接相关行业加总即可得到人工智能核心规模。

2　数据来源：中国信息通信研究院数据研究中心监测整理。

额为 149 亿美元，集中在计算机视觉、智能机器人、自动驾驶、芯片等领域。2020 年以来，我国新增人工智能上市企业 31 家，累计达到 161 家[1]。

表 1-3　人工智能重点投融资行业分布

单位：万美元

	医疗健康	金融	制造	零售	文娱传媒	交通	教育	农业
2018 年	1426.14	1207.09	355.97	363.47	4635.06	2368.64	379.77	8.76
2019 年	781.17	720.59	225.70	336.64	310.12	2689.92	412.92	15.37
2020 年	1619.20	799.45	417.96	388.92	283.81	4598.00	290.44	173.98
2021 年上半年	487.42	295.68	588.20	162.33	33.68	4466.69	24.07	46.35

表 1-4　人工智能重点投融资技术领域

单位：万美元

	计算机视觉	自然语言处理	语音	AR/VR	智能机器人	自动驾驶	芯片
2018 年	10475.97	5743.70	7409.44	302.74	6059.51	58.12	3090.13
2019 年	3254.68	1427.75	1015.70	110.23	2936.82	101.87	838.69
2020 年	4286.91	2062.61	1241.38	47.95	4532.17	520.25	897.94
2021 年上半年	3868.45	1237.61	1472.47	86.01	3554.51	210.86	1515.24

4. 融合应用进一步深化

我国人工智能产业发展与实体经济融合成效初显，正在从部分先导领域（例如医疗、交通、教育等服务领域）向制造业、农业等产业领域拓展，"智能＋"新技术、新模式、新业态不断涌现，辐射溢出效应持续增强，成为促进传统行业转型升级的主要动力。其中，教育领域人工智能典型应用场景主要有作业批改、考试测评、个性化学习、辅助教学、学科教育和智慧校园建设等。医疗领域人工智能典型应用场景主要有医学影像、药物研发、虚拟助手、健康管理、辅助诊疗、医院管理等。交通领域人工智能典型应用场景主要有自动驾驶、智能交通管理、智慧出行等。制造领域人工智能典型应用场景主要有质量检测、预测性维护、智能装备、智能工厂等。

1　数据来源：只在中国、美国上市的人工智能企业。

商贸物流领域人工智能典型应用包括智能客服、智能仓储、智能物流、无人商店等。农业领域人工智能典型应用包括辅助育种、智能环境控制、智能化农机设备等。从应用的深度判断，物流和交通领域的人工智能融合应用程度较深，衍生出智能网联汽车、智能无人仓库等智能产品和解决方案。从应用的广度判断，教育和医疗领域的人工智能应用场景覆盖的流程和环节较多，在学校、医院的渗透率方面还有待提升。人工智能各领域融合现状及前景如图 1-13 所示。

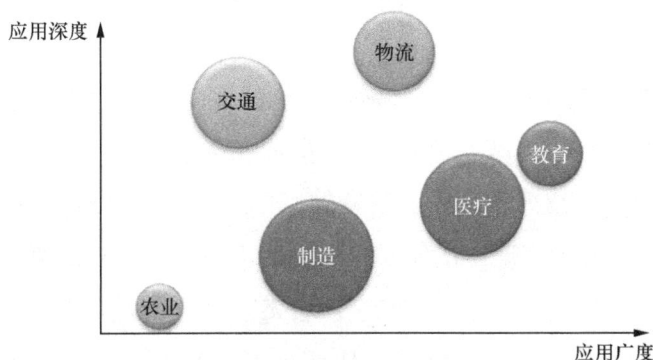

注：气泡大小表明行业应用市场规模及前景

图 1-13 人工智能各领域融合现状及前景

（六）区块链规模快速增长，产业区块链成为发展重点

新冠肺炎疫情倒逼全球各国和各行业加速数字化转型，进而推动产业互联网发展，这对相关信息基础设施的可信、开放、敏捷、协作等能力的要求随之提高，并要求数据等生产要素能够更合理地流动和配置，区块链作为解决以上一系列难题的关键技术和重要基础设施驶入发展快车道，从原本以"数字货币"为主的应用模式向产业区块链加速转变。

1. 区块链成为大国战略竞争要地

基于新冠肺炎疫情带来的数字化发展思考，以及全球央行"数字货币"探索的推进，各国政府纷纷加强对区块链技术的战略部署。各国政府和跨国国际组织对区块链和分布式账本技术持支持和鼓励态度，而出于对金融稳定性、投资者保护、反恐怖融资等风险的顾虑，对"虚拟货币"、稳定币及相关应用的监管态度则愈加趋严。

美国方面， 2020年10月15日，美国白宫发布《关键与新兴技术国家战略》，该战略详细介绍了美国为保持全球领导力而强调发展的20项关键与新兴技术清单，分布式账本技术（类似于联盟链技术）位列其中。而作为首次被提升到美国国家战略高度的技术，分布式账本技术预计将获得美国政府更多的人力和资源投入，对相关的知识产权、研究、开发或科技成果的保护也将进一步加强。

欧盟方面， 2020年9月，欧盟委员会发布了一份全新的数字金融"一揽子"计划。该计划以2018年的《欧盟金融科技行动计划》和欧盟议会、欧盟监管当局等机构此前在数字领域的工作为基础，涵盖了数字金融战略、零售支付战略、加密资产立法建议和数字运营韧性相关立法建议4个方面。

中国方面， 政策支持力度空前，区块链被纳入新基建范畴。自2019年10月24日中央政治局集体学习区块链技术以来，区块链就成为中国核心技术自主创新的重要突破口。2020年4月，国家发展和改革委员会进一步明确将区块链纳入"新基建"的范畴；随后，2020年《政府工作报告》提出，重点支持"两新一重"，即新型基础设施，新型城镇化，交通、水利等重大工程建设，其中"新基建"作为重塑经济增长的重要抓手，将承担起中国经济新引擎的重要角色。据此，在中央层面的战略部署指引下，各地政府支持区块链产业发展的步伐也将进一步加快，纷纷制订区块链产业发展规划，出台产业扶持政策和专项扶持资金政策等，中国区块链产业因此得到了空前的政策支持力度。分行业来看，2020年以来，国家邮政局、工业和信息化部、教育部、最高人民法院、中国人民银行等相继发文，要求在多个应用领域结合区块链技术，涵盖供应链金融、邮政业、物流、教育、司法存证、食品安全、交通、农业、制造业、城市管理、跨境金融等多个行业领域，几乎遍布国民经济的各个行业，充分显示出国家引导区块链融入实体产业的政策支持。

2. 区块链市场规模高速增长

随着各个行业数字化程度的加深与区块链技术受认可度的提升，全球区块链市场支出呈现逐年大幅增长的态势。IDC 发布的《全球区块链支出指南 2020》报告指出：2020 年全球区块链市场整体支出（仅统计联盟链或分布式账本技术支出，已剔除"虚拟货币"相关支出）将达到 42.8 亿美元，亚太地区 5 年的年复合增长率为 55.3%，全球为 57.1%，到 2023 年，全球支出将达到 144 亿美元。中国经济已率先从新冠肺炎疫情中强势恢复，因此中国区块链市场的发展规模也较为乐观，预计 2024 年中国区块链市场整体支出规模将达到 22.8 亿美元，年复合增长率高达 51%。分行业支出来看，金融行业在区块链解决方案上的投入是最大的，但制造业和资源行业在 2018—2023 年期间的增长速度将是最快的，5 年的年复合增长率为 60.5%；具体的应用场景则集中在跨境支付和清结算、贸易融资、交易后结算和监管合规等方面。

3. "代币"融资狂热消退，联盟链成为发展重点

在全球关于"代币"监管的政策整体趋严的大环境下，"代币"融资狂热已经大幅消退。CB Insights《2020 年区块链报告》中的数据显示，全球 2019 年的"代币"融资额相比 2018 年大幅减少，尤其是首次币发行（Initial Coin Offering，ICO）项目融资量暴跌 95%；而联盟链（或企业区块链）吸引的资本却是稳中有升，处于较好的发展趋势。自 2017 年中国人民银行、中央网信办、工业和信息化部等七部委发布《关于防范代币发行融资风险的公告》之后，针对"虚拟货币"的监管逐渐趋严，因此国内的投融资项目也主要以联盟链相关的企业为主。联盟链在政策的大力扶持下，有了更大的落地空间，一些专注于联盟链底层技术的企业不断发展壮大，融资轮次进一步推进。2020 年，公众对数据要素、个人信息隐私保护的关注度进一步提升，区块链技术被看作解决数据隐私和安全的最佳解决方案之一，多家聚焦于数据安全和隐私的区块链企业也因此获得资本市场的青睐。

4. 国际影响力持续提升

2020年7月，新加坡信息通信媒体发展局与Tribe Accelerator共同研制并发布了一份区块链生态全景图，其中不仅包括新加坡的本土企业，还涵盖全球范围内的知名的区块链公司和项目，具有较强的代表性，从中可以清晰地看出全产业链的主要参与者。与2019年的生态图相比，2020年的新版本增加了金链盟FISCO BCOS平台、蚂蚁集团、微众银行、平安金融壹账通等中国的项目和企业，这也印证了中国区块链的国际影响力进一步提升。

三、基于舆情大数据的行业深度透视

（一）数字中国传播呈现"高、亮、广、深"的特点

1. 万象更新，数字中国传播突破新"高"度

随着数字化变革进入快车道，关于"数字中国"的关注及讨论也随之水涨船高。2021年1月1日～9月30日，全网有关"数字中国"的相关信息量超过2000万条，信息传播趋势较为平稳，总体保持在高位水平上，呈小幅波动。月均传播量超过240万条，展现出良好的传播声量水平。其中，7月为月度信息总量高峰，单月传播量突破400万条。

具体来看，"数字中国"相关信息中，有关"数字经济法治建设""数字乡村建设""加快数字化发展"等意见、政策及规划成为推动2021年1～3月信息量上升的主要因素。国家层面对于"数字中国"建设的顶层设计受到高度关注，与此同时，围绕推进"数字中国"建设释放的利好政策也推动了行业进行积极应答，助力信息量持续提升。2021年4～8月，包括"数字中国建设峰会""中国国际大数据产业博览会"等在内的众多数字产业峰会成为推动信息量再次攀升的主要因素，其中，尤其以

"2021 世界人工智能大会"和"上海合作组织数字经济产业论坛"的传播声量最高，总传播量均超过 40 万条，形成传播小高峰，引发网民大量讨论和积极参与。

2. 因"数"而兴，数字中国话题"亮"点纷呈

数字中国信源分布及传播热词（2021 年 1 月 1 日～9 月 30 日）如图 1-14 所示。

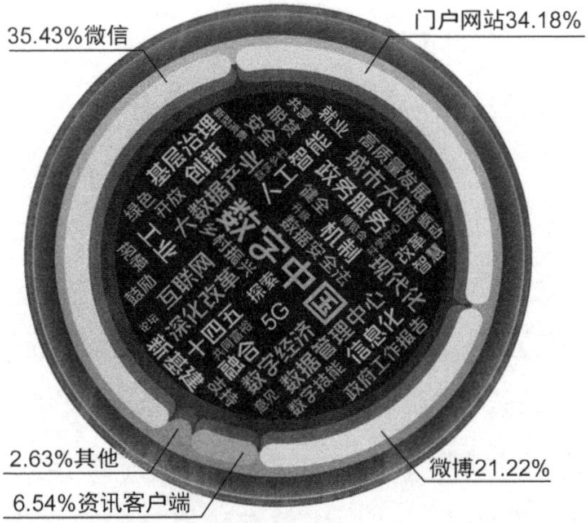

数据来源：新华睿思数据云图分析平台

图 1-14 数字中国信源分布及传播热词（2021 年 1 月 1 日～9 月 30 日）

从传播信源来看，全网"数字中国"相关信息发布与讨论平台集中在微信、门户网站和微博，信息量占比分别为 35.43%、34.18% 和 21.22%。三大信源累计信息量占比超过 90%，且各信源间占比差距较小，未表现出明显的倾向性。总体来看，"数字中国"相关信息的传播在新媒体平台和传统媒体平台上表现均衡，在传播形态上各有千秋而又相向而行。

在传播热词上，截至 2021 年 9 月 30 日，有关"数字中国"的热点词汇主要围绕 3 个方面。一是以"数字乡村""数字政务""数字经济""数字城市"等为代表的数字化发展方向，随着数字化发展的提速，数字化转型对生产方式、生活方式和治理方式变革的驱动正在全面推进。二是"大数据""5G""人工智能""物联网"等数字化发展的具体技术，当前，我国信息基础设施规模已全球领先，信息新技术、新产品、新应用的研发与创新已成为"数字中国"高质量发展的重要引擎。三是包括"十四五""意见""规划"等在内的"数字中国"建设国家政策，近年来，多部门围绕加快"数字中国"建设、发展数字经济释放了密集利好的支持政策，推动全面数字化建设加速的同时，也为数字生态营造出更加良好的大环境。

3. 汇聚共赴，数字中国盛宴"广"结盛果

从"数字中国"相关信息的传播地域分布来看，截至 2021 年 9 月 30 日，北京、广东、浙江的区域传播热度最高，热度值分别为 96.24、92.45、84.93。另外，上海、四川、江苏、山东、福建、湖北、安徽分列区域传播热度的第 4 至 10 位。

在区域传播热点方面，各地方有关于数字化建设的相关会议、论坛等成为传播话题中的焦点。其中，热度最高的当属全国"两会"。在 2021 年"两会"期间，"数字经济"第四次被写入《政府工作报告》、"数字中国"首次被写入《政府工作报告》、"加快数字发展建设数字中国"在"十四五"规划中单独成章……另外，"全球数字经济大会""粤港澳大湾区数字经济大会""数字经济创新发展论坛"等学术及产业峰会也在全国各地召开，吸引了全国乃至国际目光，推动区域信息的强势传播。

4. 众口交赞，数字中国建设"深"抵人心

从网民互动情况来看，微博和微信平台话题引流效果明显。网民对"数字中国"相关话题的讨论参与度分别为 61.15% 和 58.26%。"数字中国"相关话题的单篇微博传播呈现多层、多级的传播特点，传播层级渗透至 5 级以上，总传播量突破 1.5 万条，普通微博用户[1]对单篇微博的互动占比达

---

1 普通微博用户指除大 V 博主、微博达人和企业微博等标签较为显著的微博账号；互动指微博转发、评论、点赞等账号互动行为。

88.38%。不仅业内与头部账号的大 V 博主对"数字中国"话题较为关心，普通网民对其也表现出浓厚的兴趣。网民对"数字中国"相关话题总体持积极态度。2021 年 1 月以来，网民对"数字中国"的表情聚合多为"威武""点赞"和"给力"，凸显出网民对我国推行数字中国建设战略的自豪感与认同感。另外，部分网民对"数字中国"如何建设、布局规划等话题表示好奇与疑惑，展开积极讨论，带动话题传播热度不断走高。网民对数字中国的看法（2021 年 1 月 1 日～9 月 30 日）如图 1-15 所示。

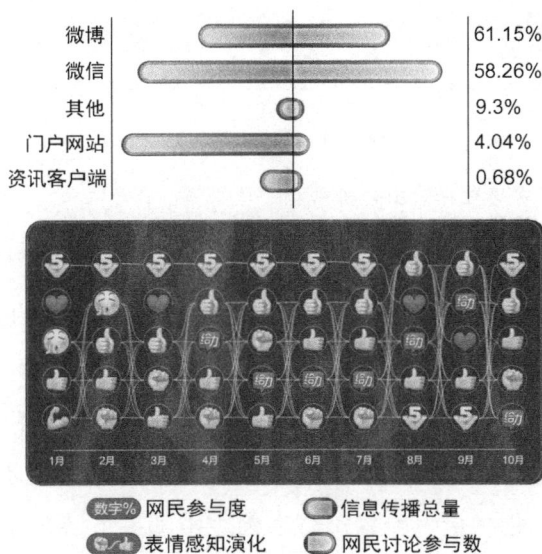

数据来源：新华睿思数据云图分析平台

图 1-15　网民对数字中国的看法（2021 年 1 月 1 日～9 月 30 日）

（二）数字产业话题持续高热

"十四五"规划提出要"加快数字化发展，建设数字中国"，强调"培育壮大人工智能、大数据、区块链、云计算、网络安全等新兴数字产业，提升通信设备、核心电子元器件、关键软件等产业水平"。在此背景下，数字产业发展备受舆论关注。数字产业话题传播情况（2021 年 1 月 1 日～9 月 30 日）如图 1-16 所示。

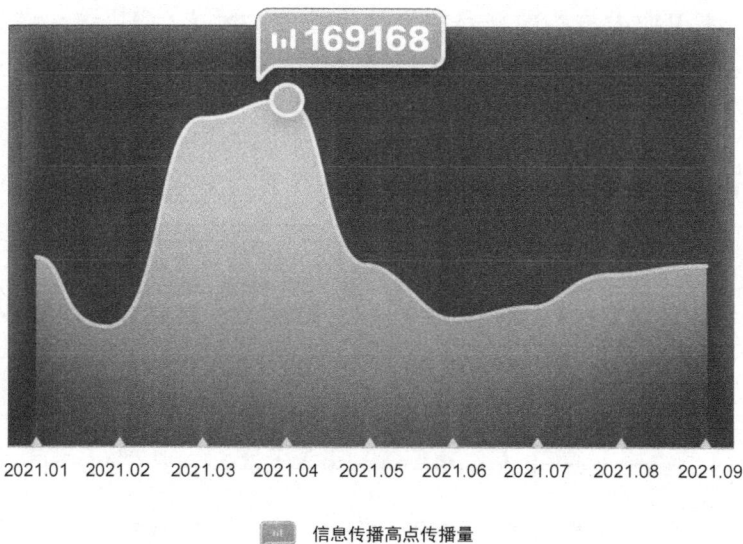

169168

2021.01　2021.02　2021.03　2021.04　2021.05　2021.06　2021.07　2021.08　2021.09

信息传播高点传播量

数据来源：新华睿思数据云图分析平台

图1-16　数字产业话题传播情况（2021年1月1日～9月30日）

截至2021年9月底，互联网上与"数字产业"相关的有效信息量近85万条。其中，国务院常务会议部署持续推进网络提速降费、阿里巴巴被行政处罚182.28亿元、蚂蚁集团再次被约谈、34家互联网平台企业向社会公开《依法合规经营承诺》、安徽省大数据发展条例公布等热点新闻推动2021年3月底至4月初的相关信息量攀至最高峰。中国—上海合作组织数字经济产业论坛、2021中国国际智能产业博览会、广东省出台数字经济促进条例等话题使信息量在2021年8月又有所上升。

与"数字产业"相关的信息大部分为正面及中性信息，累计占比为92.73%，内容多与新兴数字产业政策法规、产业发展现状和趋势有关。敏感信息占比7.27%，多为网民对互联网平台垄断的讨论及对个人信息泄露、网络安全问题的担忧。数字产业话题情感分析（2021年1月1日～9月30日）如图1-17所示。

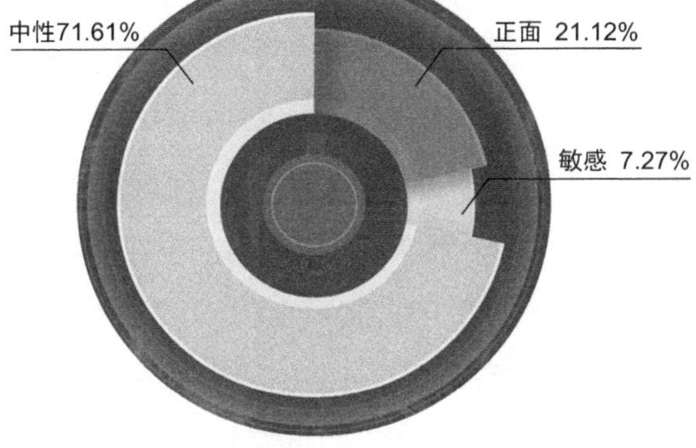

中性71.61%　　正面 21.12%　　敏感 7.27%

数据来源：新华睿思数据云图分析平台

图 1-17　数字产业话题情感分析（2021 年 1 月 1 日～ 9 月 30 日）

　　"新基建""大数据""人工智能""5G""云计算""区块链"等热词体现了数字产业的分布情况和发展状况。"阿里巴巴""垄断""网络安全""依法合规""个人信息"则反映了舆论对新兴数字产业发展中存在问题的关注。数字产业话题语义分析（2021 年 1 月 1 日～ 9 月 30 日）如图 1-18 所示。

数据来源：新华睿思数据云图分析平台

图 1-18　数字产业话题语义分析（2021 年 1 月 1 日～ 9 月 30 日）

（三）制造业数字化转型备受期待

党中央、国务院高度重视制造业的数字化转型，强调要加快推动新一代信息技术和制造业深度融合发展，推动制造业生产方式和企业形态的根本性变革。近年来，与"制造业数字化转型"相关的消息备受关注，产业现状、发展趋势、痛点难点、解决路径、先进典型等均成为舆论关注的重点话题。

截至2021年9月底，互联网上与"制造业数字化转型"相关的有效信息量达45万余条。其中，2021年3月的信息量最多，单月传播量近11万条。2021年"两会"期间，制造业数字化转型、工业互联网等话题持续引起代表委员的热议，受到媒体和网民的高度关注。在《政府工作报告》中提及的工业互联网发展及工业和信息化部部长在"部长通道"的热切回应等高热度事件助推信息量达到峰值。制造业数字化转型传播情况（2021年1月1日～9月30日）如图1-19所示。

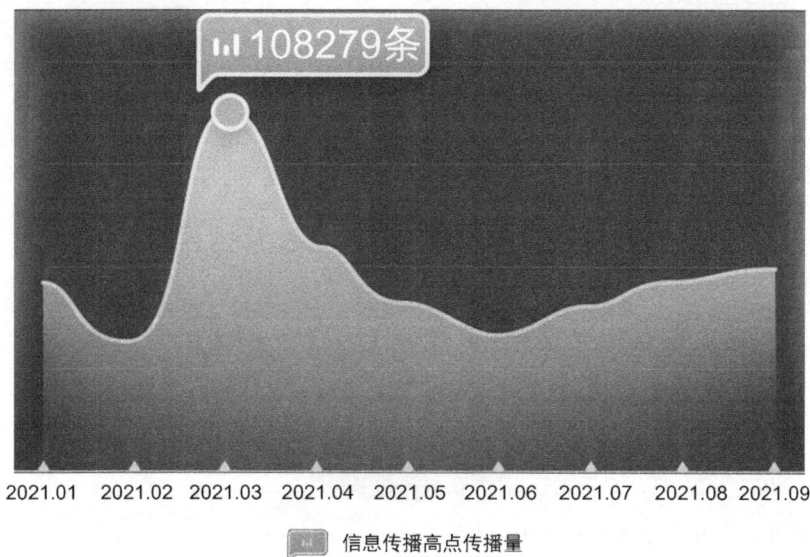

数据来源：新华睿思数据云图分析平台

图 1-19 制造业数字化转型传播情况（2021 年 1 月 1 日～9 月 30 日）

监测期内"制造业数字化转型"相关舆论主要集中在新闻平台和微信，信息量占比分别为47.27%和37.26%。其中，新华社、《人民日报》、中央电视台等国家媒体所发的相关政策解读、追踪报道类稿件及多媒体融合报道的传播范围最大、影响程度最深，其影响力和公信力均较其他媒体更胜一筹。制造业数字化转型信源分布（2021年1月1日～9月30日）如图1-20所示。

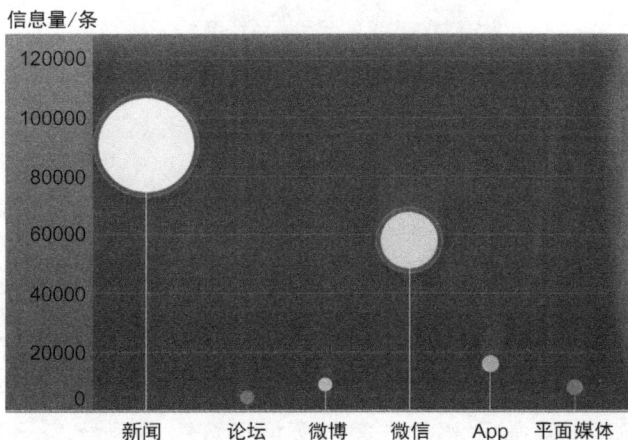

数据来源：新华睿思数据云图分析平台

图1-20 制造业数字化转型信源分布（2021年1月1日～9月30日）

"制造业数字化转型"相关舆论"喜""乐"情绪合计占比超6成，网民对密集而至的制造业数字化转型支持举措持肯定和称赞态度，期待在5G、工业互联网等新一代信息技术的赋能下，我国尽快由制造大国迈向制造强国。"沉默"情绪占比21.87%。很多网民对制造业数字化转型和工业互联网的发展现状和未来趋势持观望态度。"怒""哀""惊""不悦"敏感情绪合计占比13.85%。网民对阻碍行业发展的难点问题表示担忧，例如缺乏权威的数据标准、数据安全有待保障、数据开放与共享水平尚需提高、核心关键技术能力不足等。制造业数字化转型情感分析（2021年1月1日～9月30日）如图1-21所示。

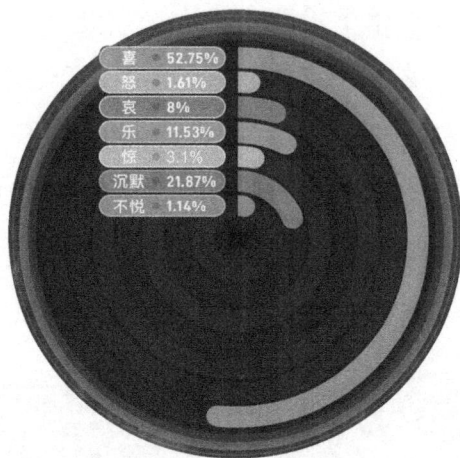

喜 52.75%
怒 1.61%
哀 8%
乐 11.53%
惊 3.1%
沉默 21.87%
不悦 1.14%

数据来源：新华睿思数据云图分析平台

图1-21 制造业数字化转型情感分析（2021年1月1日～9月30日）

（四）智慧医疗发展赢得认可

近年来，人工智能、大数据等技术蓬勃发展，不断赋能医疗健康领域。在政策推动、技术迭代、市场演变、疫情影响等多重变量的作用下，数字化、网络化、智能化的设施和解决方案与医疗场景快速融合，一个充满创新活力的智慧医疗时代正在加速到来。相关话题持续引发热议。然而，我国的智慧医疗仍处于初级阶段，面临诸多难点。为此，不少专家和网民为智慧医疗的高质量发展提出建议，例如完善顶层设计、加快5G智慧医疗融合发展等。智慧医疗传播情况（2021年1月1日～9月30日）如图1-22所示。

新华睿思数据显示，截至2021年9月底，互联网上与"智慧医疗"相关的有效信息量超过50万条。3月的信息量最多，超过7.5万条。国家公共卫生防护网、公立医院综合改革与高质量发展、公共卫生应急处置和物资保障体系、县级医疗服务能力等关键语句，是2021年中共中央、国务院对公共卫生事业发展方向的指导。围绕上述关键语句，"两会"期间，代表委员提出的例如"互联网＋医院建设""5G＋医疗""加强数字化赋能县域医防融合发展"等提案，受到媒体和网民的高度关注，助推信息量达到峰值。

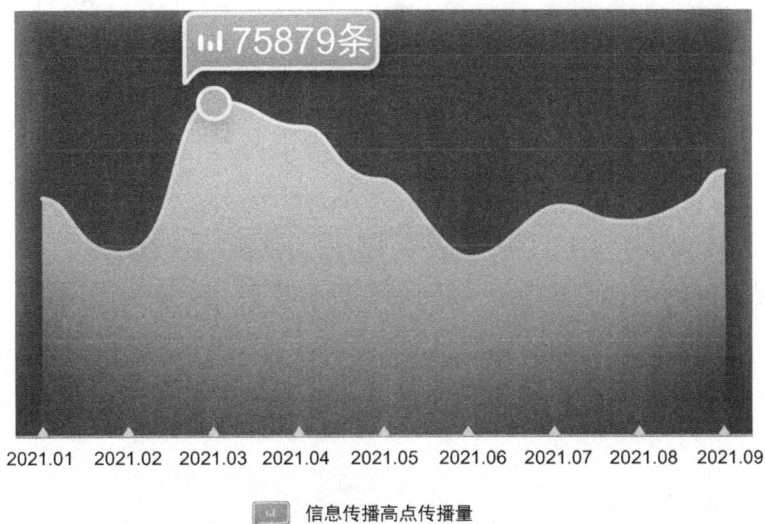

数据来源：新华睿思数据云图分析平台

图 1-22　智慧医疗传播情况（2021 年 1 月 1 日～ 9 月 30 日）

从各信源的网民参与情况来看，新闻平台发布的信息数最多，超过 25 万条。智慧医疗建设现状、便民服务、解决方案、典型案例、前景展望等话题吸引媒体进行大量的报道和转载。微信平台的网民参与数最高，约为 6 万余条。智慧医疗助力健康中国建设、智慧医疗在疫情防控中的重要作用等相关信息引起网民纷纷关注和点赞。智慧医疗信源分布（2021 年 1 月 1 日～ 9 月 30 日）如图 1-23 所示。

与"智慧医疗"相关的信息几乎为正面及中性信息，累计占比 99.42%，内容多与智慧医疗产业顶层设计、推广应用和融合发展等有关。公众期待更高质量、更为安全、更可持续的智慧医疗服务。敏感信息占比 0.58%，个别网民对 AI 检测、智能医疗可能存在误诊及患者隐私泄露问题表示担忧。智慧医疗情感分析（2021 年 1 月 1 日～ 9 月 30 日）如图 1-24 所示。

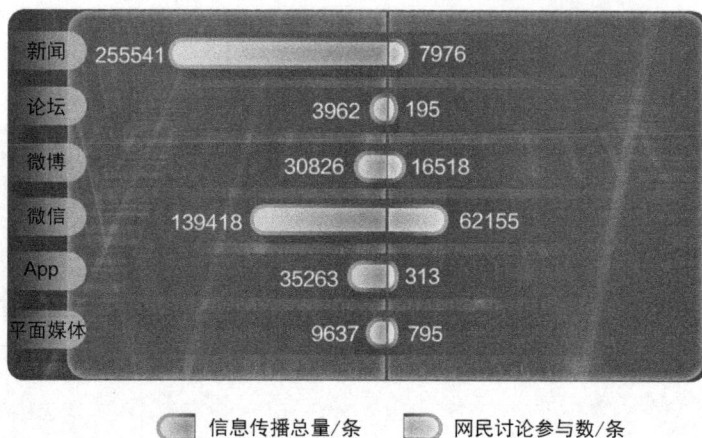

信源	信息传播总量/条	网民讨论参与数/条
新闻	255541	7976
论坛	3962	195
微博	30826	16518
微信	139418	62155
App	35263	313
平面媒体	9637	795

数据来源：新华睿思数据云图分析平台

图 1-23　智慧医疗信源分布（2021 年 1 月 1 日～9 月 30 日）

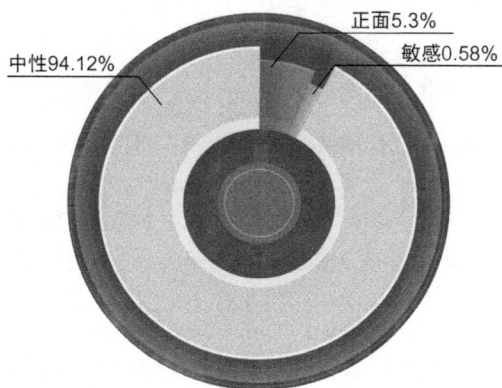

正面5.3%
中性94.12%
敏感0.58%

数据来源：新华睿思数据云图分析平台

图 1-24　智慧医疗情感分析（2021 年 1 月 1 日～9 月 30 日）

（五）数字化居住服务前景看好

在数字化背景下，企业生产经营方式、政府治理方式、居民生活方式发生重大变化。在居住服务领域，供需关系、政策、技术等正在共同驱动居住服务进入数字化、平台化、智能化新时代。作为满足人民美好居住需求的重要环节，数字化居住服务行业的相关信息吸引了大量关注。数字居住服务传播情况（2021 年 1 月 1 日～9 月 30 日）如图 1-25 所示。

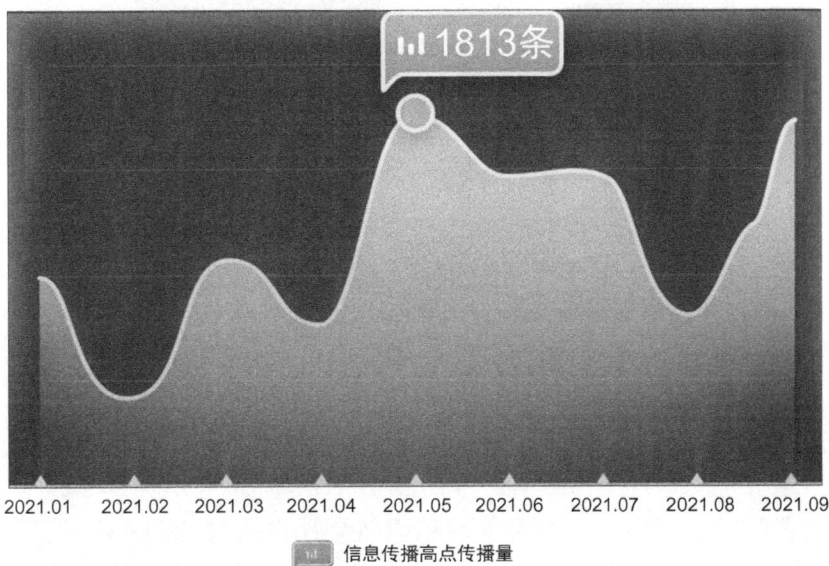

数据来源：新华睿思数据云图分析平台

图 1-25　数字居住服务传播情况（2021 年 1 月 1 日～9 月 30 日）

新华睿思数据显示，截至 2021 年 9 月底，互联网上与"数字化居住服务"相关的有效信息量有 1 万余条。5 月的信息量最多，近 2000 条。"多地加强房地产市场秩序整治""贝壳找房澄清：被市场监管总局立案反垄断调查的消息不实""《2021 年新青年居住消费报告》发布"等热点新闻，助推信息传播量达到峰值。

"数字化居住服务"相关舆情主要集中在微信和新闻平台，信息量占比分别为 51.34% 和 38.11%。其中，新华网、人民网等主流媒体，《中国证券报》、第一财经、《北京商报》、新浪财经、金融界等财经媒体及其官微对企业数字化转型做了相关报道。数字居住服务信源分布（2021 年 1 月 1 日～9 月 30 日）如图 1-26 所示。

"喜""乐"情绪合计占比超 6 成，为 60.21%，网民肯定居住服务行业的数字化满足了百姓的品质居住需求。"沉默"情绪占比为 17.61%。

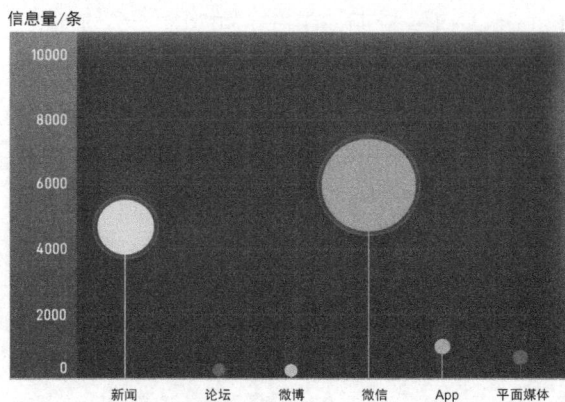

信息量/条

数据来源：新华睿思数据云图分析平台

图 1-26　数字居住服务信源分布（2021 年 1 月 1 日～ 9 月 30 日）

很多网民对居住服务业数字化转型的发展现状和未来趋势持观望态度。"怒""哀""惊""不悦"等负面敏感情绪合计占比为 22.18%。网民认为，居住服务业与互联网技术深度融合的进程缓慢。数字居住服务情感分析（2021 年 1 月 1 日～ 9 月 30 日）如图 1-27 所示。

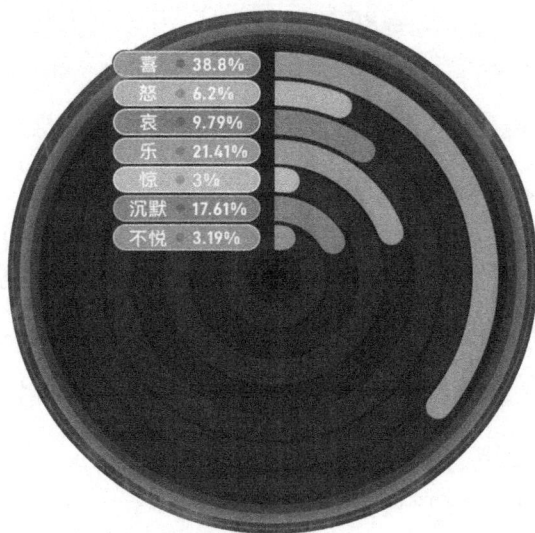

数据来源：新华睿思数据云图分析平台

图 1-27　数字居住服务情感分析（2021 年 1 月 1 日～ 9 月 30 日）

（六）数字政府筑起城市发展"新底座"

2021 年全国"两会"期间，"数字政府"被频繁提及，国家"十四五"规划也提出了提升国家治理效能和加强数字政府建设的目标要求。作为创新行政管理方式、提高行政效能、建设服务型政府的重要路径，数字政府已经成为提升基层治理水平的必然选择，成为"数字中国"建设中备受关注的主题之一。数字政府传播情况（2021 年 1 月 1 日～9 月 30 日）如图 1-28 所示。

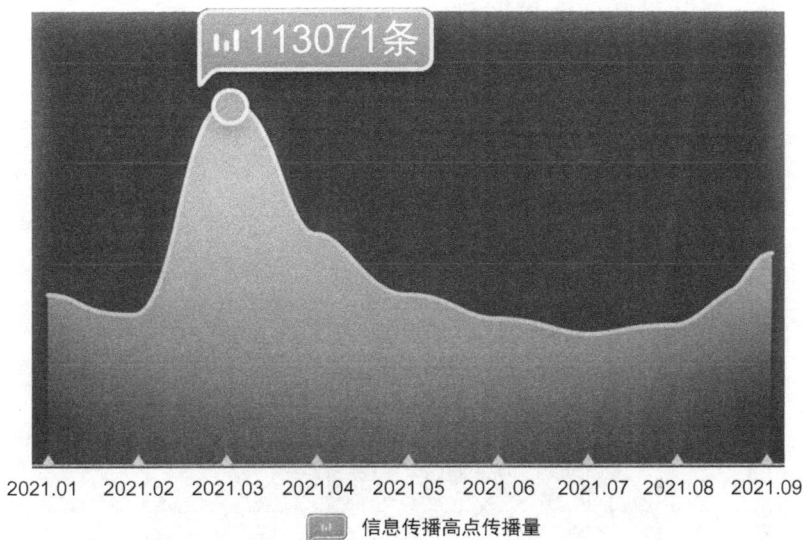

113071条

| | | | | | | | | |
2021.01 2021.02 2021.03 2021.04 2021.05 2021.06 2021.07 2021.08 2021.09

信息传播高点传播量

数据来源：新华睿思数据云图分析平台

图 1-28　数字政府传播情况（2021 年 1 月 1 日～9 月 30 日）

新华睿思数据显示，截至 2021 年 9 月底，互联网上有关"数字政府"的相关信息量超过 50 万条。2021 年《政府工作报告》"十四五"规划和 2035 年远景目标建议及"两会"期间有关"数字政府"建设的热点新闻等在 3 月信息量最高。

与"数字政府"相关的信息主要集中在门户网站和微信平台，占比分别为 52.82% 和 33.88%。在传播内容上，以地方政府的数字化建设、科技企业技术赋能、国家政策支持助推为主，媒体发布和转载活跃，但网民互动较少。数字政府信源分布（2021年1月1日～9月30日）如图1-29所示。

"十四五""推进""发展""支持""实施"等热词彰显了国家对数字政府未来发展的重视程度，并将对地方政府的政策创新重点和落点产生导向性影响。"现代化""智能化""网格化"则反映出"数字政府"的技术创新与应用。

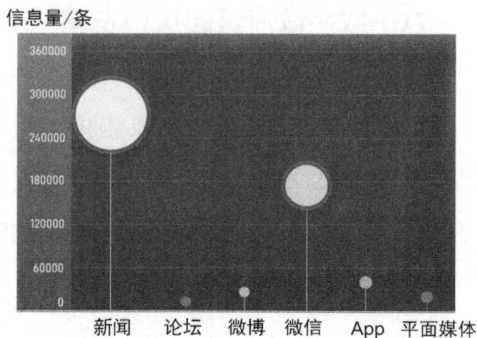

数据来源：新华睿思数据云图分析平台

图1-29　数字政府信源分布（2021年
1月1日～9月30日）

数字技术是政府行政改革的助推器，数字政府建设有助于为政府赋能、增能，提升社会治理能力、提供公共服务和更好地履行政府职责的能力，提升政府部门生产力。数字政府语义分析（2021年1月1日～9月30日）如图1-30所示。

数据来源：新华睿思数据云图分析平台

图1-30　数字政府语义分析（2021年1月1日～9月30日）

四、数字中国产业发展展望

（一）新发展格局下，信息通信技术产业肩负新使命、迎来新机遇

我国正加快构建"双循环"新发展格局。"以国内大循环为主体、国内国际双循环相互促进的新发展格局"，是"十四五"时期国家经济社会发展的重大战略部署，是在全球宏观趋势下，我国对经济发展重心的主动调整，主动谋划新增长空间，使中国经济拥有一个相对完整独立的产业结构。这一战略部署应把握两个要点：一是要坚持扩大内需的战略基点，使生产、分配、流通、消费更多依托国内市场，形成国民经济良性循环；二是要坚持供给侧结构性改革的战略方向，提升产业链、供应链的完整性，使国内市场成为最终需求的主要来源。

信息通信技术产业将肩负新的历史使命，迎来新的发展机遇。在国家新发展格局中，产业链、供应链稳定性和竞争力是"双循环"的有力保障，数字消费是"双循环"的发力点、经济稳定运行的"压舱石"，新基建是巩固和拓展内外循环的多元纽带，发力新基建、培育壮大新型消费、推动数字技术和实体经济深度融合，成为信息通信技术产业必须肩负的历史使命。"十四五"时期，信息通信技术产业应增强机遇意识和风险意识，立足科技自立自强，加快提升产业基础能力和产业链现代化水平，实行高水平对外开放，为赢得数字化时代的综合竞争优势提供坚强柱石，为实现中华民族伟大复兴的中国梦提供强大动能。

（二）新型数字基础设施建设将全面推进，不断夯实数字化发展底座

数字基础设施以信息网络为基础，为社会生产生活提供感知、连接、存储、计算、处理、安全等数字能力。未来 5 年，信息通信技术产业将全面推进新型数字基础设施建设和发展，加快双千兆网络全面部署，持续推进骨干传输承载网的能力升级和演进，优化数据中心布局，构建数网协同、云边协同的算力体系，提升新型数字基础设施赋能能力，夯实经济社会数

字化发展底座。**在 5G 方面**，将持续扩大室内场景、交通枢纽、高铁沿线、景区景点等重点场所的 5G 覆盖范围；加快 5G 行业虚拟专网建设；提供新一轮电信普遍服务，提升农村地区的 5G 网络覆盖水平和接入能力。**在千兆光网方面**，深入实施"千兆城市"建设，完善园区、学校、医疗机构千兆覆盖，推广光纤到房间、到桌面、到机器。**在新型数据中心方面**，将推进全国一体化算力枢纽节点建设，按需建设各省数据中心，灵活部署边缘数据中心，到"十四五"末，基本形成数网协同、云边协同、绿色智能的算力设施体系。

（三）"十四五"期间我国信息通信技术产业规模将持续加速增长

我国开启全面建设社会主义现代化国家的新征程，新型基础设施建设、数字技术与实体经济融合将激发和释放潜在的经济动力和活力，成为信息通信技术产业乃至整个社会的新增长引擎。2021—2025 年我国 ICT 产业收入规模预测如图 1-31 所示。

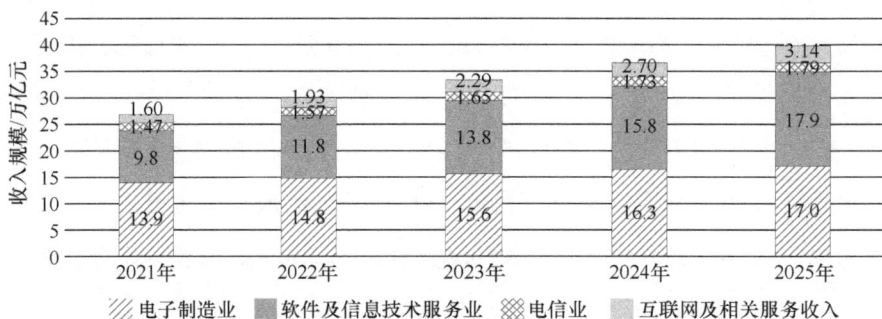

数据来源：中国信息通信研究院预测

图 1-31　2021—2025 年我国 ICT 产业收入规模预测

电信业全面加快转型，5G 行业专网市场将实现规模增长。产业数字化转型的相关业务（计入增值及其他业务）将成为电信业收入增长的主要来源，预计收入占比在 2025 年将超过 40%。随着 5G 与经济社会各个领域的融合程度不断加深，我国 5G 行业专网的市场规模将持续增长。运营商将加快

5G 行业专网建设进程，推进"5G + 工业互联网"创新发展，预计到 2025 年 5G 虚拟专网数量达到 5000 个。互联网企业将面向企业服务，并加快布局和转型，业务领域由互联网服务向 ICT 服务乃至 ICT 制造领域不断扩展和迁移，商业模式向前向收费、向价值创造转变。互联网及相关服务收入将保持 18% 左右的年复合增长率，预计 2025 年收入规模超 3 万亿元。**"双循环"格局下软件业将迎来重大发展机遇期，行业竞争力不断提升。**新冠肺炎疫情发生以来，我国软件和信息技术服务业率先复苏。"十四五"期间，随着"上云用数赋智"行动的实施，数字化转型加快，软件业规模持续扩大，未来 5 年的年均复合增速将达到 17%。**电子信息制造业将不断推进产业基础高级化和国内需求升级。**未来几年，复杂的国际形势和全球供需波动，将不断激发我国半导体制造等高端产业链环节的投资，固定资产投资将保持较快增长态势，"十四五"期间预计将保持 7% 左右的年复合增长率，到 2025 年电子信息制造业务收入将达 17 万亿元。

编写单位：中国信息通信研究院 新华网股份有限公司

作者：左铠瑞 张 丽 吴新丽 高 金 原梓涵 贾 儒 霍晶莹 马德伟

第二章
数字新基建：
新一代信息基础设施多维演进创新

2021年9月22日，国务院常务会议审议通过新型基础设施建设"十四五"规划，推动扩内需、促转型、增后劲。"十四五"时期科学布局和推进建设以信息网络为基础、以技术创新为驱动的新型基础设施，有利于促进稳增长、调结构、惠民生。地方新型基础设施建设"十四五"规划陆续出台，对新型基础设施建设做出具体部署：一是加强信息基础设施建设；二是稳步发展融合基础设施；三是推动高校、科研院所和高新技术企业等深度融合，提升高水平交叉前沿性研究能力；四是鼓励多元投入、推进开放合作，支持民营和境外资本参与新型基础设施投资运营；五是建立完善的安全监管体系，增强安全保障能力。

新一代信息基础设施是指融合感知、传输、存储、计算、处理为一体的新一代智能化信息基础设施，具体分为两个部分：数字化设施和设施智慧化。数字化设施部分主要是面向公众、企业和机构的通用需求，涵盖"端（数字化采集）—管（网络化传输）—云（智能化计算）"数字基础设施。设施智慧化部分主要是面向企业、行业的专业化需求，利用物联网、先进计算、大数据、人工智能等新一代信息技术对交通运输、能源水利、市政、环保等传统基础设施进行智能化升级而建设形成的智慧化设施。

一、基础网络能力发展情况

网络基础设施向高速、智能和全互联方向发展，从 DICT 向 DOICT[1] 融合。新一代信息基础设施是指融合感知、传输、存储、计算、处理为一体的新一代智能化信息基础设施，基础设施不再是相互独立分割的系统。双千兆与多种技术结合示意如图 2-1 所示。

双千兆即"5G + 千兆光网"，已

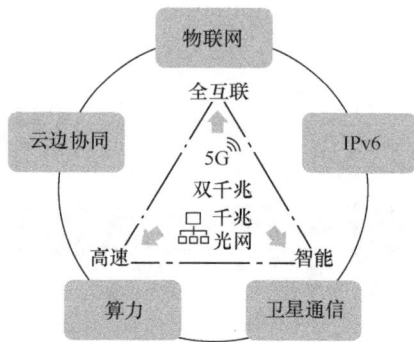

图 2-1 双千兆与多种技术结合示意

成为我国新型基础设施的重要组成和承载底座，推动网络基础能力向高速、智能、全互联演进升级，使数据的采集、流动产生变革，加速了物联网的落地；海量设备需要互联网协议第 6 版（Internet Protocol Version 6，IPv6）来支持；双千兆与卫星通信的融合可以将网络延伸到地面通信网络无法到达的地方；软件定义网络（Software Defined Network，SDN）与网络功能虚拟化（Network Function Virtualization，NFV）是双千兆网络架构的基石，可以极大地降低网络管理成本；同时双千兆网络还可以为云边协同提供灵活可控的网络能力，促进网络与业务的融合。在基础设施智能化的时代，双千兆网络带来了全生态链的革新。

（一）双千兆构筑信息基础设施融合创新的关键载体

千兆光网和 5G 优势互补，构筑数字经济发展的坚实底座。千兆光网时代，整个体系采用全光架构，易扩展、易维护；千兆光网可以增强服务品质，在超大带宽、低时延、高安全、稳定度、可靠性等方面着力；面向云网协同构建行业智能开放的应用程序接口（Application Programming Interface，

1　DOICT 是指数字技术（Digital Technology，DT）、运营技术（Operation Technology，OT）、信息技术（Information Technology，IT）、通信技术（Communications Technology，CT）。

API）标准，让千兆光网更加智能，让网络能力可调动、可开发。5G 具备比 4G 更高的性能，支持 0.1 ～ 1Gbit/s 的用户体验速率，每平方千米 100 万的连接数密度，毫秒级的端到端时延，每平方千米数十 Tbit/s 的流量密度，每小时 500 千米以上的移动性和数十 Gbit/s 的峰值速率。移动边缘计算（Mobile Edge Computing，MEC）、网络切片等技术使 5G 能够更加灵活、高效、安全地满足多种场景的应用需求。千兆光网和 5G 各有优势，两者互相补充，形成合力，将共同推动我国数字经济的发展，加速各行各业的数字化转型。

双千兆网络建设协同推进取得积极进展。千兆光网网络和用户规模全球领先。截至 2021 年 9 月底，基础电信企业 10G 无源光网络（Passive Optical Network，PON）端口规模超过 500 万个，千兆光网已具备覆盖 2.4 亿户家庭的能力，提前完成年度目标；1000Mbit/s 及以上接入速率的固定宽带用户规模达到 2134 万，是 2020 年年底的 3.3 倍。5G "适度超前"已建成全球最大的 5G 独立组网网络。截至 2021 年 9 月，我国累计建成 5G 基站 103.7 万座，占全球 5G 基站数的 70% 以上，实现全国所有地市级城市、95% 以上县城城区和 35% 乡镇镇区的 5G 网络覆盖。服务质量不断提升，5G 独立组网已初步实现规模商用，全国超 300 个城市规模部署 5G SA；重点城市网速居于全球领先水平，部分地区下载速率超过 1000Mbit/s。

5G 终端出货量爆发式增长，带动 5G 用户加速普及。我国自 2021 年 5 月 17 日起，新进网 5G 终端将默认开启 5G 独立组网功能，加快基于 5G 的新型消费终端成熟，推进独立组网模式规模化应用。2021 年 1 ～ 9 月，国内 5G 手机出货量达 1.83 亿部，同比增长 70.4%，占同期手机出货量的 73.8%。工业和信息化部数据显示，截至 2021 年 9 月，我国 5G 手机终端连接数达 4.45 亿，比 2020 年年末净增 2.47 亿，占移动电话用户的比重达 27.1%。

2021 年是我国 5G 规模商用元年，重点行业领域已建成多个示范性应

用。2021年7月，工业和信息化部发布的《5G应用"扬帆"行动计划（2021—2023年）》提出两个要求：尽快在各行各业推广应用；能够复制和示范。2021世界5G大会"行业应用创新论坛"公布了我国5G十大应用案例：玉溪新兴钢铁5G数字孪生透明工厂、基于5G的"上车即入院"服务、三一重工北京桩机工厂5G智能制造、山西省潞安化工集团新元煤矿5G智慧矿山、青岛港5G智慧码头项目、南京滨江全球5G智能制造基地、广东省南方电网5G智能电网、基于5G的远程眼底激光手术、广州地铁"5G+智慧地铁"项目（线上）、桐庐莪山畲族乡"5G示范应用第一乡"。

（二）物联网能力全面升级开启智能化社会新阶段

窄带物联网（Narrow Band Internet of Things, NB-IoT）等物联网新技术补齐能耗、覆盖、连接、时延等短板，实现真正的"万物互联"。物联网是以感知技术和网络通信技术为主要手段，实现人、机、物的泛在连接，提供信息感知、信息传输、信息处理等服务的基础设施，是新基建的重要组成部分，"十四五"规划将其纳入七大数字经济重点产业。物联网体系架构如图2-2所示。

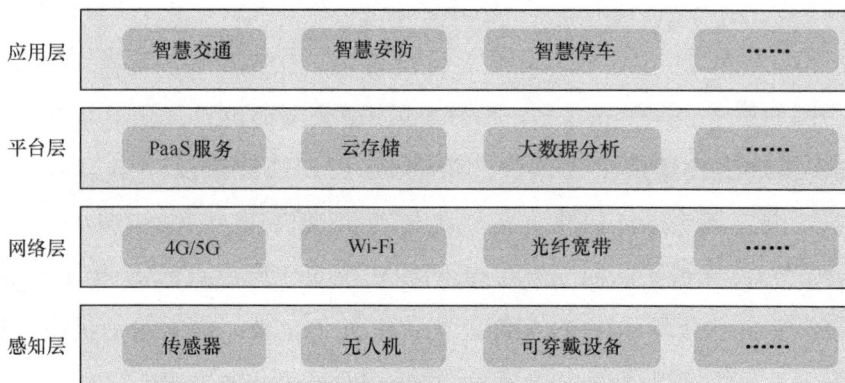

图 2-2 物联网体系架构

物联网体系架构通常包含4层。**一是感知层**。由相关感知设备组成。该层的核心技术包括射频技术、新兴传感技术、无线网络组网技术、现场总线控制系统（Fieldbus Control System，FCS）等，这些是物联网的物理基础。**二是网络层（或传输层）**。网络层主要通过各类通信协议，将感知层采集数据和控制指令的信息通过各种网络（有线和无线、短距和长距）传输至平台层，由各种私有网络、互联网、有线和无线通信网等组成。其中，NB-IoT 是当前物联网设备无线连接的重要技术。NB-IoT 技术具有强连接、高覆盖、低功耗、低成本的特点，相比非授权频段技术，具备安全性高、干扰小、与现有蜂窝基站复用不需独立组网、标准化程度高的优势，是未来支撑低功率广域网络（Low-Power Wide-Area Network，LPWAN）业务场景的主流技术。**三是平台层**。利用云计算、大数据、人工智能等手段将感知信息进行融合分析和处理，通过中间件与行业应用衔接，为应用的开发、测试和运行提供多种通用服务。**四是应用层**。将物联网技术落地于各个细分的行业应用场景，从而实现面向公众的服务功能。应用层基于平台层提供的各种能力、服务及构建的业务模型实现。打造智慧交通、智慧安防、智慧停车等各种应用，对应用进行封装，面向不同的业务需求打造不同的解决方案。

　　我国物联网产业高速增长。从连接数看，2019 年，我国物联网连接数为 36.3 亿，其中移动物联网连接数占比较大，已从 2018 年的 6.71 亿增长至 2019 年年底的 10.3 亿。到 2025 年，我国物联网连接数将达到 80.1亿，年复合增长率达到 14.1%。**从市场规模看**，截至 2020 年，我国物联网产业链规模突破 1.7 万亿元，物联网总体产业规模保持 20% 的年复合增长率。**产业物联网成为应用热点**。物联网应用市场主要分为三大类：一是成熟型市场，在消防、公共事业、智慧社区等方面，实现市政民生设施、社区基础设施、消防设施等物联；二是培育型市场，主要在消费电子商品方面，实现智慧家庭、特殊人群及宠物跟踪、可穿戴设备物联等；三是创新型市场，物联网主要应用于物流、农业及环境监测等。预计到 2025 年，物联网连接数的大部分增长来自产业市场，产业物联网的连接数将占到总体的 61.2%。

政策引导物联网健康有序发展。2021 年，工业和信息化部联合中央网信办、科学技术部等八部委印发《物联网新型基础设施建设三年行动计划（2021—2023 年）》，提出到 2023 年年底，在国内主要城市初步建成物联网新型基础设施，使社会现代化治理、产业数字化转型和民生消费升级的基础更加稳固，具体包括四大行动目标：创新能力有所突破、产业生态不断完善、应用规模持续扩大、支撑体系更加健全。未来 5 年，物联网将从规模建设期进入优化提升期。IDC 数据预测，运维服务、升级服务、定制化开发服务将成为新市场增长点。其中，制造业和政府支出最大，车联网增长最快，连接支出最少，硬件是最大的支出，但服务支出的增长更为迅速。

（三）IPv6 逐步取代 IPv4 助力互联网扩容升级

我国一直高度重视 IPv6 和下一代互联网发展。"十四五"规划要求 2025 年全面建成领先的 IPv6 技术、产业、设施、应用和安全体系，中国 IPv6 网络规模、用户规模、流量规模位居世界第一。

IPv6 与 IPv4 相比较，在各方面具有不可比拟的优越性。IPv6 可提供海量的地址资源，IPv6 规定其地址长度为 128 位，采用 16 位进制记法，理论上可以提供的地址数量比 IPv4 扩大了 296 倍；IPv6 使用更小的路由表，使路由器转发数据包的速度更快；IPv6 增加了增强的组播支持及对流的控制，有利于多媒体应用和服务质量（Quality of Service，QoS）控制；IPv6 加入了对自动配置的支持，改进和扩展动态主机配置协议（Dynamic Host Configuration Protocol，DHCP），使网络（尤其是局域网）的管理更加方便和快捷；IPv6 具有更高的安全性，用户可以对网络层的数据进行加密并对 IP 报文进行校验，极大地增强了网络的安全性；IPv6 允许协议进行扩充，具有更好的扩容能力；IPv6 具有更好的头部格式，简化和加速了路由选择过程，提高了效率。IPv6 的优势如图 2-3 所示。

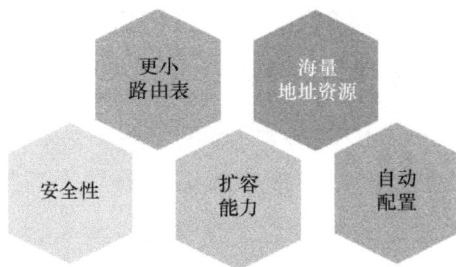

图 2-3　IPv6 的优势

我国 IPv6 规模部署进入创新高峰期，同时建立安全体制。截至 2021 年 8 月底，我国 IPv6 地址资源储备已经位居世界第一；IPv6 活跃用户数达 5.51 亿，占我国全部网民数的 54.52%。目前，长期演进（Long Term Evolution，LTE）移动网络、固定宽带网络 IPv6 的升级改造已经完成，三大运营商的互联网数据中心已完成 IPv6 改造，支持 IPv6 的内容分发网络（Content Delivery Network，CDN）节点已经超过 92.6%。全国 13 个骨干网直联点已经全部实现 IPv6 互联互通。IPv6 国际出入口带宽从无到有，已开通 90Gbit/s。我国前 100 名的商业网站及应用已经支持 IPv6 访问，政府、央企、新闻网站 IPv6 的支持率也大幅提升。

同时根据我国推进 IPv6 的战略目标，到 2025 年，全国 95% 的商业网站及应用可支持 IPv6，终端和云上应用将以 IPv6 为主。根据《关于加快推进互联网协议第六版（IPv6）规模部署和应用工作的通知》，到 2023 年，国内主要内容分发网络、数据中心、云服务平台、域名解析系统基本完成 IPv6 改造，到 2025 年全面支持 IPv6。在云和网全面进入 IPv6 时代的大背景下，基于 IPv6 + 技术的智能云网将成为提供云网一体化服务的必然，IPv6 的安全体系也需要进一步健全。目前来看，前期的 IPv6 规模部署、升级和改造在安全性方面较为薄弱。要补全安全能力，其中既包括对传统 IPv4 安全产品的能力补齐，还包括对 IPv6 安全防护体系的建立。

（四）卫星通信与 5G 融合，助力打造天地一体化通信

卫星通信网与移动通信网深度融合是未来的发展趋势。随着 5G、6G 等通信技术的快速发展，卫星通信将更加先进化、现代化、科技化和智能化，目前卫星通信的搭建及维护成本过高，不利于其全面传播和使用，需要改善及优化相关技术，同时将卫星通信网络纳入运营商的大网中进行维护，可更好地为民所用，带动相关产业发展。2015 年，国家出台《国家民用空间基础设施中长期发展规划（2015—2025 年）》，提出"三步走"的发展规划，基本建成国家民用空间基础设施体系，最终实现达到国际先进水平的发展目标。全球各地的联系将日益密切，卫星行业将在技术、能力、服务方面发生重大变革，推动卫星产业的快速发展。未来卫星地面设备公司的机遇将会更多，行业的竞争面将会扩大。

天地一体化网络与 5G 深度融合，卫星将变成空中基站的一部分。卫星通信接入已被纳入 5G 标准，卫星通信将整合到 5G 构架中，以实现由卫星、地面无线和其他电信基础设施组成天地一体的无缝互联网络。未来，5G 流量将根据带宽、时延、网络环境和应用需求等在无缝互联的网络中动态流动。**一方面，卫星通信作为无线或移动通信系统的一种补充方式，在应急通信中发挥重要作用。**在应急通信场景下，卫星通信不受地理、自然、人为等因素的影响，通信质量较高。如果发生自然灾害（例如地质灾害、气象灾害、海洋灾害、森林火灾等）、社会应急事件（例如恐怖袭击、瘟疫等）、突发话务量高峰（例如重大节日、重要活动）等各种紧急情况，那么移动卫星通信系统可建立应急通信中心，为紧急事故处理提供通信网络支撑，保护生命财产安全，降低损失。我国构建卫星物联网，对地面物联网进行了有效的补充与延伸，实现泛在化网络。**另一方面，卫星通信凭借全球通信无缝覆盖的优势，在未来物联网中将发挥重要作用。**未来互联网要实现全球"任何地方、任何时间"无处不在，需要靠卫星网络组成的全局网和地面蜂窝网组成的局域网进行构建和融合。在这种新的通信架构下，卫星通信将具有主导地位。低轨

卫星物联网是当前发展的热点，具有巨大的发展空间，但在终端小型化、低功耗、低成本、长寿命等方面仍有待提高。

（五）5G 定制专网赋能行业转型升级，助推各行各业"弯道超车"

5G 定制专网市场是一个全新的蓝海市场，中国模式正在启航。专网的概念并不陌生，早在 2G 时代就已出现，例如铁路专网、公共安全专网等，但传统的专网与 5G 时代的专网区别很大。5G 面向企业（To Business，ToB）市场首先要为行业部署 5G 专网，许多国家纷纷加大投入力度，推动 5G 定制专网在工业制造领域加快应用。以德国为例，德国不仅为 5G 专网分配了 3.7 ～ 3.8GHz 的专用频段，还于 2019 年 11 月面向企业用户开放了 10 年期使用权申请，主要用于"工业 4.0"、农业及林业。目前，已有博世、宝马、大众、巴斯夫、汉莎航空等 33 家公司申请了 5G 专网频段。其中，汉莎航空和沃达丰合作，建立了用于远程发动机监测和远程 3D 机舱设计的 5G 专网；大众汽车则希望通过 5G 专网来协调生产机器人，并实现大量数据的实时传输；宝马已经成立了实验室，对 5G 专网方案和设备进行测试；化工头部企业巴斯夫则正在研发主要用于生产设施和物流的 5G 专网。而我国的 5G 专网则主要依托运营商的网络频段。中国式 5G 专网以运营商为主体，运营商与设备商、集成商、解决方案提供商等密切协同，加速 5G 专网产品方案创新、商业模式实践、项目落地交付和运营体系构建。5G 专网涉及复杂的技术体系和网络重构。目前，中国三大运营商已经联合许多企业推出了自身专网解决方案、专网平台及发展路径。除了通信技术本身，SDN、NFV、AI、云计算、MEC 等新技术也相伴左右。5G ToB 专网相较于传统网络的优势如图 2-4 所示。

云网一体，按需定制，5G 定制专网加速各行各业数字化转型。针对不同的行业需求和场景，中国电信将专网客户分为广域优先型行业客户、时延敏感型区域政企客户及安全敏感型区域政企客户 3 类，分别提供"致远""比邻""如翼"3 类定制网服务模式。中国电信 5G 定制网如图 2-5 所示，中国电信 5G 定制网是"网定制、边智能、云协同、应用随选"融合协同的综合解决方案，是为行业客户打造的一体化定制融合服务，实现"云网一体、按需定制"。

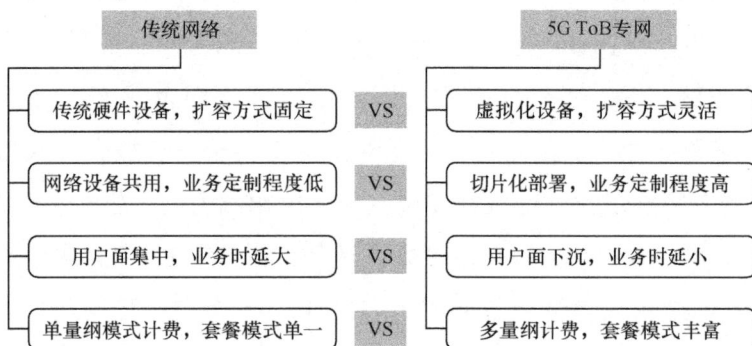

图 2-4　5G ToB 专网相较于传统网络的优势

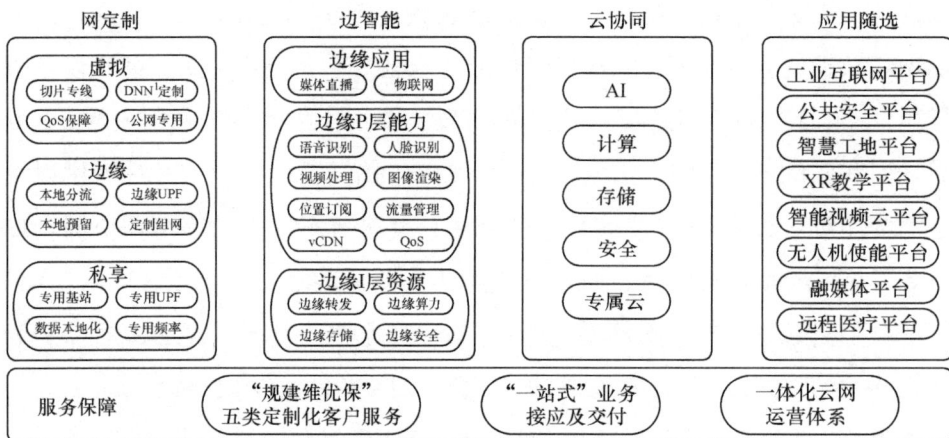

注：1.DNN（Deep Neural Networks，深度神经网络）。

图 2-5　中国电信 5G 定制网

中国电信联合深圳市公安局在深圳推出了首个 5G SA 网络切片警务应用，基于 5G 警务专网、5G 警务边缘计算等建立低空一体、立体巡防可视化的智能指挥新模式，推进社会治安防控体系现代化。中国电信助力美的集团工业园区在佛山打造的 5G 比邻定制网实现正式商用，大幅提升了园区设备的运行效率，降低了设备的运维成本，打造 5G 全连接智慧工厂。中国电信在武汉通过 5G 比邻模式，助力武汉市卫生健康委员会建设公共卫生应急指挥系统。中国电信联合国家电网在青岛打造了全球首个 5G 智慧电网实验区，部署 5G 独立专网，提供定制基站、定制帧结构、边缘用户端口功能（User Port Function，UPF）等定制专网服务，实现了 5G 定制网如翼模式的标杆落地。

二、应用基础设施的发展情况

云网融合架构迭代升级，"5G ＋ 云边协同"的发展，推动云网深度融合。5G 天然就是架构在云计算上的通信技术，具有高速率、大容量、低时延及核心网全面云化的特点，是云网深度融合的重要推动力量。而 5G 的三大应用场景和云边协同的场景有契合地协同，在发展过程中，5G 为云边协同提供了灵活可控的网络能力，并促进了网络与业务的融合。

（一）云计算生态体系高速增长、不断完善

云计算将成为新冠肺炎疫情之后新常态的核心。受新冠肺炎疫情影响，云计算已成为应对新冠肺炎疫情的核心技术，大多数中小企业纷纷选择上云部署业务生态，人们依赖云计算技术及流媒体、远程协作、智能传感器和其他依赖云的数字技术，以消除疫情带来的不利影响。企业技术人员将一方面关注疫情发展，另一方面关注其数字化转型计划，以调整其云计算战略。亚马逊、谷歌、微软等云计算技术供应商给边缘生态系统提供了完整的云计算，这些生态系统可以实现新的生产生活方式。另外，随着人们对消费等诸多领域产品的更高需求，数字化的应用模式将成为常态，例如产品产地可视化、智能机器人、VR 识别等。新冠肺炎疫情催化了数字升级，而数字升级的最终端反馈恰在云计算赛道。

云计算产业呈现出七大特点：在市场方面，全球增速首次放缓，我国逆势上扬；在技术方面，云原生持续落地，行业应用加速；在架构方面，云网融合需求强，边缘侧潜力大；在安全方面，能力提升受关注，信任体系兴起；在管理方面，用云面临新挑战，优化需求凸显；在软件方面，研发流程重定义，新格局渐形成；在赋能方面，助力数字化转型，成熟度待提升。

企业上云方兴未艾。在以国内大循环为主体、国内国际双循环相互促进的发展格局下，中小企业上云已经成为国家发展的重要方向，这也是企业数字化转型的刚需。2020年工业和信息化部实施《中小企业数字化赋能专项行动方案》，国家发展和改革委员会和中央网信办联合印发了《关于推进"上云用数赋智"行动 培育新经济发展实施方案》，鼓励云计算与大数据、人工智能、5G等新兴技术的融合，推动传统企业数字化转型。企业上云已成为数字化转型的必经之路。传统的以生产为主导的商业经济模式已无法支撑企业降本增效的需求，数据驱动企业运营模式发生变革已经成为必然趋势。随着数字经济时代的到来，传统技术并不能很好地满足产业在网络化、平台化、智能化等方面的需求。以云计算为代表的新兴技术能够实现企业信息技术软硬件的改造升级，创新应用开发和部署工具，加速数据的流通、汇集、处理和价值挖掘，有效提升应用的生产率。同时，云原生技术能够彻底改变传统信息基础设施架构，加速基础设施的敏捷化，进一步提升企业的生产效能。

（二）边缘计算与物联网深度融合激发更大效能

量变引发质变，更多的计算能力要下沉到边缘侧，来减轻网络和中心云的负担，满足需求方对于实时性和安全性的需求。边缘计算所面对的场景更加复杂，未来不是云和边缘，而是连成一片的边缘云。我国的数据量呈指数级爆发，带动边缘数据中心的规模不断扩张。我国数据量增长趋势如图2-6所示，研究机构预计2030年我国数据原生产业规模将占整个经济总量的15%，数据的总体规模超过4096ZB，占全球数据总量的30%。依靠企业传统数据存储及处理设备已不能支撑日益庞大的数据生产、价值挖掘需求，而且企业对数据处理的时效性、安全性要求也越来越高，构建边缘数据中心成为数据爆发的必然要求。

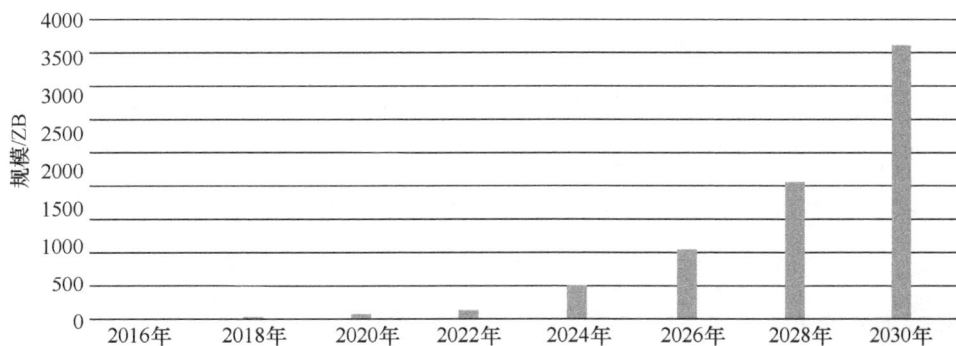

图 2-6　我国数据量增长趋势

IDC 预计，2020—2025 年中国边缘计算服务器市场规模年复合增长率将达到 22.2%，高于全球的 20.2%。

云端计算能力下沉提升物联网智能化水平。边缘计算主要应用在具有低时延、大带宽、高可靠、海量连接、异构汇聚和本地安全隐私保护等特点的应用场景，在智能交通、智慧城市和智能家居等行业或领域，存在非常突出的优势。以物联网应用领域的智能汽车为例，快速处理数据是一种至关重要的能力，而边缘计算是实现自动驾驶的关键。智能汽车本质上是一台车轮上的大型高功率计算机，其通过多个传感器收集数据，为了使车辆安全可靠地运行，这些传感器需要即时响应周围的环境，处理速度的任何滞后都可能是致命的。传统的集中式计算方式需要将传感器采集的数据传回计算中心进行处理，但随着互联设备成倍增长，这种中心化的计算方式显然是无法承受的。边缘计算打通物联网落地的"最后一公里"，让云端强大的计算能力快速延伸到用户的边缘，数以亿计的物联网设备将可以随时随地使用云计算带来的海量数据处理能力。边缘计算是集网络、计算设备、存储设备、应用等核心能力为一体的开放式平台，它在靠近数据源的边缘地带完成运算，可以就近提供服务，所以能够实现实时、智能、安全、低时延的信息反馈。边缘计算既可以采用大型运算设备，也可以依靠中小型设备和本地端网络来实现。不同于把大量计算资源集中化的云计算平台，边缘计算是一个分布式的平台，因此云边协同是边缘计算的主要特征之一。

云边协同能力标志着边缘计算的智能程度。边缘计算将基础的计算资源进行分布式部署再进行统一的管理。资源较为集中的部署点被称为"中心云"，资源量较少的部署点被称为"边缘云"，在边缘计算云平台中存在少数的中心云和多数的边缘云，如何进行平台的资源调度以实现云边协同变得十分重要。云边协同架构包含了计算资源协同、安全策略协同、应用管理协同、业务管理协同、不同地域的边缘协同等方面。计算资源协同是指边缘节点提供的计算、存储、网络、虚拟化等基础设施资源的协同，以及边缘节点设备自身的生命周期管理协同，当出现计算资源不足、网络链路阻塞、存储资源不足时可进行灵活调度。安全策略协同是指在安全策略协同的过程中，中心云如果发现某个边缘云存在恶意流量，可以对其进行阻断，防止恶意流量在整个边缘云平台中扩散。应用管理协同是指云端实现对边缘节点应用的生命周期管理，包括应用的推送、安装、卸载、更新、监控及日志等。业务管理协同是指在云端提供增值网络业务的统一业务编排能力，按需为客户提供相关网络增值业务。不同地域的边缘协同是指在某些应用场景中，例如，车联网场景中，车辆在行驶过程中，应用需要在不同的地域进行同时部署，或者某些应用的热迁移，中心云需要根据应用在不同时段的地域要求，将应用事先进行部署，并下发策略实现应用的平滑迁移。云边协同功能标志着边缘计算系统的智能程度，其中包含了各种协议和功能，涉及云计算的方方面面，云边协同功能的开发也是边缘计算发展过程中的重要工作。云边协同架构如图2-7所示。

图 2-7 云边协同架构

5G 的应用解决了云端和边缘端通信的速度瓶颈。 目前，边缘计算终端在物联网体系中所处的位置靠近感知层，对传输速度要求较高的数据，特别是无人驾驶、视频监控处理等实时性要求极高的异构数据，因网络层在传输速度和实时性上的限制而无法通过无线公网从边缘端被实时传送到云端处理。这个短板造成了很多在平台层已经成熟的应用因为传输网络的瓶颈限制而落地受限，同时造成了边缘计算终端在边缘异构数据处理方面被旁路化和管道化。5G 的应用将会补齐这个短板，解决云端和边缘端通信的速度瓶颈，使边缘计算终端在无人驾驶、视频监控处理等异构数据集中的场景中能够实现前端计算节点应该具有的集成作用，5G 低时延的特征使边缘计算从靠近感知层往平台层的方向北向移动，以传输速度和低时延来增加云边协同的效率，双向解决云平台与边缘设备距离较远的问题和边缘计算终端算力较弱的短板，真正实现云边实时协同，边缘计算节点的算力不仅能够作为前置节点发挥作用，还能与云平台的算力统筹考虑，不用再考虑通道在传输速度上的限制和传输实时性上的限制。

（三）"5G+ 云边协同"是云网融合的重要推手

5G 时代是云的时代，也是云和网融合的时代，5G 加速了云网融合，云网融合为 5G 赋予了更多内涵，两者共生共长、互补互促。一方面，云网融合为 5G 发展奠定了坚实的基础，5G 网元云化部署，需要丰富完善的光网资源和云 / 数据中心资源，构建基于 MEC 的边缘云架构是 5G 网络全面云化的关键。因此，5G 就是架构在云计算上的通信技术，只有云网深度融合，才能推动 5G 快速健康发展。另一方面，"5G + 云边协同"的发展推动了云网深度融合。利用边缘计算技术，结合 5G、NB-IoT、光网、云资源池等能力封装为统一切片，叠加物联网能力开放平台、大数据分析平台、行业应用平台等能力，提供一点交付、一点服务、端到端保障的全新 5G 服务模式。

云网融合成为云服务提供商差异化竞争的重要手段。现阶段，云计算逐渐步入成熟期，在云计算、存储、网络等多方面都有着深入的发展，设备商、云服务商、运营商、软件服务提供商都聚焦云计算市场，各个厂家的业务领域大量交叉，市场竞争激烈。随着业务应用的不断深入发展，单纯的私有云、公有云已经不能完全满足企业的业务需求，云计算进入多云混合时代，不仅包括本地私有云与公有云的混合，还包括公有云与公有云之间的混合，云专网作为云服务的入口，在其中发挥着重要的作用。云网之间的高效协同能够帮助企业解决上云后数据传输的网络安全及稳定问题，能够更好地将云与网有机融合，达到"1+1＞2"的效果，使云网融合成为云服务差异化的重要标志。运营商作为网络资源供应商，具有天然的本地化资源优势，运营商能够解决不同区域之间租户数据内部安全高速互通的问题，具有覆盖全国各地的全链路点对点物理互联的网络，能够开发云间高速产品，使租户能够快速构建覆盖全国的私有网络，帮助用户构建业界最低时延、最低抖动、最安全、最可靠的云间互联私有网络，从而使运营商成为"最懂云的网"，并且能够构建"最懂网的云"。

云网融合对于运营商有巨大的价值，可带来好的体验。现阶段，运营商更需要关注的是一云加两网，即云服务加光纤专线网和 5G 专线网络，运营商已经在很多地方部署了光纤专线，但在时效性上还存在较大的提升空间。随着5G技术走向规模商用，5G切片能让网络运营商自己选择每个切片所需的特性，例如低时延、高吞吐量、连接密度、频谱效率、流量容量和网络效率，这有助于提高产品和服务的效率，提升用户端体验，因此5G专线可以提供更加灵活的部署方式。在体验为王的时代，运营商云网融合可以带来好的体验，包括"一站式"服务、企业上云高效率、云网融合率高及云网时延低。运营商要跻身于面向企业用户市场，就必须打造面向垂直行业的核心竞争力，运营商需要充分发挥包括5G在内的管道优势，实现"管云"一体化的"云网融合"。

根据中国电信发布的《云网融合2030技术白皮书》，云网融合即"网是基础，云为核心，网随云动，云网一体"。云和网密不可分，网只是一个通道，只有云没有网，云发挥不了作用，云和网必须结合在一起，才能提供丰富多彩的应用和服务。同时，云网融合主要聚焦七大特点：开放共享——网络能力开放、天翼云能力开放；多网接入——5G、专线、互联网、软件定义广域网（Software Defined Wide Area Network，SD-WAN）都可支持；多云聚合——不只是天翼云，中国电信的多云聚合平台已经连接了阿里云、腾讯云、华为云、亚马逊AWS、Azure等云服务商；多网接入、多云接入；第三方云服务商采用债券云或整合（Integration）方式接入；云服务商一点接入，全国落地；云网API开放，相互调用，深入融合。另外，云网融合也不是一蹴而就的，需要从资源和数据、运营管理和业务服务、能力开放等维度出发，历经3个发展阶段，即协同阶段（2021—2022年）、融合阶段（2023—2027年）、一体阶段（2028—2030年）。协同阶段（2021—2022年）是指云和网在资源形态、技术手段、承载方式等方面彼此相对独立，但可以通过两者在云网基础设施层的"对接"，实现业务的自动化开通和加载，向客户提供"一站式"云网订购服务。融合阶段（2023—2027年）

是指云和网在逻辑架构和通用组件方面逐步趋同，在物理层打通的基础上实现资源管理和服务调度的深度嵌入，云和网在资源和能力方面产生"物理反应"，可在云网功能层、云网操作系统实现云网能力的统一发放和调度。一体阶段（2028—2030年）即在基础设施、底层平台、应用架构、开发手段、运营维护工具等方面彻底打破云和网的技术边界，在物理和逻辑层面均发生"化学反应"。从客户和应用视角，不再看到计算、存储和网络三大资源的显著差异和彼此隔离，云网资源和服务成为数字化平台的标准件。

网络切片使边缘计算在解决物联网和产业互联网接入数据多样化的背景下多了一种技术手段。"十四五"规划提出要"协同发展云服务与边缘计算服务"，一种满足更广连接、更低时延、更全局化需求的云计算新模式——分布式云应运而生。5G网络切片技术是指将一个物理网络切割成多个虚拟网络，实现对5G网络数据的分流管理，并保持每个虚拟网络间逻辑独立性的技术，可在不增设网络架构的基础上满足不同场景的差异化需求。除了针对感知层不同类型的设备在物理上分类进行接入，使用5G网络切片还可以让不同采集周期和传输速度的数据分流，使数据的分类在物理设备之外的网络层也有了隔离手段。5G网络切片对于边缘计算的意义在于，采用5G网络切片技术后，感知层设备接入边缘计算终端的架构方案可以以设备物理地域为中心，而不必再考虑不同设备的接入数据在采集周期、传输周期和数据包大小上的差异。

SD-WAN是承载"5G+云边资源协同"的纽带，为5G行业定制专网模式提供端到端的质量保障。SD-WAN是SDN技术近年来最引人关注的应用，它旨在帮助用户降低广域网（Wide Area Network，WAN）的开支并提高网络连接的灵活性。2021年3月，中国通信标准化协会的TC610 WG4工作组正式发布了国内首个《SD-WAN全球技术与产业发展白皮书》

（以下简称"白皮书"），该白皮书对SD-WAN做出了较为详细的定义。广
义的SD-WAN为"软件定义广域网"定义了一种"以业务与应用为导向，
融合多种信息技术（主要包括SDN、NFV、网络编排与探测等）的新型广
域网架构"。SD-WAN市场规模不断扩大，未来发展前景广阔。IDC预测，
2020—2024年全球SD-WAN托管服务市场收入约为105亿美元。该白皮
书指出，全球65%的网络提供商已经提供SD-WAN，在未来5～10年内
95%的网络提供商将提供该服务。SD-WAN广阔的市场前景离不开其强大
的技术优势。众所周知，在传统的企业广域网布局里，分支机构和总部之间
需要凭借互联网或者专线建立连接，从而实现共享数据、E-mail和Web应
用等功能。在这种方式下，如果数据交互全部通过公开的互联网分发，则会
大大影响传输效率，造成响应延迟。如果采用互联网和专线结合的方式，则
容易出现业务分发不均衡。如果全部采用专线，又会造成架设成本的指数级
上升，这是一般企业无法承受的。而SD-WAN可以将软件可编程和商业化
硬件结合起来，提供自动化、低成本、高效率的广域网布局服务，因此大有
取代传统广域网布局技术的趋势。

三、新技术基础设施发展情况

新技术基础设施广泛应用，构筑数据要素化关键支撑。网络、云、AI、
区块链、数据平台等新一代信息基础设施的建设目的都是为数据服务。基础
网络实现数据的采集和传输，云网融合对数据进行存储处理，大数据、AI、
区块链等新技术是数据产生价值的工具，数据平台则是数据运营、数据生产
服务能力的依托。

（一）人工智能融入基础设施挖掘数据价值

运营商对智能运营的要求越来越高，人工智能融入基础通信构建智慧移

动网络。无线通信系统对人们的日常生活产生了深远的影响，是人类历史上卓越的发明之一，从模拟通信到数字通信技术，从 2G、3G、4G、Wi-Fi 到 5G，网络结构越来越复杂，智能手机的普及更是使无线流量的模型涵盖各种维度及粒度。越来越多的智能手机应用影响用户流量的特征和交互关系，对这些应用需要加以区分并且分别进行特殊处理，为了实现这个目的，运营商需要对策略控制系统进行改造，使其能够处理这些异常复杂的策略，并且在不同的操作层面运用多变量决策树。决策树机制可以在面对多样的流量需求和复杂的无线条件时确保用户获得最佳的体验。

随着 5G 商用，5G 的大规模应用将产生更多的复杂应用场景，为解决这些复杂应用场景，必须对计算资源进行动态分配，核心决策算法要能够自动适配当前的网络、用户及流量条件，而机器学习和人工智能是实现这些功能的最佳工具，可以为复杂网络提供更强大的智能决策能力。在世界范围内，各大运营商正在对网络进行改造，以提高对网络资源的利用率，利用云、网络虚拟化技术同时提供各种复杂业务，同时降低资本投入和运营支出，提高自动化水平。利用人工智能对数据进行挖掘并分析，提供端到端的系统可视化、资源量化、性能建模化、系统监测自动化，以及主动式的网络自我校正等能力。

人工智能在海量数据的分析与处理上具有"革命性"的优势。数据、算法、算力是数据驱动的"准人工智能"的三大要素，这三大要素决定了人工智能的能力上限及价值空间。人工智能与数据的联系尤为紧密，一方面，大数据为人工智能提供数据资源，使其不断成长进化，另一方面，人工智能通过数学模型分析，对庞大的数据库进行分析检索，充分发掘数据背后的潜在价值。

（二）区块链加速部署应用成为经济体系基础

区块链以其"去中心化"、分布式记录存储、信息安全透明、交易脚本可编程等众多优势，在各行业中得到广泛应用。在金融、生产、文娱、商业等行业中，可以解决信用问题，保障数据安全，实现智能合约。区块链技术的应用越来越广泛，其所支持应用的数量越来越多，成为基础设施的重要组成部分。

世界各国对区块链的发展高度重视，区块链市场规模巨大。2018年，区块链从"虚拟货币"的狂欢过渡到技术应用的落地，从情绪的集体狂热步入理性务实。在"十四五"规划中，区块链首次被纳入国家规划。据统计，我国已初步形成较为完善的产业链条，专利申请数量全球领先。

Gartner 预测，到2030年区块链的商业价值将超过3.1万亿美元，到2027年左右，区块链技术进入真正的成熟期，有望实现全球化和规模化。根据IDC2017年发布的其全球半年度区块链支出指南，2022年全球区块链解决方案支出将达到117亿美元。全球区块链商业价值预测如图2-8所示。

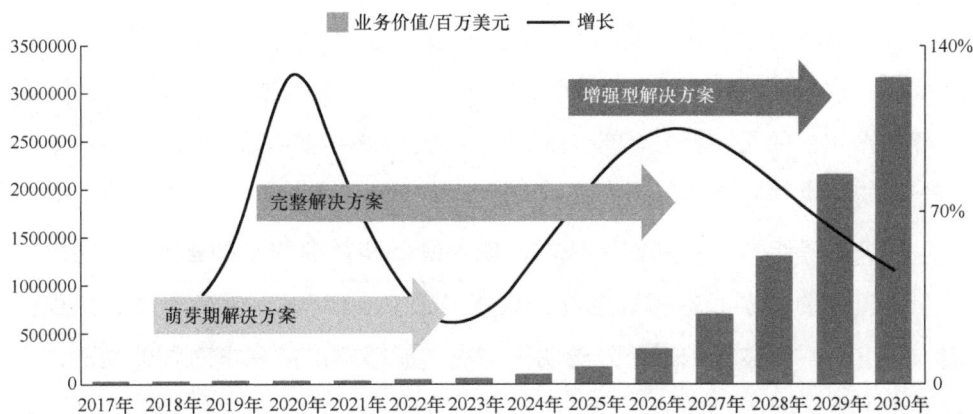

数据来源：Gartner

图2-8 全球区块链商业价值预测

不再拘泥于"数字货币"，区块链正在试图构建自己的生态圈。如今，区块链正在试图去解决金融体系外的一些互联网难题，帮助政府、企业和用户通过自身的技术优势，去解决那些互联网技术无法解决的痛点和难题，从而带来行业的再度进化。区块链技术的发展方向主要在安全性、"去中心化"、隐私保护、智能合约等方面，可以用于金融信用、食品溯源、法律公正、版权保护等众多领域，在区块链分布式账本公开的情况下，能够最大限度地提供隐私保护的能力，能够在不向验证者提供信息内容的情况下，使验证者相信某个论断真实可信，保证身份的匿名性。

跨链技术是连接各区块链的桥梁，是区块链生态的重要组成。随着区块链应用的增多，各区块链之间的连接变得尤为重要，目前区块链技术纷繁芜杂，各成一派，彼此之间还无法进行价值和数据的交换，随着行业发展，链与链之间的互操作将会越来越重要。跨链技术是连接各区块链的桥梁，可满足不同区块链间的资产流转、信息互通、应用协同，跨区块链的互操作性是区块链平台使用不同的分布式账簿在区块链网络上无缝地交互、转移资产和其他信息的能力，是区块链系统的关键需求，能在跨行业网络、合作伙伴生态系统和许多其他 B2B、B2C 数字市场中进行事务流转换和资产交换。随着区块链网络、标准、协议的增长，互操作需求将增加。例如，智能合约和分布式应用（Distributed Applications，DApps）需要跨不同区块链网络进行互操作，如果跨链技术没有解决，各大区块链都将成为"孤岛"，这势必会降低区块链社区的活力，从而限制整个区块链网络和生态系统的发展。

区块链将作为"基础性"技术，成为经济和社会体系的基础。区块链是一个分布式的共享账本和数据库，具有"去中心化"、不容易篡改、全程留痕、可追溯、集体维护、公开透明等特点，能够解决信息不对称的问题，实现多个主体之间的协作信任与一致行动。区块链正在逐步渗透我们的经济和社会基础设施中，并产生巨大的影响。区块链时代的来临为我们提供了一种全新的可能性，即通过将区块链技术应用到这些行业来寻找一种全新的解决方案。事实证明，区块链技术的应用的确为我们找到了互联网之外的全新解决方案，并且让行业的效能得到了一定程度的提升。

（三）数据平台是构建数据生态链的关键

数据平台是数据存储、使用的基础，数据生命周期的全过程都依赖数据平台而存在。数据平台具有数据整合存储功能，原始数据经过清洗整理，形成整合、类型结构一致的元数据，并被存储在数据平台中，数据平台中存储的各类数据构成了数据分析的基础环境，利用各种数据工具可以对数据进行分析利用，提供查询、报表、监控、预警、深度挖掘和分析等基础数据服务，以此为基础可以快速构建面向决策者、管理者和基层业务人员等各层面的数据分析应用系统，同时，数据分析应用信息可以反馈业务应用，形成良好的、互动的业务闭环。

数据采集。感知设备采集的原始数据、业务系统产生的基础数据、业务运转形成的流程数据，以及系统日志等都是数据的来源，这些数据的维度分散并且复杂，如果要对这些数据加以利用，必须先对数据进行清洗和存储。

数据治理。采集的原始数据大多是不规则的、不完整的，经常出现字段缺失或者数据错误等情况，我们必须对数据进行清洗，以保证分析结果的正确。

数据分析。通过深度学习、数据建模对数据进行分析，最大化地开发数据的功能，发挥数据的作用。

数据可视化。利用图形、图像处理、计算机视觉及用户界面，对数据加以可视化解释，让结论更加容易理解。

四、构筑安全可信的信息基础设施

2021年是数据安全产业的元年，是我国网络安全法律法规体系建设成果集中落地的一年。《中华人民共和国数据安全法》《中华人民共和国个人信息保护法》正式施行，这代表着数字经济监管趋严，数据安全产业的发展变革也将迎来新机遇。随着数字经济的蓬勃发展，全方位构筑数据安全基础设施，为数字经济保驾护航，具有极为重要的战略意义和价值。

（一）加速政策法规标准出台，建立行业规则

行业标准需要不断完善更新。2019 年，网络安全等级保护 2.0 标准体系（以下简称"等保 2.0"）正式发布，新标准将云计算、移动互联、物联网、工业控制系统等列入标准范围，构成"安全通用要求 + 新型应用安全扩展要求"的要求内容。等保 2.0 的发布有着非常积极的意义，也是市场期待已久的一项制度安排，但等保 2.0 不能涵盖全部技术趋势，随着各种新技术商业化进程的加速，5G、AR、AI、物联网和垂直行业的深度结合，新型业务场景不断涌现，对网络和信息安全提出了更多新的挑战。以云计算为例，云计算缺乏数据处理和安全实践的标准，甚至没有关于厂商是否有责任告知用户数据存储地点的规定，整个行业内部只有某些组织在关注这些问题。因此，行业标准的制定是一个动态发展的工作，需要长期不断地完善和更新，才能不断适应行业的快速发展与进步。

在信息化时代，个人信息保护已成为广大人民群众最关心、最直接、最现实的利益问题之一。2021 年 8 月 20 日，十三届全国人大常委会第三十次会议表决通过《中华人民共和国个人信息保护法》，自 2021 年 11 月 1 日起施行。《中华人民共和国个人信息保护法》坚持和贯彻以人民为中心的法治理念，牢牢把握保护人民群众个人信息权益的立法定位，构建了完整的个人信息保护框架，对个人信息处理规则、个人信息跨境传输、个人信息处理活动的权利、信息处理者的义务、监管部门职责及罚则等做出了全面的规定。

开展政策法规制定工作是实现"数字中国"发展战略目标的需要。政策法规标准及行业规则是对企业范围内需要协调、统一的技术、管理和工作要求所制定的标准，它是企业组织生产、检验产品和其他经营活动的依据。面对日新月异的新技术、新产品，各领域融合的广度与深度都在逐步加大，政策法规标准和行业规则的建立速度已经无法与新事物并驾齐驱，这成为数字

经济发展面临的共性问题。因此，政府需要加速政策法规标准的出台，以确保各项工作低耗、高效、稳步地进行，才能实现"数字中国"重大发展战略目标。

建立健全数字经济下的新一代基础设施的立法与安全保护。在创新的变革下，信息的安全边界发生了变化，信息安全的责任主体由单一的某一方扩大到所有参与数字经济的企业，这其中一旦涉及金融交互，风险将成倍增长。随着新技术的兴起和发展，网络安全的威胁和挑战也日益增多，数据泄露、网络诈骗、黑客、病毒等多样化、复杂化的网络侵袭事件频繁发生，威胁到数字经济赖以生存的网络基础设施。因此，我国亟须建立健全的立法与安全保护，充分发挥法律规则的调整、指引和规范作用，尽快制定完善数据开放、产权保护、数据交易、跨境传输、安全保护等方面的相关政策法规和标准体系。加快数字经济立法与安全保护，是有效防范与化解各种重大风险的必然需要，是推动新业态持续健康发展的迫切需要。

（二）加强数据安全保障注重可持续运营

基础设施安全是数据安全的前提。随着新技术的涌现，新技术带来的安全问题日趋严重，物联网恶意软件不断更新升级、定向威胁攻击持续活跃、网页篡改针对性越来越强。由于多数物联网设备缺乏内置的安全防范功能，所以物联网发展在带来便利的同时也带来新的信息安全隐患。作为下一代互联网关键性技术，目前我国5G、IPv6规模部署和试用工作正在逐步推进。5G不仅使速率变得更高，时延变得更低，还将渗透万物互联的各个领域，与工业控制、智慧交通等紧密结合在一起。随着区块链技术的深入应用，其引发的网络安全问题也将逐渐增多。各国政府都在趋向于推出更加严厉的信息安全政策法规，企业也将在个人数据隐私保护上投入更多的力量。未来几年，黑客、黑产攻击不会停止，但数据安全保护技术将加码推出。跨系统的数据追踪溯源相关技术，例如水印技术、数据资产保护技术及面向强对抗的高级反爬虫技术等将得到更加广泛的应用。

数据的安全关乎企业命脉，需要被重视。在数字经济的时代，数据已经成为一种无形的资产，成为企业核心能力的重要组成部分，数据的安全关乎企业的生存与发展。2021年发生了多起网络安全事件。数据泄露的规模、漏洞存在的年限、影响设备的数量，都在呈扩大趋势，黑客攻击手段更加复杂。在这个背景下，数据资产的安全应该被予以足够的重视，尤其是政府行业，更需要对敏感数据进行严格的防护与管控。然而，随着新技术的发展，安全威胁也愈加复杂化，更加难以防护，面对新形态的威胁，需要采取新思维、新手段去加强防护措施。

（三）进行有效的数据治理，提升数据价值

数据资产的特殊性成就数据多维度价值。数据是不断生成的，不会越用越少，而是越用越多，并且可以重复使用。数据的珍贵性不是来自稀缺性，而是来自丰富性；数据可以无限被复制，可以聚合和分割，因此数据可以同时被多人占用和使用，在实际占有和使用上，数据不具有排他性；数据是在人类使用网络过程中不停生成的，可以说，未来人类的大部分行为都将数据化，但这些数据的所有权往往是不明确的，绝大部分数据包括个人数据，被掌握在政府公共机构和科技公司手中，传统的所有权理论在大数据上不敷使用；数据可以快速地在网络空间中流动，并且可以被分散存储在不同的地方，由于云计算和存储技术的发展，大量数据被分散地存储在全球不同的数据中心，因此，数据往往与数据的生产者、使用者等在物理空间上是分离的。

数据的真正价值在于对数据的挖掘和利用，随着移动互联网的发展，每个使用智能设备的人都在不停地生产数据，这些数据通常被科技公司收集、占用和使用。即便是政府公共部门掌握大量数据，要想真正发挥出数据的价值，也需要开放给科技公司使用，但这些公司对数据进行挖掘时却会带来意想不到的结果，各种看似不相关的数据聚合在一起，可能会挖掘出单体数据中完全不存在的信息，因此，大数据聚合和挖掘存在一种潜在的未知风险，这正是世界各国试图控制敏感个人数据和重要数据出境的重要原因。

　　推进国家数据治理体系法治化，释放数据红利提升数据价值。《法治社会建设实施纲要（2020—2025年）》提出，"推动社会治理从现实社会向网络空间覆盖，建立健全网络综合治理体系，加强依法管网、依法办网、依法上网，全面推进网络空间法治化，营造清朗的网络空间"。"十四五"规划提出的"加快数字化发展 建设数字中国"战略，围绕"打造数字经济新优势""加快数字社会建设步伐""提高数字政府建设水平""营造良好数字生态"目标，明确了一系列重要的工作任务和研究课题。在大数据时代，海量数据资源作为新时代的战略资源和生产要素，为人类社会进步带来重大机遇。数据已经成为驱动经济增长和创新的根本动力。

　　从规范层面看，数据治理主要解决的是数据保护与利用问题，不仅包括数据安全与保护，还包括数据利用与发展，通过数据的流通与使用以实现数据的财产价值，从而释放数据红利，使数据真正成为数字经济的基础性资源。依法保护数据隐私，治理数据，探索推进国家数据治理体系法治化已经成为国际社会的共同需要，同时成为我国的国家战略。数字经济作为中国经济高质量发展的新动能，是实现以国内大循环为主体、国内国际双循环相互促进的新发展格局的重要支撑力量。"十四五"规划明确提出加快建设数字经济、数字社会、数字政府，以数字化转型整体驱动生产方式、生活方式和治理方式变革。构建先进、完善的数据治理体系，是发展数字经济、数字社会、数字政府的共性基础，对实现我国治理体系和治理能力现代化，具有十分重要的理论价值和实践意义。

　　数据的可持续运营进一步激发数据价值。数据已成为继土地资源之后的第二大资源，并且具有可无限循环利用的特点。数据资产并非静止的，需要在数据的流通和应用中体现价值，对于企业来说，数据的运营和变现尤为重要，数据资产的运营可以为数据赋予更大的附加价值，从而达到收益倍增的效果。目前，政府大数据、互联网大数据、行业大数据三者形成三分天下的格局，其中政府大数据又是主要部分。使数据资产发挥效能，并非简单地一次性建立大数据平台，通过数据采集、数据治理、数据分析和展现就能实现数据的完整价值，数据需要可持续运营，需要不断地深入优化平台，不断地优化数据分析，实现数据的流通。实现数据的可持续运营，对于唤醒政府数据尤为重要，这样做不仅可以盘活政府数据的资产价值，同时可以避免平台资源的重复构建。

五、数字新基建发展展望

数字基础设施是数字经济发展的基础，是网络强国战略的重要支撑和推动力。新一代信息基础设施中尤其关注对数据的采集、存储、分析、传输和交互，形成数据资产，创造数据价值。与传统的基础设施相比，新一代信息基础设施具备演进性、泛在性、融合性等特征，新一代信息基础设施的融合升级，满足了业务场景移动、实时、泛在、智能的需求，单点的业务变化必将带动产业链的整体链式变革，推动数字经济的蓬勃发展。

编写单位：中国电信集团有限公司

作者：张 东 张 舒 刘子路 刘 娜 吴玉飞

第三章
数字化转型：
数字技术与制造业融合向纵深推进

一、全球制造业数字化转型发展态势

（一）数字化转型成为重塑国家竞争力的核心战略

当前，全球正处于数字化变革的浪潮之中，数字化转型重塑全球经济，加快制造业数字化转型成为抢占国际竞争制高点的战略选择。由于新技术的不断涌向，制造业数字化转型步入加速变革的新阶段，不断对推进政策提出新的要求。为响应这些新需求，全球主要国家不断完善转型政策，加快战略的演进升级。

1. 美国加快发展先进制造业

近年来，美国先后出台"先进制造伙伴关系计划""先进制造业战略计划""国家制造业创新网络计划"等战略，全面推进先进制造业的发展。**一是出台一系列强化数字技术的基础性政策。**2018 年，美国在数字经济领域发布了《数据科学战略计划》《国家网络战略》《先进制造业领导力战略》等政策文件，明确提出要促进数字技术、数字经济的发展。在《数据科学战略计划》中提到要支持高效安全的生物医学研究数据基础设施建设，促进数据生态系统建设，推动先进数据管理、分析和可视化工具的开发使用。在《国家网络战略》中提到要推进下一代电信和信息通信基础设施的快速发展，促进数据跨境自由流动、促进全生命周期网络安全等。**二是不断完善先进制造政策体系。**在《先进制造业领导力战略》中进一步提及利用大数据分析和先进的传感、控制技术以促进制造业的数字化转型。2019 年 7 月，美国发布《数字现代化战略》，提出将云计算、大数据、物联网、认知计算等新领域的优势充分融入国防部信息网核心网络，即国防信息系统网络（Defense Information System Network，DISN）。另外，美国自 2020 年 1 月以来，陆续发布《国家关键与新兴技术战略》《确保 5G 安全的国家战略》《5G 战略实施计划》《加快美国 5G 发展》等一系列战略计划，调动多方资源参与先进制造发展。**三是跨部门协调机制加速落地实施。**美国把网络和信息技术研究与发展（Networking and Information Technology Research and Development，NITRD）项目作为联邦政府统筹计算机、网络和软件领域先进信息技术研发自主的主要项目，由白宫科技政策办公室和白宫预算办公室牵头，由国家科学技术委员会（National Science and Technology Council，NSTC）出面统筹协调，24 个机构派出成员共同参与相关工作。

2. 德国"工业 4.0"纵深推进

"工业 4.0"概念提出近十年来，德国不断深化对这一理念的认识，并从战略性、理念性政策向可操作、落地性政策转变。**一是持续升级"工业4.0"政策。**德国为推进"工业 4.0"，相继提出了《保障德国制造业的未来：关于实施"工业 4.0"战略的建议》《高技术战略 2020》《数字化战略 2025》等新的战略性政令或政策。2019 年 2 月，德国发布《国家工业战略 2030》，其中指出，德国在钢铁、铜及铝工业、设备和机械制造和汽车产业等 10 个关键工业领域处于领先地位，但同时要意识到"创新与数字化带来的巨大冲击在德国传统强势领域会更加明显"。德国从支持突破性创新活动的措施、提升工业整体竞争力的措施和对外经济方面的措施 3 个方面提出产业政策建议，认为基于数据创新的前沿技术将从根本上撼动现有的工业体系，彻底颠覆传统的工业活动与制造方法，重新定义制造业价值链，并于 2021 年发布新版《德国工业战略 2030》。**二是坚持和优化高度协同的集群化发展政策。**德国制造业具有产业集群化程度高的特点。2006 年以来，德国政府相继制订并实施了创新联盟促进计划、创新网络计划等。2007 年，德国教研部在《德国高技术战略》框架下发起"德国尖端集群项目"，通过竞争的方式遴选最为成功和广受赞誉的产业集群。2010 年出台的《国家高科技战略 2020》特别强调创新成果的商业化，并重点支持实施"领先集群竞争"及创新联盟等有效政策。2019 年 4 月，德国联邦经济能源部发布最新"工业 4.0"战略前瞻性文件《德国 2030 年"工业 4.0"愿景》，明确德国数字化转型将把构建全球数字生态作为未来 10 年的新愿景。**三是持续关注中小型制造企业的转型需求。**2010 年，《德国高科技战略 2020》提出，加速完善中小企业公共服务体系及鼓励中小企业的中长期研发。2013 年德国进入"工业 4.0"时代，德国政府继续大力培育中小企业，进一步促进了"隐形冠军"的产生，也使德国的创新体系更加多元化，提升了市场的整体效率和制造业的整体竞争力。在地方政府层面，各州除了为联邦政府相关政策提供配套，也为本地中小企业创新发展提供多元化的政策支持。

3. 欧盟稳步推进数字化转型并加强监管领域的政策引领

欧盟作为全球主要经济体，其数字化转型的示范作用非常显著。2015年以来，欧盟加速了数字领域单一市场的建设，加快推动物联网、人工智能等新一代信息通信技术在工业领域的标准化应用，力图协调欧盟各成员国数字化转型政策。**一是产业数字化转型纳入单一数字市场范畴。**欧盟各成员国积极响应德国"工业 4.0"主张，法国、意大利等国纷纷出台政策愿景，积极和德国"工业 4.0"对接。2016 年以来，工业数字化转型已经成为数字化单一市场建设的重要内容，在欧盟范围内形成共识。为了进一步协调各成员国的进程和规划，欧盟也积极统筹各成员国的发展政策。2016 年 4 月，欧盟委员会启动了数字化欧洲工业（Digitizing European Industry，DEI）行动计划（2016—2020），将其作为数字单一市场战略并持续更新，对"工业4.0"、智能工业和未来工业等各种国家工业数字化计划进行补充，利用政策工具、财政支持、协调和立法权力进一步激发所有工业部门的公共投资和私人投资，并为数字工业革命创造框架条件。2019年，欧盟委员会发布了《增强欧盟未来工业关键战略价值链》报告，明确提出将优先发展包括自动驾驶、工业物联网在内的六大关键战略价值链及具体行动建议。2020年欧盟委员会发布《欧洲新工业战略》，以提升工业竞争力和战略自主性。2021年3月，欧盟委员会发布《2030数字化指南：欧洲数字十年》战略文件，进一步谋划了未来10年欧洲数字化发展的愿景、目标和途径。**二是加强监管领域的政策引领。**欧盟不断强化和完善数据、安全等领域的规范条例，营造公平有序的竞争环境。大力倡导包括工业企业在内的数据自由流动，通过《通用数据保护条例》《开放数据和公共部门数据指令》等，明确保护规则、管理规范和使用机制，为工业数据流通营造良好的制度环境。欧盟出台一系列法律法规和行动计划，完善定责机制，建立认证制度，着力提升欧洲工业数字化发展的整体安全能力。需要特别指出的是，欧盟在安全组件、硬件模型和软件安全等环节中拥有较强的国际竞争力，在数据隐私保护重要性愈发凸显的大背景下，欧洲在安全领域的领导优势将更加稳固。

4. 其他国家对制造业数字化转型的政策布局

世界主要经济体均加快政策布局，把政策的实施速度和有效性视作赢得数字化转型的契机、提升数字竞争力的重要因素。

英国于2017年12月发布《英国工业战略》报告，从商业环境、行业交易、创意、人才、基础设施和地区六大要素阐述了英国工业战略，分析了现代工业战略所面临的重大挑战。2018年，英国在数字经济领域主要发布了《数字宪章》《产业战略：人工智能领域行动》《国家计量战略实施计划》等一系列行动计划文件，确保英国拥有最安全的网络环境和孵化发展高科技公司的最佳生态系统，促进英国人工智能和数字驱动经济的蓬勃发展。2021年3月，英国威尔士政府发布《威尔士数字战略》，提出数字服务、数字包容、数字技能、数字经济、数字连接及数据与协作等任务，旨在通过数字技术和数据应用改善人民的生活。

日本于2018年发布《日本制造业白皮书》，日本制造业希望通过自动化与数字化融合发展，以获得更高的附加值。另外，日本还发布了《综合创新战略》《集成创新战略》《第2期战略性创新推进计划（SIP）》等战略和计划文件，详细阐述了推动数字经济发展的行动方案。日本将发展"互联工业"视为企业实施数字化转型的标志。日本先进制造业的发展主要是通过政策引导新技术的融合应用加以推动，既有以人工智能技术结合物联网的方式改造汽车、家用电器、机械制造等具有传统优势的制造业升级改造，又有与大数据、物联网、纳米技术密切相关的智能家居、纳米材料产业等新技术的应用与普及。2020年5月，日本发布《产业技术愿景2020》，提出优先发展支撑超智能社会的物联网、数字技术等关键技术。

韩国在数字经济领域主要发布了《人工智能研发战略》《第四期科学技术基本计划（2018—2022）》和《创新增长引擎》五年计划文件，其中着重指出推动数字经济发展的优先举措。2020年8月，韩国发布《基于数字的产业创新发展战略》，提出通过制定"数字＋制造业"创新发展战略，提高制造业中产业数据（产品开发、生产、流通、消费等产业活动全过程中产生的数据）的利用率。

（二）数字化转型成为重塑企业竞争力的核心战略

数字化转型的重要性已经不止于IT领域，而是延伸到传统产业，加快企业组织重构和数字化转型已成为企业级行动。数字化转型在促进企业高效运营和提升竞争力的同时，也在助力企业快速适应数字经济的发展。根据IDC发布的《IDC FutureScape：2020年全球数字化转型预测》数据显示，到2023年，数字化转型支出在ICT总投资中的占比将从目前的36%增至

50% 以上，其中，增长最大的领域是数据智能与分析领域。

一是加快形成平台引领。全球的领军企业在数字化变革中纷纷借助平台支撑数字化转型之路。GE 公司于 2013 年推出工业互联网平台产品 Predix。它是 GE 公司推出的针对整个工业领域的基础性系统平台，可以应用在工业制造、能源、医疗等各个领域。2018 年，GE 公司成立了一家独立运营的工业物联网软件业务子公司，主要经营 Predix 平台及其他软件业务。该平台包括边缘 + 平台 + 应用 3 个部分，它可以与设备、资产互联，采集海量数据，并对数据进行分析处理，实现对设备和资产的管理，同时还提供软件开发服务。全球电气产品、机器人及运动控制、工业自动化和电网领域的技术领导企业 ABB 开发的 ABB Ability 平台，打造支撑数字化转型的一体化工业互联网平台和云基础设施，它以 ABB 在技术、工业和数字领域的领先专业知识为基础，赋能企业驾驭工业的数据力量。该平台使客户能够安全地集成并整合自身数据，并与更广泛的行业数据结合，运用大数据和预测分析，生成可以帮助客户提高绩效和生产率的洞见。ABB 自 2007 年开始将其机器人连接一些高级服务，当前，基于 ABB Ability 平台，每一台新的 ABB 机器人都能接入物联网，以解锁领先的数字技术，获得更高的性能和可靠性。再如，全球能效管理和自动化领域领航企业施耐德在数字化转型方面推出了 EcoStruxure 架构与平台，该平台利用物联网、移动互联网、传感、云计算、分析和网络安全等技术提供从互联互通到边缘控制，及应用、分析与服务各个层级的全面创新。

二是积极营造数字生态。随着"工业 4.0"和"智能制造"的不断发展，数字生态在工业领域发挥着越来越重要的作用。西门子于 2016 年推出了基于 Cloud Foundry 而构建的开放式物联网操作系统 MindSphere。采用 MindSphere 的企业可以实现真实世界中的产品、工厂、机器和系统的连接，以提取并分析真实的性能和应用数据。目前，MindSphere 生态系统已经吸引了 SAP、亚马逊、微软、埃森哲、Evosoft、源讯和 Bluvision

等众多合作伙伴的加入。MindSphere 将打造一个服务于整个工业领域的开放物联网生态系统。艾默生电气公司基于工业物联网的 PlantWeb 数字生态系统，将传感器、控制系统、云等节点联结起来，形成完整的生态系统。这一生态系统可随时提供资产运行状态信息，并自动创建工作指令，不需要到不同应用程序中去查看大量数据。PlantWeb 最早的概念是内联网，现在已延伸开放成为数字生态系统，能对更多的信息进行采集并进行一定程度的计算和分析，从而搭建起一个强大的系统。目前，PlantWeb 已成为业界覆盖完善、集成度高的工业物联网产品组合。借助工业物联网的力量，它将数字智能进一步扩展到整个制造企业，并为现场应用提供了一个全面的框架，帮助制造商在安全性、可靠性、生产力和能源方面实现最佳绩效，助其成为标杆企业。

三是不断强化智能升级。 智能制造被视为第四次工业革命的领导者，由世界经济论坛及麦肯锡从全球上千家制造企业中考察遴选出数十家以智能制造为核心的"灯塔工厂"成为全球制造业的新标杆。例如，德国爱科公司旗下的芬特工厂在将数字化解决方案与智能生产线设计相结合后，仅需一条生产线就可以生产 9 个系列的拖拉机，它们大小相同，功率却从 53kW 到 368kW 不等，这使其生产效率提高了 24%，生产周期缩短了 60%。福田康明斯横跨设计、生产和售后服务等各个阶段，在其端到端产品生命周期中自主部署物联网和人工智能，智能化方法助其将产品质量和客户满意度提升了 40%。为支撑智能化升级，西门子等老牌自动化企业纷纷设立数字工业部门和智能基础设施部门，为离散和过程工业自动化提供全面的产品组合和系统解决方案，业务涵盖从产品设计、开发、生产和售后服务整个价值链，产品主要包括用于工业自动化的系统和软件、数控系统、电动机、驱动器和变频器、用于机床的集成自动化系统、传感器、射频系统及产品生命周期和数据驱动的管理软件等，全面支撑汽车工业、机械制造工业、制药与化学工业、食品饮料及电子半导体工业的智能化改造升级。

（三）数字化转型工具和转型能力持续加强

1. 智能产品、智能终端的创新能力不断突显

智能芯片。智能芯片主要包括图形处理单元（Graphics Processing Unit，GPU）、现场可编程门阵列（Field Programmable Gate Array，FPGA）、专用集成电路（Application Specific Integrated Circuit，ASIC）及类脑芯片等，已有国外公司针对数字化应用设计专用芯片，为数字化转型提供动力支撑。例如，Google TPU 芯片可以支持搜索查询和翻译等应用；NVIDA 的 GPU 芯片被广泛应用于深度神经网络训练和推理；英特尔也推出了 Nervana™ 神经网络处理器争夺云端训练和推断市场；在自动驾驶领域，MobileEye SOC 和 NVIDA Drive PX 系列芯片提供的神经网络的处理能力可以支持智能网联汽车的半自动驾驶和完全自动驾驶。

智能传感器。智能传感器作为感知层的关键技术，是物联网的核心，是万物互联的重要基础。它能够实现海量数据的接收与传递，具有自补偿与自诊断功能、信息存储与记忆功能、自学习与自适应功能。国外的智能传感器发展已经进入智能化应用和网络阶段，拥有功能计算、逻辑判断、网络通信、闭环控制、自检和自诊断、智能校正和补偿等多种功能。例如，德国研发的 KP500 智能传感器用来检测轮胎气压，同时也可以检测温度和电压等信息，以保证轮胎正常工作，汽车配备的安全气囊传感器可以不断检测气囊的可运行性，保证在遇到危险时立刻弹开，还可以通过红外扫描仪来感知座椅上物体的温度，判断车辆前方是大人还是小孩，调整其弹出的时间与力度，最大限度地保证人身安全；英国伦敦传感器初创公司 Hyper Surfaces 在人工智能传感器方面利用监督和非监督式神经网络的组合来实时解释在物理对象（例如人类手势或其他交互产生的动作）上检测到的振动模式，并将它们转换为数字命令。

智能机器人。目前工业机器人智能化提速，推动人机共融，特种机器人自感知、自适应能力不断增强，产业化进程持续加速，智能技术快速发展，

助力人机共融走向深入。工业机器人智能化发展迅速，可以实现工厂内自由穿梭运送货物，并逐渐代替工人工作。例如，Mobile Industrial Robots 推出了自主移动机器人 MIR500，它是一款具备协作性和自主移动性、拥有安全性和导航功能的机器人。当前特种机器人已具备一定水平的自主智能，已能完成定位、导航、避障、跟踪、二维码识别、场景感知识别、行为预测等任务。例如，波士顿动力公司的"阿特拉斯"机器人实现了一系列的空翻、跳跃、扭转跳跃和倒立动作；由空客集团和国际商业机器公司（International Business Machines，IBM）公司合作开发的太空机器人"CIMON"使用 IBM 的 Watson 人工智能技术，通过屏幕播放指令操作、呈现文字或者视频，以及通过回答问题的方式，为宇航员提供服务，并与他们进行对话，同时，它还能探测到用户的情绪变化，并利用这些信息与空间站宇航员更好地交互。

移动智能终端。在智能网联汽车领域，美国、日本、欧盟等汽车发达国家和地区在智能网联汽车关键技术上具有一定的领先优势。例如，英伟达凭借在深度学习训练平台领域的优势，推出自动驾驶处理器 Xavier，运算性能可达到每秒 30 万亿次运算，而功耗仅为 30W；英特尔通过一系列并购与投资打造了由 CPU、FPGA、EyeQ、5G 构成的通信和计算平台；通用汽车在新兴技术方面加大投入，旗下的凯迪拉克 CT6 搭载了 Super Cruise（超级巡航）辅助驾驶技术，并宣布于 2019 年上线自动驾驶服务，甚至直接取消方向盘和刹车踏板；谷歌一直深耕自动驾驶技术，于 2019 年 10 月 13 日发布了一份名为《通往完全自动驾驶之路》的报告，从技术层面详细展示了谷歌 Waymo 无人车的软件、硬件、测试流程。与此同时，整个产业链的合作日益加强，汽车与电子、通信等技术深度融合成为重要的发展趋势。例如，博世联合英伟达开发出基于人工智能技术、可大规模量产的车载计算平台，每秒可进行 30 万亿次的深度学习运算，并可实现 L4 级的自动驾驶；德尔福联合 Mobileye 力图推出市场上首个 L4/L5 级自动驾驶系统，2019 年实现量产。

智能装备。美国、德国等工业发达国家在数控机床、测控仪表和自动化设备等智能制造装备方面具有多年的技术积累，优势明显。当前，世界四大国际机床展上数控机床技术方面的创新，主要来自美国、德国、日本、瑞士。这些国家的厂商在国际机床展上竞相展出高精、高速、复合化、直线电机、并联机床及五轴联动、智能化、网络化、环保化机床。例如，MAZAK基于第 7 代 MAZATROL Smooth X 技术，提出了全新的制造理念 Smooth Technology，旨在提供高性能、高智能化的产品与生产服务；FANUC 推出了 Series oi-MODEL F 数控系统，提高了与高档车床的兼容性，并通过自动化装卸工件来提高运行效率，缩短制造时间。

2. 工业软件赋能水平不断提升

在工业软件产业中，美国公司整体实力最强，厂商众多，例如，IBM、Oracle、微软 Dynamics、GE Digital、罗克韦尔自动化、Autodesk、PTC、ANSYS、MathWorks 等。其中，PTC 以"平台 +App+ 生态"布局，以ThingWorx 工业互联网平台为依托，与合作伙伴一起开发面向离散型制造业、流程制造业等不同行业的 App 应用软件，搭建工业软件的生态系统。德国的数字化转型过程主要通过充分利用信息通信技术和网络物理系统等手段，使制造业向智能化转型，发展重点以西门子、博世、SAP 等领先企业的关键部件产品与工业软件系统。其中，西门子近年来斥资超过百亿美元并购了 UGS、LMS、CD-Adapco、Camstar、Mentor、Atlas 3D 等工业软件，形成工业软件 + 工业自动化的整体解决方案。在西门子提出的"数字化双胞胎"战略中，"数字化双胞胎"是 MindSphere 平台的数据基础，数字化战略中需要的工业软件通过收购来实现。英国企业正在积极发展"工业数字化"。对于制造企业广泛关注的数字化工厂的设备联网与状态监控，英国软件头部企业 AVEVA 能提供基于数字化设备联网且运行状态采集、存储和分析的工业软件解决方案，帮助企业实现对工厂运行状态的高效监控与管理，推动工厂的数字化转型。日本的数字化转型主要通过加快发展协同机器人、多功能电子设备、嵌入式系统、智能机床和物联网等技术，打造先进的无人化智能工厂。日本先进的工业软件企业包括三菱电机，横河，欧姆龙，Zuken，Asprova，富士通旗下的 ICAD、NEC、日立信息等，其工业软件多为应用在机床、机器人和汽车上的嵌入式软件。其中，发那科作为日本工业机器人头部企业之一，联和研究致力于使用人工智能开发智能边缘计算系统，将云计算与机床、工业机械、机器人等设备连接起来，通过人工智能实现即时控制的系统。

3. 平台支撑能力不断加强

美国大型科技企业纷纷布局面向各个行业的工业互联网平台。GE、PTC、微软、思科等企业在业务所在行业推出了自己的云平台和物联网平台，并提供相应的服务。在发电行业，Predix 平台的数字化风场通过风机上的传感器收集信息，提升风场运营与管理效率。在交通设备制造行业，微软的 Azure IoT 套件和 Cortana 智能系统通过先进的数据分析服务及物联网管理平台，为飞机引擎制造商劳斯莱斯及其员工实时提供操作建议。在机械行业，在微软 Azure 机器学习和 Streaming Analytics 流分析的帮助下，刀具行业领军企业山特维克集团进行了物联网改造，将嵌入式智能添加到产线中，使工具能够从加工操作中捕获更多的数据，用于自动调整设备。**行业领先企业通过收购、投资、跨行业合作打造工业互联网生态系统。**作为工业发展的未来，工业互联网已经成为各个合作伙伴都愿意参与其中的生态系统，而行业领先企业已经开始了生态布局。在构建开发者社区方面，美国领先平台 PTC 旗下的 ThingWorx，通过不断完善开发者社区建设并提供全面的技术资源和应用推广支撑。在收购和投资方面，美国软件服务提供商 Salesforce 通过收购和投资，不断增强其 CRM 软件应用功能，同时向人力资源软件服务市场进军，并拓展了针对开发者的开放平台和企业交流平台 Chatter。在跨行业合作方面，思科和 GE 合作推出了支持

Predix 的思科路由器，经过强化处理，该路由器能经受石油和燃气设施的恶劣环境考验。又如，ANSYS 通过与微软 Azure 合作，提供基于平台的仿真验证服务。**服务于中小企业的美国工业互联网、物联网平台应用聚焦于客户关系管理、财务管理等方面，满足数据分析需求。**再生砖制造商 Fireclay Tile 利用 Salesforce 的 CRM 平台对客户关系与订单数据进行分析与价值挖掘；中型企业 Blue Microphones 选择甲骨文 NetSuite 云化企业资源计划（Enterprise Resource Planning，ERP）服务代替了原有的财务系统。工业大数据物联网创业公司 Uptake 帮助美国最大的核电站 PALO Verde 通过提高资产性能实现成本节省。

德国"工业 4.0"重点以西门子、博世、SAP 等领先企业的"工业 4.0"关键部件产品、工业软件系统、工业互联网平台为抓手，向全球大量输出核心产品与整体解决方案。西门子 MindSphere 平台的成熟度和应用广度全球领先，目前全球工业互联网基于应用商店的分成模式刚刚起步，而西门子 MindSphere 应用商店已经提供超过 20 项的应用服务，并且开拓了以绩效为标准等多种收费模式，走在工业互联网平台的前沿。其他大型企业专注塑造其专业领域的云应用，例如，德马吉森精机基于 CELOS 系统将工件生产的整个工艺流程在计算机上进行 1∶1 仿真；SAP 立足其强大的软件基础，推出 SAP HANA 云平台，帮助企业利用最新的数字技术，进行快速创新、调整、集成与扩展，实现基于人工智能、物联网和决策分析的简洁创新。

其他国家也积极把握机遇，筑牢平台基础，服务制造业转型。英国企业积极发展"工业数字化"，探索工业互联网的发展方向。英国芯片设计公司 ARM 于 2016 年推出了 ARM mbed Cloud，用于提供安全的物联网设备管理服务，它可以通过"mbed Device Connector"来访问连接到云端的设备，以简化原始设备制造商的工作。欧洲 Tridonic 公司的智能照明项目使用了 mbed Cloud 平台技术，美国 Siliver Spring 公司采用了 mbed Cloud 平台技术，从而简化了在复杂的网络中连接、保护、配置和更新设备的工作，通过支持开发人员在任意云上使用任意设备，加快扩展速度，以缩短上市时间。英国赛捷公司通过 Sage Business Cloud 为雅芳橡胶公司提供数据分析业务，提高后者的业务决策；通过 Sage 300cloud 为安大略葡萄酒月均节省 20～30 个小时的会计任务，提高了该企业的收入。法国"未来工业计划"明确提出了以工业工具现代化和通过数码技术改造经济模式为宗旨的未来工业，大力支持增材制造、虚拟工厂、增强现实等，以实现法国在欧洲或全球的领先地位。法国企业主要以协同研发设计平台和工艺优化能力服务世界。达索公司将其现有的 CATIA、SOLIDWORKS 等设计与制造辅助软件，DELMIA、SIMULIA 等仿真验证软件，ENOVIA 产品全生命周期管理软件，Apriso 生产管理软件，IQMS 运营管理软件，EXALEAD 大数据分析等工具全面向平台迁移，从而构建起从产品研发设计、生产运营管理、工厂规划运维到商业智能决策的全套智能化解决方案。通过设计仿真、运营管理、采购销售领域软件转化成平台中独立的服务模块，以云服务的形式快速满足用户个性化应用软件的定制需求。同时部分模块支持 3D 设计与工程应用套件，支持用 AR/VR 方式查看项目，在设计或工程中实现沉浸式的互动体验，例如，波音公司基于达索 3D EXPERIENCE 平台实现了多专业协同设计，成本降低了 40%～60%，提升了数字化协同能力及研发效率。施耐德电气与上海宝钢合作，以 EcoStruxure 架构对宝钢热轧厂的 6 台行车进行了数字化升级改造，对设备运行生产状态实现精确控制，行车自动化率达 98.5%，实现了无人生产、无事故生产。同时，法国知名企业在业务与运营优化方面与工业互联网平台公司开展合作，例如，空客集团依托富士通 Colmina 平台整合众多上游供货厂商；法国阿尔斯通利用 GE Predix 工业互联网平台分析设备故障。

二、我国制造业数字化转型发展情况

（一）我国制造业数字化转型的政策体系初步完备

1. 数字化转型上升为国家战略

近年来，为促进制造业转型升级，我国不断完善制度环境，出台了一系列战略规划和政策措施，推动我国制造业数字化水平不断提升，处在产业发展前沿的工业互联网应用也在不断拓展，基本形成纵向联动、横向协同的政策体系与推进机制。

2016 年，国务院印发《"十三五"国家战略性新兴产业发展规划》，明确提出进一步发展壮大新一代信息技术、高端装备、新材料、生物、新能源汽车、新能源、节能环保、数字创意等战略性新兴产业，推动更广领域新技术、新产品、新业态、新模式蓬勃发展，建设制造强国。

2017 年，国务院印发《关于深化"互联网 + 先进制造业"发展工业互联网的指导意见》，其中提出加快信息通信、数据集成分析等领域的技术研发和产业化，集中突破一批高性能网络、智能模块、智能联网装备、工业软件等关键软硬件产品与解决方案。

2019 年 10 月，工业和信息化部发布《关于加快培育共享制造新模式新业态 促进制造业高质量发展的指导意见》，提出共享制造作为共享经济的新形态，成为数字经济发展新亮点，要推动共享经济在生产制造领域的创新应用，加快培育共享制造新模式新业态，促进制造业高质量发展。

2020 年 3 月，工业和信息化部发布《推动工业互联网加快发展的通知》，明确提出加快新型基础设施建设、加快拓展融合创新应用、加快健全安全保障体系、加快壮大创新发展动能、加快完善产业生态布局、加大政策支持力度等具体举措。

2020 年 5 月，工业和信息化部发布《关于工业大数据发展的指导意见》，从促进工业数据汇聚共享、深化数据融合创新、提升数据治理能力、加强数据安全管理等方面提出指导意见，着力打造资源富集、应用繁荣、产业进步、治理有序的工业大数据生态体系。

2021 年 1 月，工业和信息化部发布《工业互联网创新发展行动计划（2021—2023 年）》，确立了未来 3 年我国工业互联网发展目标，从 5 个方面提出 11 项重点行动和十大重点工程，推动产业数字化，带动数字产业化，进一步巩固提升发展成效，更好地谋划推进未来一个阶段的发展工作。"十四五"规划明确提出要加快数字化发展，也为未来数字化转型提供了最新指引。

2. 各地积极推动制造业数字化转型落地实施

数字化转型是推动数字经济发展的根本动力，各地积极推动数字化转型，为数字经济发展提供政策制度保障和环境动力。浙江省、河北省（雄安新区）、福建省、广东省、重庆市、四川省 6 个地区结合创建"国家数字经济创新发展试验区"，开展深入的改革探索，围绕加速实体经济数字化转型，研究构建更加适应数字生产力进步的生产关系，建立适应数字经济和实体经济深度融合、制造业数字化发展要求的管理制度，探索数字化转型应用的政策制度。

广东省。广东省以制造业立省，制造业是推动数字经济与实体经济深度融合的主战场。广东省顺应数字化发展浪潮，将制造业数字化作为促进制造业高质量发展的重要抓手全面推进，加快培育产业发展新动能，塑造产业发展新优势，发布了《广东省制造业数字化转型实施方案（2021—2025 年）》和《广东省制造业数字化转型若干政策措施》，提出实施 4 条转型路径。根据不同企业规模、不同行业特点，广东省提出"一企一策"推动龙头骨干企业开展集成应用创新；"一行一策"推动中小型制造企业加快数字化普及应用；"一园一策"推动产业园和产业集聚区加快数字化转型；"一链一策"推动重点行业产业链、供应链加快数字化升级。广东省的目标是到 2025 年，显著提升战略性支柱产业集群和战略性新兴产业集群数字化水平，形成广东省工业互联网国家示范区引领示范效应，力争推动超过 5 万家规模以上工业企业运用新一代信息技术实施数字化转型，带动 100 万家企业上云用云，降本提质增效，以数字化引领制造业质量变革、效率变革、动力变革。

浙江省。数字化改革已经成为浙江省全面深化改革的总抓手，数字经济综合应用作为浙江省推进高质量发展的重要内容之一，以工业领域为突破口，以"产业大脑＋未来工厂"为核心业务场景，推动产业数据汇聚共享，实现资源要素优化配置。浙江省把持续推动中小企业数字化作为工业企业数字化转型的关键，加快网络化、智能化转型升级，构建以数据资源为核心的生产体系，全面提升企业对生产、仓储、运输、销售等环节的管理能力，形成以数据驱动企业生产经营的新模式，进而实现提质增效、减员增效、降本增效。**一是着力政策供给。**浙江省全面梳理现行工业经济扶持政策，形成新的数字化转型政策体系，进一步加大对传统产业数字化转型升级的支持力度，在传统制造业转型升级政策体系中提高数字化相关内容的权重，并努力在工业经济、科技创新、数字贸易等方面形成政策合力。**二是着力支撑保障。**浙江省认真研究不同行业的发展规律，采取与之相匹配的措施，建立相应的云平台，打通不同设备之间的数据壁垒，实现"行业平台化服务"。凝聚学界及企业界的力量，形成专业化指导，积累推广制造业数字化转型可复制、可推广的经验。**三是着力规范发展。**浙江省释放产业数据的潜在价值，全面提升传统制造业的竞争力，除了加强保障产业数据安全相关技术的推广应用，还要完善相关制度，进一步加快地方的立法步伐，规范数据资源的使用、交易、共享，抓紧出台产业数据利用规则和标准，平衡数据安全和使用之间的冲突。以产业数据安全为传统制造业数字化转型护航，以传统制造业数字化转型推动数字产业化发展。

（二）我国制造业数字化转型的进展

1. 技术产业支撑能力不断提升

（1）智能产品、智能装备

智能芯片。当前中国芯片研究热情高涨，除了寒武纪、比特大陆等致力于云端芯片，大部分公司都以边缘推断为目标市场。例如，华为研发了芯片（麒麟 970 芯片和麒麟 980 芯片），应用于华为 mate 等系列手机中，可学习用户的使用习惯，内置神经网络单元，可识别并调整拍照场景和参数等；华为还研发了昇腾 910 和昇腾 310 两类 AI 芯片，可为智能产品提供全栈解决方案等；寒武纪在 2019 年 11 月 17 日的中国国防高新技术成果交易会上正式发布思元 220，标志着寒武纪已经具备了从终端（寒武纪 1A、1H、1M 处理器 IP）、边缘端（思元 220 芯片）到云端（思元 100、思元 270 芯片）完整的智能芯片产品线。

　　智能传感器。中国电子信息产业发展研究院相关数据显示，2014—2019 年期间我国传感器市场总体呈逐年增长态势。2019 年我国传感器市场规模为 2510.3 亿元，同比增长 14.7%。目前关于传感器技术的研究大多围绕集成化、微型化展开，以便实现节能高效、智能便捷的调控目的，也就是将多个智能元素整合到一个系统结构中。国内出现了汇顶科技的指纹传感器和昆仑海岸的力传感器，歌尔股份主要生产微麦克风，汉威电子生产流量传感器中的气体传感器，苏州固锝、士兰微等企业生产加速度传感器，而晶方科技、华天科技等则涉足微机电系统（Micro Electro Mechanical System，MEMS）芯片封装测试领域。

　　智能机器人。中国智能机器人功能及种类日益丰富，成为机器人产业发展的重要推手。其中，工业机器人产业化加速，服务机器人发展势头强劲，特种机器人打开国内外市场，技术全球领先。例如，新松机器人发布蛇形臂机器人，采用蛇类仿生设计，突破传统机器人应用障碍，利用仿生概念，采用末端跟随控制方法，极大地提升了机器人的灵活度和适应性，更适合在极端恶劣的环境下正常工作，该产品共有 12 个关节，24+1 个自由度，可以平稳、灵活地避开障碍物，同时还支持远程遥控对机器人实施操作；Rokid 发布了产品 "Rokid"，其是一个依靠人工智能和深度学习的智能家庭技术设备，产品 "Rokid" 通过参与双向交流，主动为整个家庭提供信息和执行任务；科沃斯研发了公共服务机器人旺宝，它能够呈现丰富多变的表情和基本用语，建立起奇幻的机器人交流场景，实现人工做不到的多媒体营销及获客，也能替代或辅助人工做咨询、分流及导购的工作，实现人力向更高端工作的转移，做到机器人以人为本，能为企业、政府及其他公共机构提供机器人服务；深圳旗瀚科技发布三宝机器人 Nano，用户可通过语音命令让 Nano 唱歌、订外卖、操作电视等，该机器人还可用内置摄像头拍摄室内状况，让用户通过手机进行远程操作；中国电子科技集团公司研究开发了固定翼无人机智能集群系统，成功完成 119 架固定翼无人机集群飞行试验；我国中车时代电气公司研制出世界上最大吨位的深水挖沟犁，填补了我国深海机器人装备制造领域的空白；中国科学院研制的新一代远洋综合科考船"科学"号搭载缆控式遥控无人潜水器"发现"号与自治式水下机器人"探索"号，在南海北部实现首次深海交会拍摄。

移动智能终端。在智能网联汽车领域，我国汽车企业、互联网企业、通信技术企业等在多个层面全面实现智能网联汽车技术创新。例如，北京地平线科技有限公司发布基于征程 2.0 处理器架构的高级别自动驾驶计算平台 Matrix1.0，支持面向 L3、L4 的自动驾驶解决方案；华为发布支持 L4 级别自动驾驶能力的计算平台 MDC600，算力高达每秒 352 万亿次运算，整体系统的功耗算力比低至 1 TOPS/W，MDC600 符合最高级别的车规标准；百度发布 Apollo 开放计划，L4 级自动驾驶小巴"阿波龙"实现量产；长安、吉利等均已推出 L2 级量产车型；上汽、广汽等车企正在开展 L3、L4 级车型的研发和测试。我国提出的 LTE-V2X 车联网专用通信标准已经成为国际车联网通信标准的重要组成部分，在 5G 通信方面具备先进技术优势与产业规模，为我国智能网联汽车的快速发展提供了重要支撑。

智能装备。在智能装备方面，国内正在不断加速发展，例如，华中数控和宝鸡机床联合推出了 iNC 智能数控系统和搭载 iNC 的智能数控机床概念机 iNC-MT，这是我国机床企业初次推出的新一代智能机床；沈阳机床集团与同济大学协作成功研制出 i5 系列智能机床，其具有智能补偿、智能诊断、智能控制、智能管理的特点，可以在高精度、高效率加工的同时实施传输数据；格力集团研发出钻攻中心 GA-Z4060 和 GA-Z4055 两款智能数控机床，这两款机床具有精度高、操作简便、自动化拓展性强等特点，可实现高速高精钻孔攻牙，现在已经开始应用于 3C、汽车、模具行业中的中小型板类、盘类零件加工等领域等。

（2）智能云服务平台

我国的工业互联网平台主要有 4 类：传统制造业主导的工业互联网平台、软件企业主导的工业互联网平台、互联网企业主导的工业互联网平台和面向特定行业的工业互联网平台。

传统制造业主导的工业互联网平台。2017 年 6 月，航天科工发布中国首个工业互联网云平台（Industrial Intelligent Cloud System，INDICS），全面支撑航天科工数字化、网络化、智能化和云化转型发展，经过不断改进提升，形成了航天云网工业互联网平台——工业互联网云空间（INDICS）+云制造支持系统（CMSS），其跨行业、跨领域系统工程服务能力突出，制造技术与信息技术融合创新能力突出，自主可控技术服务国家战略能力突出，建设实践成效及社会影响力突出，成功入选 2019 年、2020 年跨行业跨领域工业互联网平台，进入双跨第一阵容。海尔 COSMOPlat 是全球首家引入用户全流程参与体验的工业互联网平台，为企业提供互联工厂建设、大规模定制、大数据增值、供应链金融、协同制造等服务。以用户全流程驱动的人工智能下的大规模定制解决方案，通过跨行业、跨领域复制，实现企业、用户、资源等多方共创共赢。海尔衣联网是 COSMOPlat 服装大规模定制领域的典型案例，依托射频识别（Radio Frequency Identification，RFID）技术，将洗衣机、智能衣柜、3D 试衣镜等产品链接起来，为用户提供贯串洗、护、存、搭、购全生命周期的衣物解决方案。

软件企业主导的工业互联网平台。2017 年 8 月，用友发布了用友精智工业互联网平台，它是用友云在工业企业的全面应用，是面向工业企业的智能云平台。该平台由基础技术支撑平台、容器云平台、工业物联网平台、应用开发平台、移动平台、云集成平台、服务治理平台及 DevOps 平台为支撑，融合了移动互联网、云计算、大数据、物联网、人工智能、区块链等现代信息网络技术，为工业企业提供营销、采购、交易、设计、制造、协同等服务。2017 年 12 月，浪潮发布了工业互联网平台——M81，该平台以物联网为基础，以数据为核心，利用云计算、人工智能等技术，实现海量异构工业数据集成，帮助企业构建业务智能创新系统，支持新模式、新业态，实现企业数字化转型。东方国信 Cloudiip 工业互联网平台是东方国信基于其大数据核心实力与工业实践经验创建的一款架构完整、应用多元的工业互联网平台，它提供了 167 个云化软件和 2260 个工业 App，累计服务全球 46 个国家的上千家大型工业企业，为钢铁、轨道交通、能源管理等 20 多个行业提供设备管理、研发设计、运营管理、产品全生命周期优化等工业应用。

互联网企业主导的工业互联网平台。2018 年 8 月，阿里云正式对外发布了 ET 工业大脑开放平台，该平台具有持续汇聚整合工业领域的技术、经验与数据的能力，通过输出"供、研、产、销"全链路智能算法服务，激活工业海量数据的价值，助力企业分享技术红利、铸造独特竞争优势。2018 年6 月，腾讯与国家工业信息安全发展研究中心、华龙讯达共同发布腾讯木星云，利用企业微信和小程序，可实现生产过程中实时作业信息统计上报、在线生产状态跟踪等，为领导决策提供数据支撑，实现了从边缘数据采集，到工业 PaaS 平台，再到工业 App 的全链条服务。目前，腾讯木星云已在汽车、医药、机械制造、交通、核电、风电等行业进行了推广应用，为用户企业提供数据采集、数据建模、虚拟制造、大数据分析、虚拟供应链管理、产品全过程生命周期等工业互联网平台应用。

面向特定行业的工业互联网平台。2018 年 9 月，中船黄埔文冲船舶有限公司出资筹建中船工业互联网有限公司，专注于为高端专用装备产业链企业提供专业工业应用，为区域中小企业提供多样化的平台服务，通过平台聚集合作伙伴，共同打造工业互联网生态体系。

（3）工业软件和工业App

随着新一代信息技术的不断涌现和发展，传统的工业软件和工业数据、工业知识、工业场景深度融合，催生了工业互联网和智能制造等新形态工业体系下一系列的新型工业软件，例如，工业互联网平台、工业大数据系统、工业App等。其中，工业互联网平台目前在全国已有各种类型的平台数量数百个，形成了一批平台解决方案，探索出诸多平台+的新模式、新业态。随着工业大数据系统采集技术、通信技术、集成技术、云计算技术等不断发展，以及传统制造业企业的数据化建设产业升级，数字壁垒正在逐渐被打破，工业大数据应用的外部环境日益成熟，工业大数据系统有着广阔的应用空间。工业和信息化部发布的数据显示，2018年我国工业大数据市场规模约为114.2亿元，较2017年同比增长22.3%，增速较快；工业App作为工业软件的新形态，是工业软件向云化、数字化和智能化的转变。截至2020年4月，重点工业互联网平台的平均工业App数量为2329个，其中，由平台自己开发的工业App数量为622个，由其他企业或用户上传的工业App数量为1707个；一般平台的工业App数量为132个。

2. 企业数字化转型典型应用不断涌现

目前我国制造企业主要通过工业互联网平台进行数字化转型升级，形成一些典型的应用示范，横向涉及研发、采购、生产、营销、服务等业务环节的智能化、集成化应用，纵向涵盖设备、车间、企业、区域等各层级的新智能系统云端服务平台。下面以航天云网平台为例，说明区域、企业通过互联网平台进行数字化转型的典型应用。

（1）区域工业云

贵州工业云是航天云网助力区域发展、打造区域云制造产业集群生态的典型应用。工业是贵州省经济的主导产业，但其区域经济产业关联性和配套关系较弱,产业价值链整合与业务协作效率较低,企业智能化、信息化基础薄弱。针对贵州省区域、产业和工业企业的实际需求和问题,航天云网构建了以区域服务云平台、产业服务云平台和企业服务云平台为核心的贵州工业云,帮助贵州产业和企业实现转型升级。贵州工业云主要包括以下特点。

在基于大数据的人工智能服务方面,建设区域服务云平台,结合大数据及人工智能技术搭建"贵州配套网""产业市场监测平台"等模块,为企业提供智能化的区域性配套与供求撮合服务,实现对贵州省工业经济运行的监测。

在基于云平台支持智能工厂、协同制造、双创(创新、创业)、智能服务方面,开发产业服务云平台,为企业用户提供各类研发链、供应链、生产链及营销链、服务链上的跨企业协作服务,并基于"工业云"采集的各类大数据为企业提供产业级大数据增值服务,同时建立线上线下相结合的众创空间,构建低成本、便利化、全要素的创业服务社区。

在企业各应用领域支撑服务方面,建立企业云服务平台,提供包括高性能计算/存储资源、工业软件资源、企业信息化系统资源及工业设备资源等各类虚拟化智能制造资源、能力、产品。

(2)企业云

航天装备具有产品技术复杂,生产模式复杂,质量、可靠性要求高等典型特征,产品集成度高,多品种、变批量的特点明显。当前航天科工在向"工业4.0"时代迈进的过程中存在的问题包括科研生产体系相对封闭,资源配置不均衡;生产制造模式相对落后,缺乏多学科、跨专业协同;研制技术手段单一,智能化手段缺乏。

围绕航天科工科研生产痛点,搭建航天科工集团有限公司协同共享制造平台,支撑集团公司所有内、外部协作配套业务及产品研发、生产、试验、售后保障等全生命周期业务在线开展,该平台主要包括以下特点。

在 IaaS 层,自建及联合建设数据中心,提供虚拟化存储资源、网络资源、计算资源及信息安全保障服务。

在数据即服务（Date as a Service，DaaS）层，基于平台提供的大数据多种类型存储及分析计算功能，构建高性能计算资源库、共性知识库、软件池、云工程资源库、专业大数据等 App。

在 PaaS 层，扩展基于 Docker 和 Kubernetes 的混合容器技术，提供弹性伸缩和服务编排功能；面向工业领域，提供微服务引擎、面向软件定义制造的流程引擎和人工智能引擎等工业 PaaS 服务，以及面向开发者提供仿真建模、组态建模、大数据算法建模等工具。

在应用层，构建涵盖协同供应链、协同研发、协同生产、智能服务、智能管控、资源共享、生态服务等制造全产业链、产品全生命周期的工业应用 App。

（3）车间云

高端电器连接装配智能车间云服务平台是贵州省某高端连接器生产企业与航天云网、西门子联合打造的打通全价值链业务流和数据流的云制造示范车间。该企业的产品具有多品种、小批量、定制化的特点，且暂无统一平台架构的设计工艺系统支撑，跨事业部以及与客户／供应商的协同效率低；缺乏有效的计划管理手段，资源调度不合理；外协外购配套关系复杂，无有效的产业链上下游企业的协同手段；对设备、质量、生产、运营等大数据的分析利用程度较低。

针对上述痛点，该企业建设了高端电器连接装配智能车间云服务平台，为企业提供涵盖个性化定制、协同研发、协同采购、智能生产、智能营销和智能服务等方面的一体化解决方案。该平台主要包括以下特点。

在新智能感知／接入／通信方面，通过智能制造装备、车间互联互通网络架构和信息模型的建设，借助智能传感器、RFID 等工具，该企业实现产品的混线生产及柔性生产；通过工业智能网关，该企业将设备、产线、企业数据实时上传至云平台。

在新智能制造云服务应用方面，该企业建设研发、生产、经营管理、服

度。三一集团旗下的"根云"平台和筷云信息科技等互联网企业，依托自己在软件和云平台的供应积累，为第三方企业提供工业互联网应用解决方案。

在机器人产业方面，近年来，随着用工成本压力的持续上升，珠三角地区制造企业倾向于通过加快机器换人的步伐减少人力资源投入，广州、深圳等地逐步强化工业机器人全产业链部署。总体来看，珠三角地区的机器人产业结构与外部环境已经相对成熟，机器人核心技术研发、本体生产、系统集成、场景应用等要素发展稳定。珠三角地区机器人企业发挥自身创新技术优势，通过与系统集成商和用户企业合作，不断加深工业机器人解决方案与实际业务场景的融合程度，为客户企业实现降本增效与转型升级发展提供了有力支撑。

（3）京津冀地区

京津冀是中国的"首都经济圈"，是我国区域整体协同发展改革引领区，北京市是全国科技创新中心，天津市是全国先进制造研发基地，河北省是全国现代商贸物流重要基地、产业转型升级试验区。因此，京津冀地区在全国范围内拥有综合的发展工业互联网、促进传统产业数字化转型升级的能力。

在工业互联网方面，北京市建设了工业互联网标识解析国家顶级节点，并支持航空航天、汽车、石油化工、生物医药、高端装备、都市产业、信息电子等重点领域改造企业内网，同时促进5G技术与工业互联网深度融合；天津市计划到2023年年底工业互联网对制造业的引领带动效应更加显著，基本建成国内领先的工业互联网创新发展示范区；河北省加速发展以"大智移云"为重点的基础设施建设和网络信息产业，建设京津冀国家级产业集群，推进"云上河北"等工程建设。

在机器人产业方面，京津冀地区在软件服务、人工智能等方面的综合实力较强，创新企业及科研机构围绕新一代信息技术展开重点攻关，不断推动机器学习、计算机视觉和语音语义理解等人工智能核心技术在机器人领域的商业化落地应用。科技领军企业和"独角兽"企业纷纷投资布局智能机器人产业，加速向商业、金融、医疗等领域快速渗透，智能机器人产业融合发展生态正在形成。北京市把握以人工智能为代表的新一代信息技术大规模商用开发与产业落地时代浪潮，重点推动智能机器人产品研发与创意设计；天津市基于当地汽车制造、电子信息产业、新能源装备等制造业发展基础，重点突破机器人核心零部件研制与行业应用标志性机器人产品；河北省在工业机器人系统集成与特种机器人领域具有一定的影响力，依托区域内工业机器人龙头企业和各类机器人产业园区与创新基地，开展特色化产业布局与生态构建。

珠三角地区、长三角地区作为我国制造业的核心区，在推动智能制造方面担当主角，形成了具有领先优势的智能制造产业集群。长三角地区以江苏省、上海市和浙江省为核心区域，目前这 3 个省市依据各自的产业和科技基础优势培育了一批工业互联网和智能制造装备产业集群，随着《长江三角洲区域一体化发展规划纲要》的印发，长三角地区将成为全国发展强劲活跃增长极、全国高质量发展样板区、区域一体化发展示范区。珠三角地区的智能制造产业已在人力资源、科技、资本等生产要素市场、产业配套能力和政策支撑等方面具备较为雄厚的基础，初步显现出智能制造产业集聚发展的特征。京津冀地区作为北方的主要经济区域，发展最好、现代化程度最高，已经培育出一批智能装备、创新平台、数字化车间和智能工厂等数字化应用示范，成为引领北方数字经济发展的重要战略基地。

三、我国制造业数字化转型发展展望

（一）我国制造业数字化转型发展特点

当前，制造业加速数字化转型，向数字化、网络化、云化、智能化方向发展，我国制造业数字化转型呈现 3 个主要特点。

一是新一代人工智能技术、新信息通信技术、新互联网技术等与先进制造技术深度融合，推进制造业迈向"智能＋"新阶段。新一代人工智能技术正在加速发展，逐步成为新一代通用技术，并迅速渗透到智能制造领域，迅速推动产品设计、生产管控、制造服务等向数字化、网络化、云化、智能化转型升级。随着互联网基础设施建设的逐步完善，移动互联网快速发展，5G 技术、网络应用出现了爆发式增长，物联网技术的规模化应用，带来了海量的工业大数据的采集和接入，工业云平台的计算框架和计算能力的提升，以及深度学习、神经网络算法、人机交互等技术在工业图像检测、工业设备故障预测等方面的应用创新，促使智能制造进入"智能 +"的发展阶段。

二是中国特色工业互联网加速发展，呈现平台多领域拓展、体系全方位构建、生态多层次推进等特征。各类企业积极部署和应用计算机相关新技术，快速升级工业互联网平台。例如，航天科工航天云网的 INDICS 平台应用实践深度学习、机器学习、云计算、边缘计算、容器技术等新技术，在平台的功能架构上部署人工智能引擎、大数据引擎、微服务引擎等新功能模块，构建能够服务于智能制造全系统、全生命周期的云端 / 云边缘融合的工业云平台。再如，华为 IoT 云平台通过对接入云端的数据进行实时处理（收集、清洗），并结合聚类分析、相关性分析等方法，从集中云获得数据分析模型 / 决策算法，完成数据实时分析，对工业生产做出实时响应。再如，阿里巴巴的 ET 工业大脑云平台通过将企业的数据接入平台，应用云平台的大数据计算分析挖掘，为企业达到生产流程优化、降低生产损耗等目的。

三是面向智能制造系统的新型智能硬件、智能软件、核心工业机理模型等快速发展研发和实践应用。智能工业传感器、智能工业机器人、算法及工业机理模型等产业化方面取得了可喜的成绩。在智能工业传感器领域，围绕集成化、微型化涌现了多功能、多类别的智能传感器，例如，汇顶科技的指纹传感器、昆仑海岸的力传感器和海康威视的智能摄像传感器等。在智能工业机器人领域，我国正在不断突破技术瓶颈，加速产业化进程，市场规模逐渐扩大，例如，新松机器人研制蛇形臂机器人。在算法及工业机理模型领域，随着深度学习、强化学习等技术的应用突破，算法及工业机理模型的创新加速发展，促进工业服务能力不断增强，分析结果智能化水平不断提升。

（二）我国制造业数字化转型发展趋势

全球正在由工业经济向数字经济转型过渡，制造业正在并将长期处于数字化转型发展的历史阶段，沿着数字化、网络化、智能化阶段不断跃升。

一是基于智能芯片的智能产品、边缘计算设备产业快速发展。人工智能芯片应用在端设备上的开发和部署逐渐发展起来，在边缘阶段的执行推断，解决了时延、宽带限制和隐私问题。在未来，基于专用人工智能芯片并具有快速执行推断计算及低功耗、低成本的边缘终端设备将会应用于越来越多的人工智能场景。例如，基于专用人工智能芯片研发的智能手机、智能摄像头、智能机器人、无人机及各类智能物联网设备、边缘计算设备等智能产品。

二是智能制造公共服务平台快速发展及智能化升级。新一代人工智能技术引领下的智能制造云平台构建及云边协同融合创新模式将加速智能制造公共服务平台的智能化发展。基于人工智能专用芯片实现深度神经网络训练和推理、运行，构建面向应用场景的制造工业机理模型，可以更高效、更精准地提供预测、诊断等智能制造服务。

三是以 5G 技术为代表的新信息通信技术赋能工业互联网创新发展。5G技术将成为工业互联网平台设备接入和数据传输的主流架构，同时，5G 标准将会引入面向物联网的海量机器类通信和超可靠低时延技术，实现企业内大范围覆盖，并保障工业现场数据的实时性和稳定性，实现产业链上各个环节的深度互联和数据畅通。以"5G + 工业互联网"为核心的创新融合，将会把制造业的数字化转型和智能化升级推进得更深入、更全面，也将成为我国制造业高质量发展的强劲动力。

四是"AI + 云计算 + 边缘计算"的新型融合架构将催生从云制造延伸并拓展到云边协同制造模式。边缘计算解决云计算在边缘资源中应用的问题，对实时数据进行快速处理与分析，同时将预处理后的数据汇到云端，云计算解决云端大数据分析与挖掘、算法模型构建和训练，并对边缘侧的应用模型进行更新和迭代，实现云计算与边缘技术融合的云边协同。云端处理主要强调精度、处理能力、内存容量和带宽，完成大规模分布式模型训练等；边缘侧处理主要关注响应时间、成本、功耗和隐私安全，完成跨设备协同、安全和隐私保护等。

编写单位：航天云网科技发展有限责任公司　中国信息通信研究院

作者：刘　阳　张伟东

新冠肺炎疫情加速了数字技术向垂直行业的结合，为包括房地产开发、交易、装修等居住服务业注入新动能。可以预见，以服务者的职业化为支撑，以数字化转型、智能化手段为基础，通过对居住服务业和居住方式进行全面升级，中国将迎来服务效率提升、消费者体验改善的新居住服务时代，更好地实现数亿户家庭对住得更好的期待。

一、以居住体验为核心的住房与家庭服务

（一）居住服务业定义

本节中的居住服务业泛指满足城镇居民购买、使用、处置、维护住房与保持居住体验的相关服务活动，涵盖住房的开发、交易、租赁、物业管理、城市更新、房屋装修、保洁搬家等住房与家庭服务。居住服务业涵盖了国家统计局《生活性服务业统计分类（2019）》中的全部居民住房服务，建筑业中的建筑装饰业及居民和家庭服务中的家用电器修理、居家保姆、居民清洁、搬家等服务，其范围远远超过国民经济行业分类中房地产行业的范畴。居住服务业定义如图4-1所示。

来源	类别	范畴
生活性服务业统计分类（2019）	居民和家庭服务	• 居民服务 — 居家保姆、托儿所、美发美容、洗浴、婚姻服务、摄影打印、居民便民服务等 • 居民用品及设备修理服务 — 汽车修理、家用电器修理、计算机和辅助设备修理、手机修理与售后服务 • 其他居民和家庭服务 — 居民清洁、搬家、居民安全保护、居民宠物服务等其他居民和家庭服务
	居民住房服务	• 居民房地产经营开发服务 • 居民物业管理服务 • 房屋中介服务 • 房屋租赁服务 • 长租公寓租赁服务 • 其他居民住房服务
国民经济行业分类（2017）	房地产	• 房地产开发经营 • 物业管理 • 房地产中介服务 • 房地产租赁经营 • 其他房地产业 — 住房公积金缴存、提取、贷款服务；房地产交易与权属登记管理服务；房屋信息核验服务；房地产交易资金管理服务等房地产业活动
	建筑业	• 建筑装饰、装修和其他建筑业 — 建筑装饰和装修业（住宅装饰和装修）

居住服务业范畴

增量市场
- 开发：投资策划 / 土地获取 / 房屋建设
- 交易：新房销售

存量市场
- 交易流通：二手交易 | 房屋租赁 / 房屋评估
- 资产运营：房屋托管 / 物业管理 / 住宅更新
- 家庭服务：家庭装修 | 保洁 / 搬家 | 维修

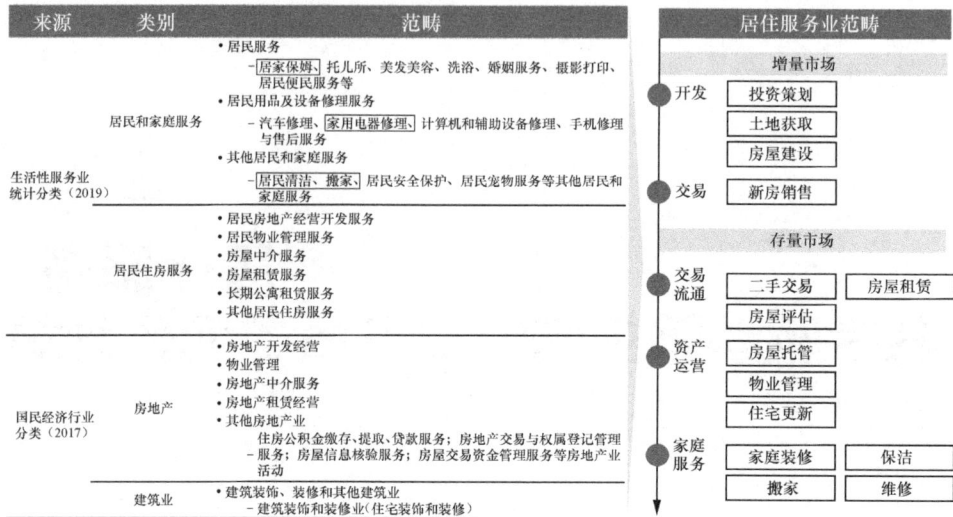

资料来源：国家统计局，贝壳研究院

图 4-1　居住服务业定义

（二）居住服务业特征

居住服务以社区为核心，以信任为基础，是构建智慧城市的最小单元。居住服务围绕家庭生活的社区空间展开，包括住房内外的物理空间，居住服务介入了家庭最隐秘的生活"领地"，因此需要以强大的信任为基础。同时，依托社区，居住空间和居住服务的数字化构建了智慧城市、城市孪生建设的最小数字化单元。

居住数字空间本质是居住空间的数字化。以物联网、大数据、人工智能、AR/VR 等数字技术群为基础，实现对房屋、社区等居住空间全景、全量、全生命周期信息与数据的采集、清洗、存储及应用，使居住空间在线上可知、可感、可用。

居住数字空间由物理层、数据层、技术层和应用层构成。其中，物理层是家庭居住生活的活动空间，包括住宅、楼宇建筑物、社区所构建的物理空间；数据层则是数字空间的关键要素，由可简单测量的浅层数据、难以视觉观测的深度数据及人与空间的交互数据构成；技术层需要解决数据采集（硬件采集设备）、空间建模（3D 模型、空间渲染）及人工智能结合的深度学习。应用层则是基于数据与技术在设计、建造、营销、交易及生活多场景的智能化应用，例如，智能混合建模设计、智能推荐、智能交互等。居住数字空间架构如图 4-2 所示。

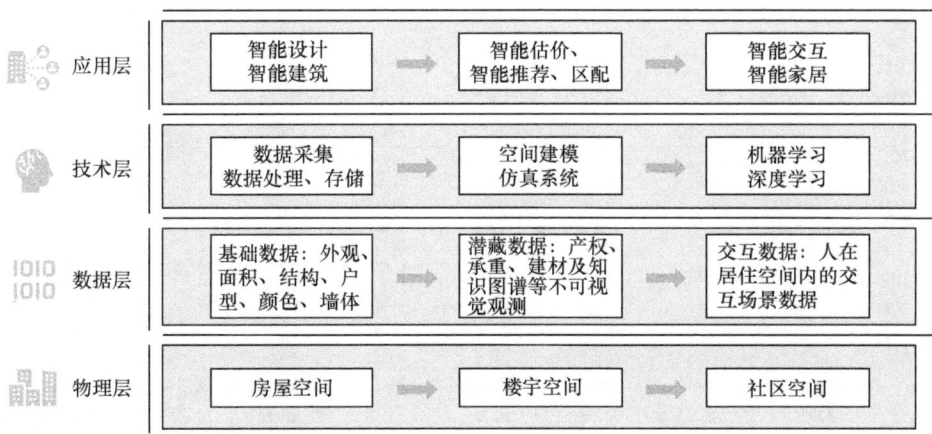

应用层	智能设计 智能建筑	→	智能估价、 智能推荐、区配	→	智能交互 智能家居
技术层	数据采集 数据处理、存储	→	空间建模 仿真系统	→	机器学习 深度学习
数据层	基础数据：外观、 面积、结构、户 型、颜色、墙体	→	潜藏数据：产权、 承重、建材及知 识图谱等不可视 觉观测	→	交互数据：人在 居住空间内的交 互场景数据
物理层	房屋空间	→	楼宇空间	→	社区空间

资料来源：贝壳研究院

图 4-2　居住数字空间架构

居住服务业具有显著的本地化、重线下、流程复杂、服务周期长的特征。 例如，物业服务涵盖了社区日常安保、绿化、保洁、维修等事宜，繁杂琐碎，大量的工作需要通过线下沟通、实地操作来完成。房地产交易涉及数十个交易环节，涵盖房源委托、产权核验、线下带看、协商、签约、贷款等，其中大量环节依然需要在线下展开。

以上特征导致了居住服务业格局高度分散、法人机构规模小、个体经营占比高。 例如，以管理面积衡量，物业管理服务行业排名前 10 名的物业公司集中度仅有 10.35%[1]。从小微企业[2]数量占比看，除房地产开发，在居住

1　数据来源：克而瑞《2020 年中国物业服务企业管理规模榜 TOP100》。
2　根据国家统计局《大中小微型企业划分办法（2017）》，房地产经纪、家政服务等家庭服务业属于其他未列明行业，企业人数 10 人以下为微型企业，11 ～ 100 人为小型企业；物业管理企业人数100 人以下、年营业收入 500 万元以下属于微型企业，101 ～ 300 人、年营业收入 500 万～ 1000 万元属于小型企业；房地产开发年营业收入 100 万元以下、资产总额 2000 万元以下属于微型企业，年营业收入 100 万～ 1000 万元、资产总额 2000 万～ 5000 万元属于小型企业。

服务业法人机构中，小微企业占比均在 90% 以上，特别是房地产中介服务、维修行业及装修行业，小微企业占比超 95% 以上。2013 年居住服务业小微企业数量占比如图 4-3 所示。

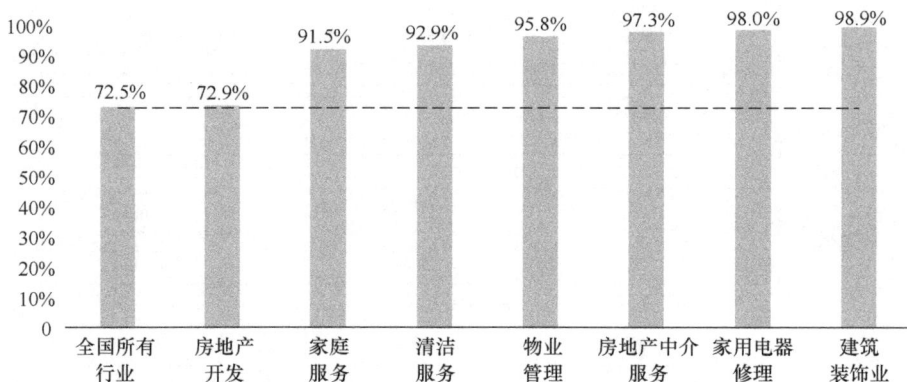

数据来源：国家统计局第 3 次经济普查，贝壳研究院整理

图 4-3 2013 年居住服务业小微企业数量占比

二、居住服务业数字化发展情况

（一）居住服务业数字化发展历程

中国居住服务业市场化起步晚，数字化历程自 2000 年前后开始计算仅有二十多年。我们将居住服务业的数字化划分为信息化、互联网化、移动化和智能化 4 个阶段。

具体来看，信息化时期主要通过系统 / 设备对线下信息进行采集、记录和本地存储，通过 ERP 等系统实现信息流在企业范围内的流通与人员管理；互联网时期借助门户网站实现内存储信息在不同终端、不同人群中的互联；移动化强调了借助移动互联网技术，消费者与服务者行为数据留痕，可建立数据分析和初步加工的能力；智能化时期，突破以往数据"应用孤岛"的局限，实现数据信息的综合分析和场景的智能应用。

另外，居住服务业内部细分行业的数字化进程不同步，数字化水平差异显著。房地产交易服务业数字化距离消费者更近，数字化应用相对更深入。我们将把房地产交易、房地产开发及家装作为重点，回顾居住服务业20年的发展历程。

1. 居住交易服务数字化发展历程

20世纪90年代末至21世纪初，房地产交易服务信息化滞后启动，带来房源信息存储和管理的变革。1998年福利分房结束后，正式拉开中国居住服务行业发展的帷幕。2000年年初，国内规模化连锁房产经纪公司先后开启企业内部的信息化进程。2001年我爱我家在行业内首次应用了ERP系统，标志着房源率先开启信息化。成立于2002年的房友，作为国内早期房产中介软件供应商，相继推出中介业务管理软件（2002年）、售楼管理软件（2005年）、中介薪资管理软件（2007年）。居住交易服务数字化历程如图4-4所示。

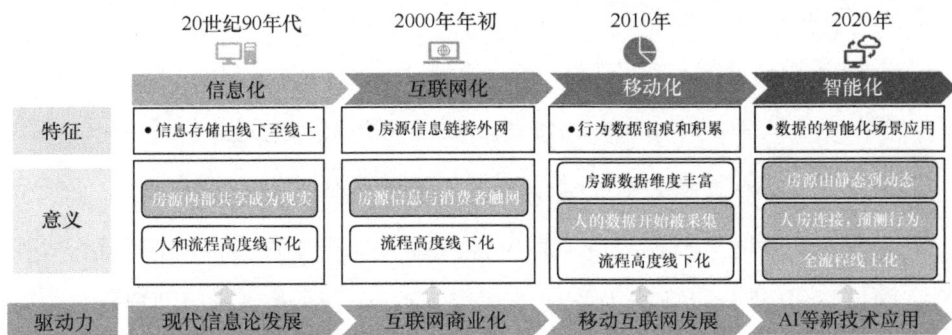

资料来源：贝壳研究院整理

图4-4　居住交易服务数字化历程

ERP等信息化建设使本地房源信息由线下存储转移至线上，房源在公司内部共享成为现实。但受带宽等通信基础设施能力的限制，此时期存在信息更新慢、不同终端同步慢及流通成本较高等问题，甚至同一城市的门店必须等到夜晚才能错峰交互房源信息。另外，**中国房地产交易服务信息化渗透速度慢**，在相当长的时间内，具有一定规模的连锁企业能承担高昂的信息化建设成本，而众多数量的小型服务企业作业方式承受不起高昂的成本，依然选择线下存储房源信息。

与信息化几乎同步，互联网化实现消费者触网，引发营销革命。经济增长、人口流动带来住房需求的快速增长，北京、上海、广州等城市的房屋交易量迅速活跃。1999—2018年北京二手房交易量变化趋势如图4-5所示。

单位/万套

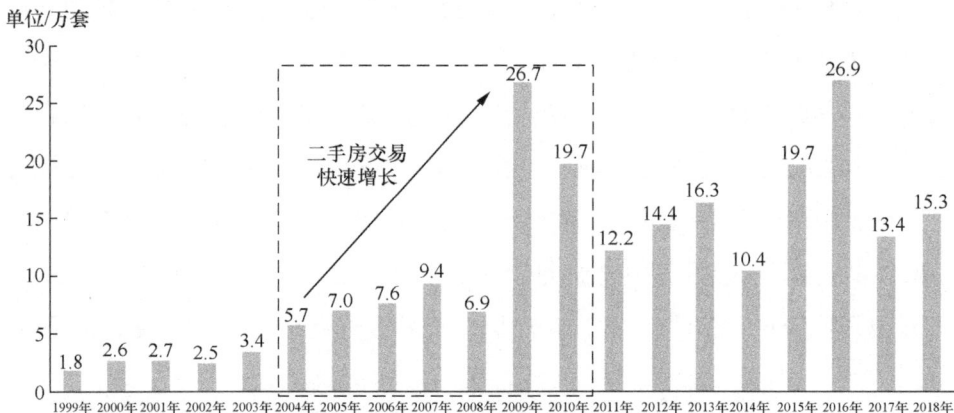

数据来源：2005年、2015年、2020年《北京市房地产统计年鉴》

图4-5　1999—2018年北京二手房交易量变化趋势

此时二手房交易服务仍处于吃差价、作业不规范的时期，行业早期领军者我爱我家、顺驰早已意识到互联网的重要性，于1998年率先搭建公司品牌官网。1999年，以新房为阵地的焦点、搜房先后建立房产门户网站。以2003年非典时期搜房帮上线为里程碑，购房者大规模触网，这标志着二手房源全面开启互联网化。

互联网化也引发了房产交易营销革命，房源信息由纸媒广告、小贴条转变为在线网络广告。房源发布、房源搜寻和初级匹配逐渐由线下转向线上，进而推动房源营销流程的变革，消费者的消费行为逐渐向线上迁移。这时期的房源信息逐渐由简单的文本信息发展至图文形式的信息，但在中国市场，在线房源信息长期存在不全面、更新慢、虚假房源等问题。

　　2010 年后，房地产交易快速进入移动互联网时代，推动消费者行为数据积累，数据维度更全面。以 2014 年爱屋吉屋、链家网上线及搜房网转型线下为里程碑，线上线下流程接驳的线上到线下（Online to Offline，O2O）模式走上历史舞台，推动消费者、服务者及房源的数据化积累和初步应用。移动化时期的交易流程数字化程度如图 4-6 所示。

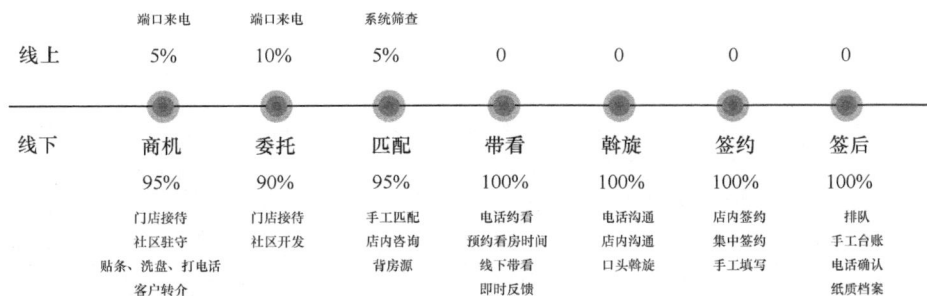

线上	端口来电 5%	端口来电 10%	系统筛查 5%	0	0	0	0
线下	**商机** 95% 门店接待 社区驻守 贴条、洗盘、打电话 客户转介	**委托** 90% 门店接待 社区开发	**匹配** 95% 手工匹配 店内咨询 背房源	**带看** 100% 电话约看 预约看房时间 线下带看 即时反馈	**斡旋** 100% 电话沟通 店内沟通 口头斡旋	**签约** 100% 店内签约 集中签约 手工填写	**签后** 100% 排队 手工台账 电话确认 纸质档案

数据来源：贝壳研究院

图 4-6　移动化时期的交易流程数字化程度

　　这一时期房源和个人的数据相比个人计算机（Personal Computer，PC）时代有了量级提升，表现为以下两个方面。第一，房源信息采集方式多元，房源信息维度、颗粒度远远超过 PC 时代。房源信息除了基础面积、房价和图片，往往匹配周边学区、社区、历史交易、政务等大数据信息，而国内楼盘字典在行业首次以超 400 个数据重新定义房源的信息标准。第二，消费者与经纪人的行为数据被移动设备广泛记录，进入消费者与服务者的数据化时代。消费者与经纪人数据模型初步建立，并基于数据形成洞察，反哺业务。

　　但此时期线上力量 O2O 模式并没有大幅提升中介行业的作业效率，也未改变作业及签约后流程的"高度线下"特征，因为房产作为大宗非标准化产品，最大的交易障碍就是安全和信任问题，面对面的交流、实地体验、签后服务是仅凭技术无法替代的。

　　2018 年后，房产交易逐步迈进智能化时期，实现流程全面线上化与自

动化。2018 年 4 月，从链家网 O2O 模式转型而来的贝壳找房成立，开放其积累的大量数据能力，而以线上力量为代表的 O2O 模式却偃旗息鼓：房天下线下经纪业务停滞，2019 年 2 月爱屋吉屋网站正式关闭，退出历史舞台。以 VR 房源、线上贷款签约和 AI 虚拟客服上线为里程碑，标志国内居住服务进入签约后流程的线上化及智能化应用阶段。这时期的主要特征是 VR、AI 等综合数字技术在垂直领域的多场景应用，重构交易流程，并具备多方协作的能力。智能化时代流程的改造如图 4-7 所示。

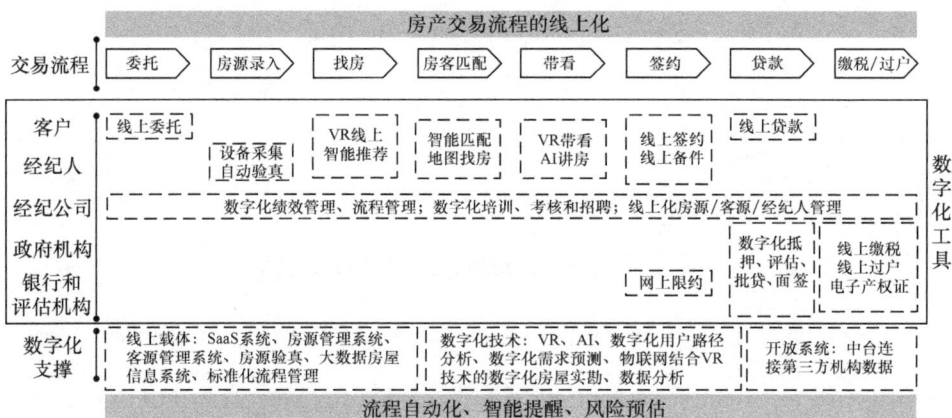

资料来源：贝壳研究院整理

图 4-7　智能化时代流程的改造

2. 房地产开发数字化发展历程

受益于城市化进程带来的红利，住宅开发行业经历了长达十几年的量价齐涨的"黄金时代"，开发商因此缺乏数字化转型动力。但近年来，随着供需关系的变化，一些新的挑战开始出现。

第一，行业竞争激烈，整体利润水平下滑。传统的以资源为导向和快周转模式无法带来稳定的利润。企业通过精细化运营降本增效，成为行业新的能力要求。

第二，产业价值链从增量开发向存量运营转移。存量资产运营价值日益凸显，既带来了新的增长点，又对企业的运营能力提出了新的要求。

房地产行业的数字化进程起步较晚，其数字化转型历程同样分为信息化、互联网化、移动化 3 个阶段，现正在迈向智能化。

21 世纪初，房地产开发开启信息化。21 世纪初，房企普遍启动内部管理信息化建设，用于满足日渐壮大的共识管理需求。近些年，这一系统不断完善。目前，大部分头部房企已经完成了以 ERP 为核心的 IT 基础设施建设，信息化基础相对成熟。

内部管理的信息化包括人力、财务、办公自动化（Office Automation，OA）等后台管理模块，以及以项目、供应链管理为核心的业务管理模块，两者相互协同，共同实现内部管理的标准化，从而提升企业经营管理水平。

2008 年以后，新房营销互联网化应用逐步常态化。房地产行业的互联网化应用场景主要体现在房屋营销环节。21 世纪的第一个 10 年，房地产销售主要依赖线下获客。2008 年后，房地产电商逐渐兴盛，各大互联网平台均开辟了电商通道，房天下、乐居等专业服务平台也借机迅速壮大。同时，一些房企开始构建自身的线上销售渠道。

2010 年以后，房地产开发加快进入移动化。随着移动互联网的快速发展，销售渠道逐渐转移到移动端，通过 App、小程序支撑线上开盘等场景，已运用至今。2020 年新冠肺炎疫情期间，线上营销支撑了企业的一部分销售。

房地产开发缓慢进入部分智能化时期。当前，虽然大型房企普遍开发了针对 C 端客户的 App、小程序等，可实现对银行、经纪人等外部服务系统的部分对接，但交易流程无法在开发商内部系统完成闭环，且效果也较为有限。目前，仅有少数新房开发企业在成本、设计、建设等方面应用智能化系统，对工程建设实施节点性管控，目的在成本、建设、投拓、营销等环节实现科学管理，降低人为决策带来的失误率，提高管理和运营效率。但传统房地产的开发流程并不具备严格的"标准化"特征，这也决定了其在营销等领域的智能化应用仍然不足。

总体来看，传统房地产开发的数字化之路起步较晚，整个行业的数字化水平并不高，数字化环节仍集中在营销环节的移动化、互联网化，离全流程线上化、智能化尚有距离。

3. 家装行业数字化发展历程

家装行业供应链长，业务非标准，且涉及设计、建材采购、施工、交付等多个流程，数字化进程艰难，"数据孤岛"、环节脱离依然存在，具体问题如下。

20 世纪 90 年代末至 2005 年，家装行业进入信息化建设期，起步晚、渗透慢。房改前，散兵游勇的装饰游击队居多；房改后，以金螳螂、亚厦、广田为代表的中小装饰公司大量出现，但以传统手工作业为主，直至 20 世纪 90 年代后期，计算机辅助设计（Computer Aided Design，CAD）才得以应用。

2005—2013 年，家装行业进入互联网化时期，消费者获取家装公司信息向线上迁移。此时期，建材团购兴起，以篱笆网、齐家网为代表的互联网家装平台出现，中小型装修公司也开始寻找契机去线上平台获取流量。但由于线上信息平台自身价值的局限性，并未带动整个产业走向数字化转型。

2014—2019 年，互联网家装 O2O 模式兴起，家装软件类公司获得成长空间，出现规模企业上市潮。一方面，以酷家乐、三维家、打扮家为代表的设计软件类企业纷纷成立，并带动了行业的设计环节向数字化前进了一步。另一方面，以索菲亚、欧派为代表的全屋定制崛起，家居建材产业迎来上市潮，而互联网家装通过与设计软件企业合作推动企业数字化，但由于缺乏技术内核，效率提升有限，多数互联网家装企业倒闭退场。

2020 年，家装产业开始进入智能化时期。从技术创新切入市场需求的企业，在这一阶段更加注重从细分领域和细分环节上对传统链条的痛点进行改变，例如基于楼盘字典的 AI 三维设计效果服务等。

（二）居住服务业数字化的国际比较

中国居住服务业市场化起步晚，行业数字化进程起步更晚。以房地产交易服务为例，20 世纪 70 ～ 80 年代，随着集成电路技术的发展、微型机和第二代信息存储技术的发展，发达国家以制造业企业为首，率先开启企业内部信息化建设，英国、美国的房地产交易服务等居住服务业随后也卷入信息化浪潮。典型代表是英国大型房地产中介公司 Country Wide 于 20 世纪 90 年代通过加盟模式向加盟伙伴提供 IT 系统服务。同期，中国住房制度改革才刚刚开始，行业尚未真正市场化，直至 1998 年福利分房结束才正式拉开中国居住服务业发展的帷幕。这也就意味着中国居住服务业的发展起点落后于欧美国家 20 ～ 30 年。

20 世纪 90 年代，互联网商业化引发全球范围内以浏览器、门户网站和电子商务等 PC 应用为代表的第一次互联网创业浪潮。1994 年，美国已经出现线上房源列表和房源广告，同期多重上市服务（Multiple Listing Service，MLS）系统开始联网；1999 年，MOVE 门户网站诞生，消费者可一次性地广泛触及房源信息；之后 Zillow、Trulia 等公司诞生。反观国内，相应的变革出现在 2000 年年初，先后在新房、二手房上实现房屋营销的线上化。

2004 年成立的美国房产经纪公司 REDFIN 于 2009 年推出基于位置的服务（Location Based Service，LBS），大力推广电子商务模式，试图颠覆美国房地产经纪的服务模式，拉开美国居住服务互联网化的下半场序幕。中国本土地区的房地产交易服务在 2014 年以后，随着移动互联网发展，进入 O2O 模式并快速发展，与发达国家的差距缩小至 10 年以内。

随着近年我国数字经济的快速发展，数字技术逐步成熟，数字化落地垂直领域应用速度在加快，与发达国家技术差距进一步缩小。2015 年以后，数字技术在美国居住服务领域深入应用，Compass、Opendoor 等房产科技公司诞生，多方在线合作、电子签名、虚拟办公等数字化工具逐渐应用，美国居住领域加速进入智能化初级阶段。同期，中国房产居住服务业也探索出一条全新的发展路径，进入智能化时期，国内产业互联网平台已经具备国际领先水准，例如，贝壳找房已经具备全球领先的 VR 算法和采集能力，并向日本上市房产科技公司 GA 出口该项技术。中美居住交易服务数字化历程对比如图 4-8 所示。

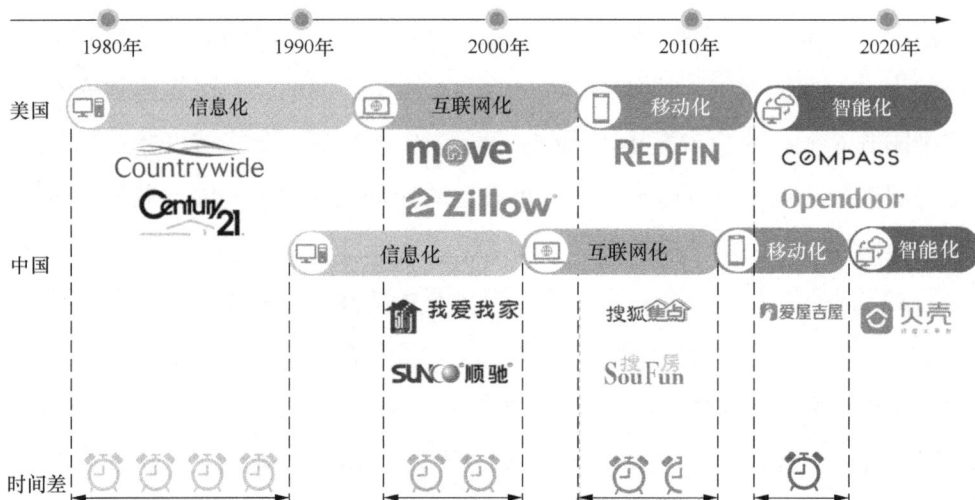

资料来源：公开资料，贝壳研究院整理

图 4-8　中美居住交易服务数字化历程对比

（三）居住服务业数字化加速转型动力

供需关系、行业竞争、技术与竞争等多种因素共同驱动了居住服务业加速迈向数字化转型。首先，新型、品质、个性、数字、体验消费的崛起，使数字化转型成为响应需求的最佳媒介；其次，从竞争来看，供给效率、成本与创新遭遇瓶颈，数字化手段牵引服务者改造，缩小职业能力方差，提升服务效率；再次，数字技术的进步推动数字技术应用门槛和成本更低；最后，在政策方面，数字化战略从信息化向智能化转变，数据要素流动、产业融合政策环境更加友好。

1. 住房供需变化推动居住服务业向数字化进化

我国告别房屋总量短缺后，供需整体平衡，房屋回归居住属性，专业、品质、多元的服务需求亟待被满足。一方面，2019 年，人均居住面积近 40

平方米[1]，住宅短缺成为历史，供需总量平衡，这使房屋成交周期拉长，消费者更期待专业化服务。另一方面，伴随着 Z 时代[2] 人群成长、新中产崛起、人口老龄化加速等因素，需求将更加多元化，人们对服务的关注点从单一居住需求向以居住为中心的多元化生活服务需求转变。

居住消费行为线上化加速，居住服务的数字化成为更高效便捷、更好体验服务的新媒介。随着线上消费常态化，消费者对线上场景服务有着更高的期待。消费者需求驱动数字空间建设加速，但居住服务信息存在密度高、低频、决策周期长等特性，而传统空间信息单一、静态或缺乏互动，不能满足消费者日益多元、互动的线上服务需求。以 VR 带看为代表的数字空间弥补了这一需求空缺。消费者需求驱动数字空间建设加速如图 4-9 所示。

数据来源：国家统计局，BCG，贝壳研究院

图 4-9　消费者需求驱动数字空间建设加速

1　数据来源：国家统计局。

2　Z 时代特指 1990—2000 年出生的人群。

2. 降本增效、提升服务品质驱动企业数字化创新

相对消费者需求的快速变化，供给侧则应变迟缓。一方面，随着人力成本上升、利润空间被压缩，中小型企业可投入研发比例受到约束，服务效率与创新遭遇瓶颈；另一方面，存量服务者职业化水平低，能力方差大，优质服务成为"稀缺品"。以房产经纪人、物业管理、家装工人等居住服务者为例，学历偏低，仅五成服务者的学历为大专以上；另外，居住服务者具有从业年限短、流动性强的特点，75% 的人是跨行业就业，需要培训、技术赋能上岗。

从行业竞争与供给看，借助数字化手段加快服务者专业能力提升，提供标准化、数字化和可视化的服务能力，降低从业者服务水平的差距，保障服务品质与稳定性。例如，目前家装行业推动 BIM[1] 系统的应用，基于高度精准的空间数据与消费者偏好数据，BIM 系统可实现 AI 的智能设计与设计方案优化建议，帮助新人设计师提升设计方案的精准度与施工的可行性。被窝家装[2] 的经验表明，BIM 系统可使设计精准率提升 90%，以量房到初步设计方案交付效率提升 83%。数字化转型提升服务者专业和业务能力示例如图 4-10 所示。

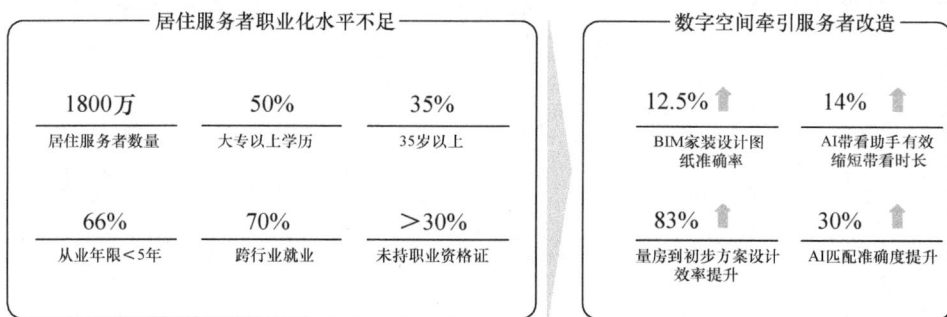

居住服务者职业化水平不足				数字空间牵引服务者改造	
1800万 居住服务者数量	**50%** 大专以上学历	**35%** 35岁以上		**12.5%** ↑ BIM家装设计图纸准确率	**14%** ↑ AI带看助手有效缩短带看时长
66% 从业年限<5年	**70%** 跨行业就业	**>30%** 未持职业资格证		**83%** ↑ 量房到初步方案设计效率提升	**30%** ↑ AI匹配准确度提升

数据来源：贝壳研究院

图 4-10　数字化转型提升服务者专业和业务能力示例

1　BIM（Building Information Model，建筑信息模型），具体是指建筑信息模型 BIM 系统以建筑工程项目的各项相关信息数据作为模型的基础，通过数字信息仿真模拟建筑物所具有的真实信息。

2　被窝家装为贝壳找房旗下的家装品牌，提供设计、施工及监督等"一站式"家装服务。

3.技术进步与规模商用成本下降加快数字化应用

数字技术进步、商业化进程加快及规模应用成本下降，使数字化转型门槛降低。一方面，随着 5G、AI、IoT、云计算等通用数字技术进步，计算运力、技术性能不断提升，技术从实验室到商业化落地周期越来越短。例如，2020 年贝壳找房·如视推出 VR 采集设备"伽罗华"，激光量房技术使空间数据采集效率和精度等性能大幅提升，实现了空间数据采集半径扩大至 10 ～ 25 米，且采集精度缩小至 20 毫米的绝对误差，100 平方米的空间仅需 20 分钟便可采集完毕。另一方面，技术规模商用成本逐步下降，降低了企业建设数字空间的成本。德勤分析，2020 年全球芯片平均价格相比 2014 年下降 70%，阿里云的存算分离解决方案使整体成本下降 30%。

4.政策鼓励，立法逐步完善

在政策层面，国家数字战略从信息化向智能化转变，立法逐步完善。2014 年"大数据"首次被写入《政府工作报告》，2017 年党的十九大报告正式明确，"数字经济"成为国家级战略。2018—2020 年，数字化方向由重点信息、科技产业向全产业数字化转变，从信息化向智能化转变。"十四五"规划再次明确提出打造数字经济新优势，培育壮大人工智能、大数据、区块链、云计算等新兴数字产业。另外，随着《中华人民共和国网络安全法》《中华人民共和国数据安全法》《中华人民共和国个人信息保护法》的生效施行，立法逐步完善，产业运行有法可依。政策与立法的完善为产业数字基础设施提供了有利的运行规则和环境。

三、居住服务业产业数字化转型挑战

企业数字化转型的实践面临诸多挑战，包括数字化认知不足或定位偏低、数据采集和清洗难度大、技术场景化应用有待深化、组织架构与服务者数字化转型困难及资金约束等问题。居住服务业企业数字化转型过程中面临的挑战如图 4-11 所示。

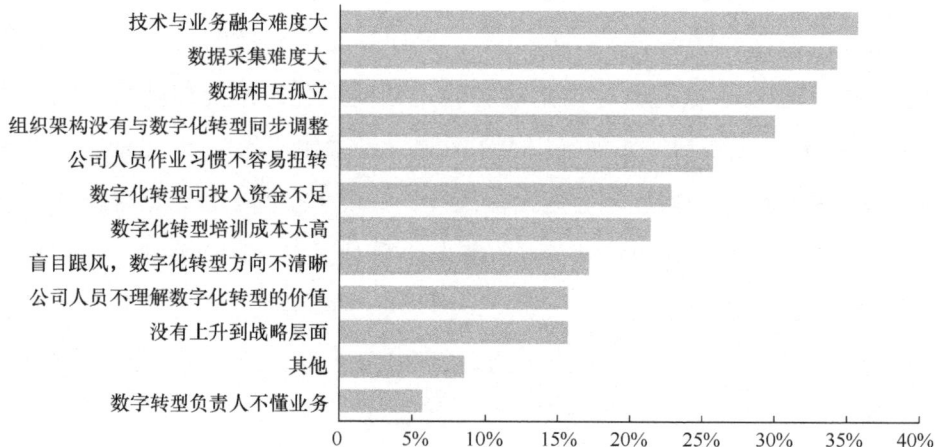

图 4-11　居住服务业企业数字化转型过程中面临的挑战

贝壳研究院与 21 世纪经济报道联合开展《居住空间数字技术应用调研》[1]，被调研企业中，认为技术与业务融合难度大的企业占比约 40%；认为数据采集难度大及数据相互孤立的企业占比超 33%；认为公司组织架构和人员调整滞后的企业占比在 25% ~ 30%；其他如资金约束，占比约 24%。

（一）数字化认知不足或战略定位偏低

当下，中国大量中小企业数字化转型陷入"不敢转、不会转、转不动、转不好"的困境。据调查，2019 年中国约 90% 的中小企业陷入"数字化焦虑"[2]。

大量居住服务业企业数字化意识仍不足。居住服务业企业未开展数字化转型的原因如图 4-12 所示。在未开展数字化转型的企业中，观望学习、无从开启数字化及预估数字化成本过高是阻碍企业开展数字化转型最主要的因

1　2020 年 3 月 22 日~4 月 2 日，贝壳研究院与 21 世纪经济报道联合开展《居住空间数字技术应用调研》（简称"调研"）的在线问卷调研。调研对象为房地产开发、新房代理、房产经纪公司、物业管理、家装、家居及家庭服务（涵盖家政、搬家、维修）公司中高层或数字化负责人。

2　数据来源：中国互联网络信息中心 2019 年调查。

素，分别占比 60%、35%、21%。可见，尽管新冠肺炎疫情加速了产业数字化进程，但大量中小型企业的数字化意识在短期内仍难以扭转，更难以转化为战略行动，因此仍需进一步拥抱数字化转型。

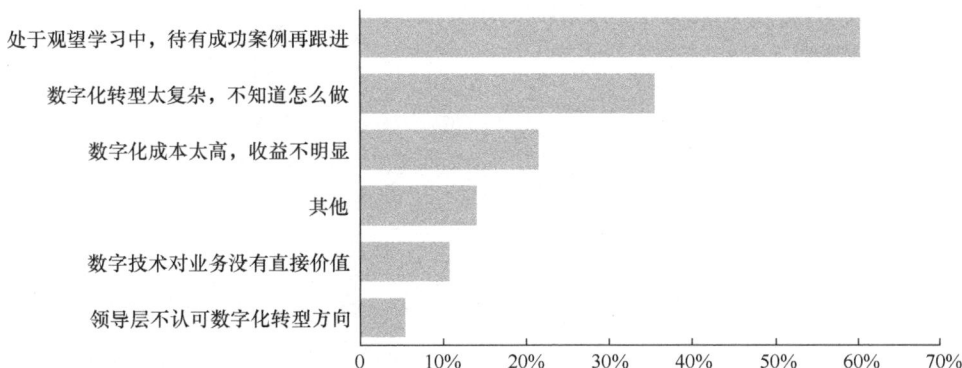

数据来源：21 世纪经济报道、贝壳研究院

图 4-12　居住服务业企业未开展数字化转型的原因

居住服务业企业数字化转型意识不足或战略地位偏低，导致居住服务业的数字化转型滞后，表现为转型企业比例低、转型时间短和投入低。居住服务业数字化转型时间与投入如图 4-13 所示。首先，仅四成居住服务业企业尝试了数字化转型[1]，其中 100 人以下的中小型公司数字化转型比例更低，比例不足两成。其次，大量居住服务业企业的数字化转型仍处于起步阶段，超 90% 的企业数字化转型不足 5 年，其中约 25% 的企业开展数字化转型不足 1 年。最后，数字化转型投入力度弱，60% 的企业数字化投入占每年收入比重不足 10%。

（二）通用技术与复杂垂直应用结合难

通用技术与居住服务业应用结合存在诸多挑战。首先，在基础层方面，数据采集设备的精度、便携度及其规模应用成本仍有待进一步攻破；其次，在技术能力方面，AI、仿真系统技术的革新与迭代，需向小规模数据训练、更高阶智能

1　问卷中数字化转型为广义数字化转型，涵盖内部财务流程、办公流程、业务服务流程（如营销）及供应链管理等流程、场景的信息系统及互联网技术、智能技术的应用。

应用和更高真实度迈进；最后，应用层产品和方案需更贴近业务场景，落地场景需更丰富。

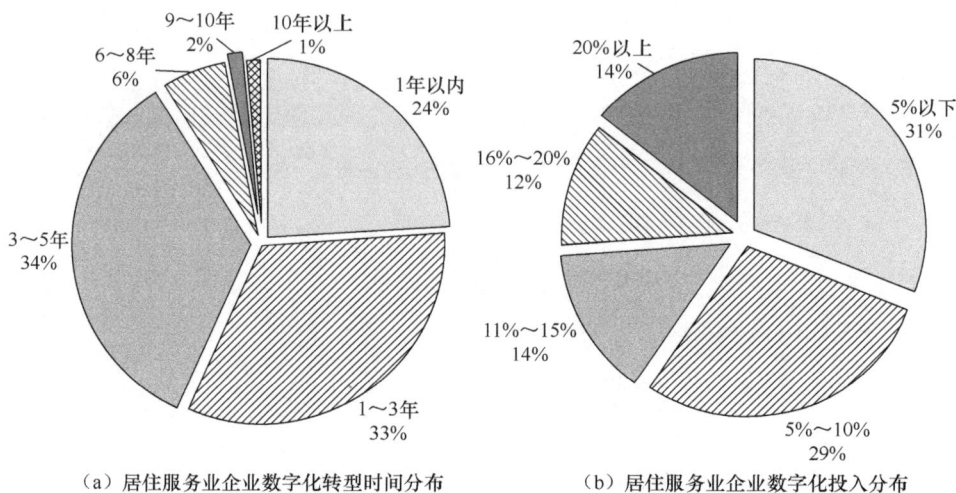

（a）居住服务业企业数字化转型时间分布　　　（b）居住服务业企业数字化投入分布

数据来源：21世纪经济报道，贝壳研究院

图 4-13　居住服务业数字化转型时间与投入

居住服务业企业数字化程度认可如图 4-14 所示，超 67% 的居住服务业公司认为其所处行业数字化程度的行业通用数据能力、技术能力显著不足。另外，受调研且开展数字化转型的企业中，超半数的企业认为其所在公司的数字化程度仅能基本满足公司的业务需求，而超 1/3 认为其所在公司的数字化程度很差，仍以传统模式运行。

以居住空间数据的采集和应用为例。居住空间数据的采集和应用依赖芯片、光模组和传感器等底层通用技术，面临底层硬件国产化与算法精准度等挑战，具体来看，包括 3D 引擎的国产化、硬件能耗占用减少、底层 AI 算法的精度。因此，居住数字空间数据采集导致业务场景落地难。知名家装家居品牌索菲亚在数字技术的应用过程中发现，普通采集硬件的精准度不高、数据量低，容易使家居在设计、制造工艺上产生严重偏差，导致安装过程中产生大量的修改和人工调整。

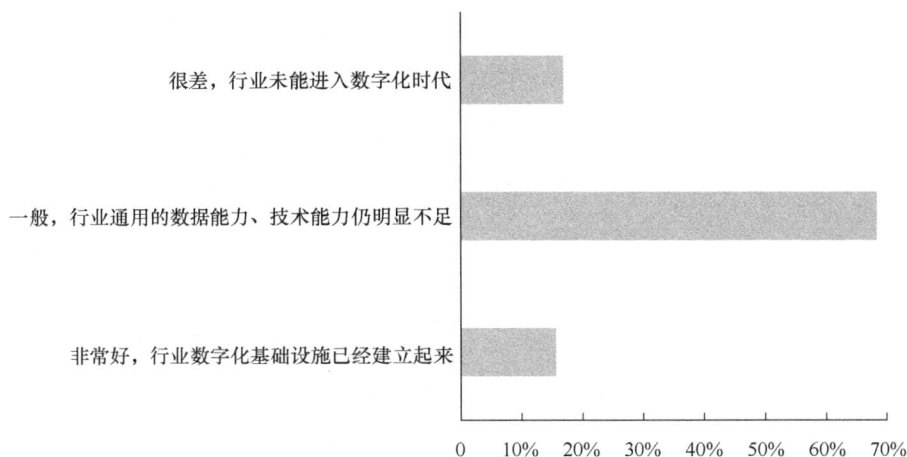

很差，行业未能进入数字化时代

一般，行业通用的数据能力、技术能力仍明显不足

非常好，行业数字化基础设施已经建立起来

0　10%　20%　30%　40%　50%　60%　70%

数据来源：21世纪经济报道，贝壳研究院

图 4-14　居住服务业企业数字化程度认可

（三）数据采集和清洗难度大

居住空间数据具有多元性、线下性、实时性、复杂性，决定了居住空间数据的采集、清洗和应用绝非易事。空间数据的复杂性表现在数据构成上。数字空间数据类型如图 4-15 所示。

行为数据跟踪
- 人与空间互动、人与人在空间内互动
- 驱动供给侧改革与产业数字化

VR带看　智慧工地

潜藏数据及其关系挖掘
- 采光、承重、材质、工艺等不可简单测量数据
- 可感或不可感数据关系图谱，奠定AI规模应用基础

AI设计　3D楼书　AI匹配

空间多维、动态数据采集
- 外观、颜色、面积、户型、高度等简单测量
- 持续迭代真房源、真实空间定义

楼盘字典　VR房源

交互数据

潜藏数据

基础数据

资料来源：贝壳研究院

图 4-15　数字空间数据类型

空间数据大致分为 3 层。第一层为基础数据，即视觉可观测、识别和简单工具测量的空间信息与数据，例如，房屋面积、高度、户型、外观、颜色等；第二层为潜藏数据，是视觉不可直接观测的信息与数据，例如，采光、承重、材质、工艺、产权、建成时间及数据之间的图谱关系等；第三层为交互数据，即人与空间、人与人在空间内的交互行为、偏好数据，满足服务向个性化、自动化等高阶智能应用转变。因此，数据采集是数字空间建设的硬骨头。

数据采集面临的挑战如图 4-16 所示，最大挑战仍是数据采集困难、高度依赖线下人工，占比近 50%；数据采集字段不全面占比 37%。因此自建数字空间难以触达规模效应阈值，面临数据采集效率和数据全面性的约束。

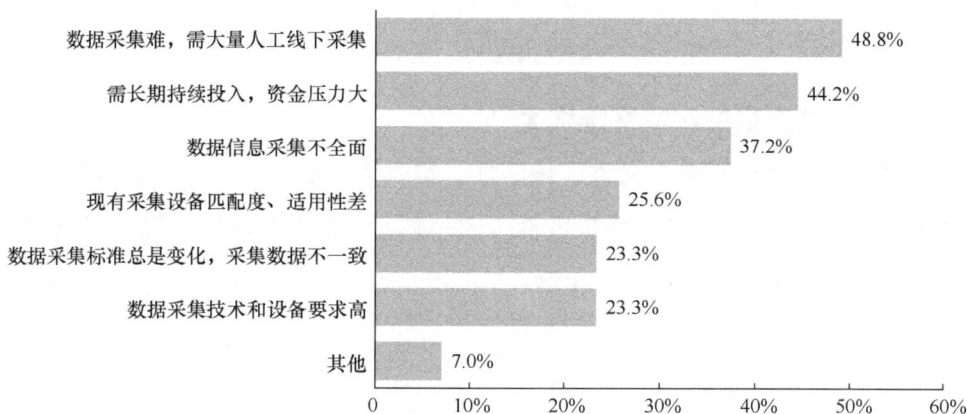

数据来源：21 世纪经济报道，贝壳研究院

图 4-16 数据采集面临的挑战

数据不合作、数据人才不足和数据难清洗制约数据价值最大化。数据整合与应用面临的挑战如图 4-17 所示。数据上下游不合作、数据人才支持不足及非结构化数据难清洗三大难题限制了数据价值的最大化。具体来看：首先，约 42% 的受访者认为由于行业缺乏通用数据采集标准，居住空间数据无法与上下游公司连接可用；其次，约 30% 的受访者认为公司数据人才不足，数据应用难以落地；最后，近 30% 的受访者认为数据非结构化，清洗难度大。

缺乏行业通用数据采集标准 ████████████████ 42%
公司数据人才不足，技术水平相对落后 ███████████ 30%
数据非结构化，清洗难度大 ██████████ 28%
数据应用场景单一，未与其他业务和场景联动 █████████ 26%
数据应用无法落地业务 █████████ 26%
通用型技术落地垂直领域技术难度大 █████████ 26%
数据规模不足，难以进行模型训练 ████████ 23%
数据存储技术和硬件要求高 ███████ 21%
其他 ██ 7%

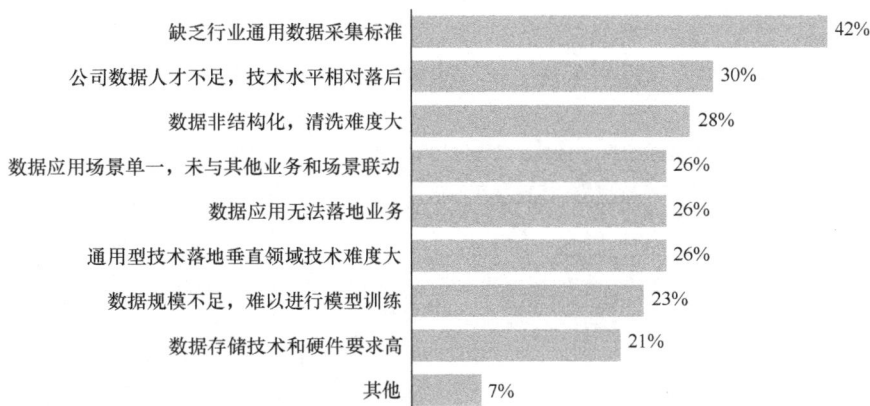

数据来源：21世纪经济报道，贝壳研究院

图4-17 数据整合与应用面临的挑战

（四）缺乏持续资金和组织架构的支持

企业数字化转型的成功离不开人才和组织架构的支撑，需要统一的组织架构和政策进行人员绩效激励和责权划分。**居住服务业企业分散的产业结构特征，也往往带来资金、人才和组织架构跟不上等问题。**

企业数字化转型不是购买一套机器设备、一个线上系统，而是一项周期长、投入大的系统性工程，涵盖硬件设施、软件系统等技术改革及组织调整、人员培训等配套制度。以夫妻店、装修工长为主要供给模式的居住服务业，容易面临资金储备不足的问题，难以支撑数字化转型持续的技术更新迭代、人才招募培训投入和组织架构的适配，导致数字化转型"转不动"。在此次调研中，约30%的居住服务业企业认为企业组织架构未与数字化转型同步调整，约25%的居住服务业企业认为资金压力较大。

（五）服务者的数字化改造难度大

全国超1800万的法人机构因居住服务从业者大龄、低学历、跨行业流动等特性制约转型效果，数字技术及工具学习和应用慢。 服务业中35岁以上的就业人员占比如图4-18所示，居住服务业中35岁以上的从业者占比整体高于金融、信息传输与软件服务业、文化娱乐服务业等从业者，具有相对"大龄"的特点。

根据贝壳研究院与益普索联合开展的调查[1]，行业整体学历水平偏低，五成居住服务业从业者为大专以下学历，其中家政服务者为大专以上学历的仅为三成。

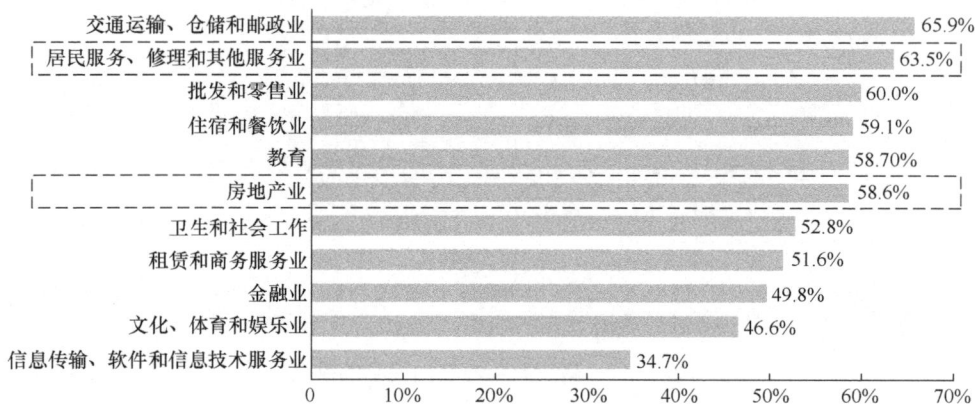

行业	占比
交通运输、仓储和邮政业	65.9%
居民服务、修理和其他服务业	63.5%
批发和零售业	60.0%
住宿和餐饮业	59.1%
教育	58.70%
房地产业	58.6%
卫生和社会工作	52.8%
租赁和商务服务业	51.6%
金融业	49.8%
文化、体育和娱乐业	46.6%
信息传输、软件和信息技术服务业	34.7%

数据来源：《中国人口和就业统计年鉴（2020）》

图 4-18　服务业中 35 岁以上的就业人员占比

除了大龄、低学历，**职业流动性强和跨行转业为主的特性使居住服务业从业者更需要培训上岗和数字工具赋能**。调研结果显示，各行业跨行从业人员占比均超五成，房地产中介、搬家、物业管理、维修行业跨行从业者占比超七成。

四、居住服务业的数字化发展展望

（一）居住数字空间认知不断推进

以全球最大的物理居住空间及居住服务市场为基础，中国拥有全球最大的潜在居住数字空间。从物理居住空间来看，2020 年中国拥有超 3 亿套、240 亿平方米的城镇居民住宅，远远超过美国 1.4 亿套、约 200 亿平方米的住宅。从居住服务市场的规模来看，2020 年，中国居住服务业[2]交易规

1　2021 年 4 月，贝壳研究院联合益普索、红旗新愿景社区文化与治理研究院开展了一项面向居住服务业从业者的职业调查，回收有效样本 10828 份，覆盖 31 个省（自治区、直辖市），278 个城市。

2　本文所定义的居住服务业涵盖住房开发、交易、租赁、物业管理、家庭装修、保洁搬家等社区服务。

模近 30 万亿元，拥有 5 个超万亿市场规模的产业群。其中，仅住宅交易规模约为 22.7 万亿元，位居全球之首。然而，中国居住数字空间的渗透率不足 20%[1]，可见，以庞大的物理居住空间和居住服务市场为支撑，中国的居住数字空间的潜在发展空间巨大。居住行业房产交易规模的国际比较如图 4-19 所示。

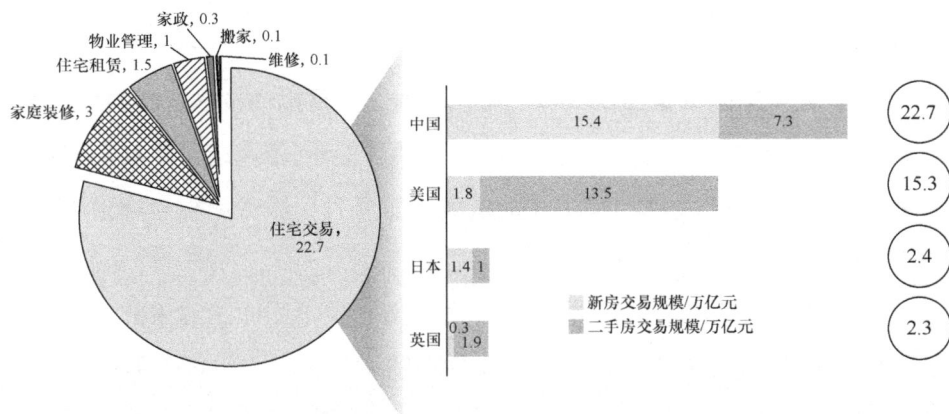

数据来源：各国官方统计机构，贝壳研究院整理

图 4-19 居住行业房产交易规模的国际比较[2]

居住数字空间是居住服务业数字化能力建设中不可或缺的一环，是产业数字化转型的新基石，有助于加快产业数字化进程。

第一，居住数字空间具有撬动产业数字化的乘数效应。空间数字化作为产业数字化的关键要素，贯穿于全部服务流程，具有激发消费者数字化、服务者数字化、流程数字化的乘数效应。具体来看，空间数据是房源智能匹配、智能设计、智能交互等服务智能化的起点；空间数据的采集、存储、应用是数据闭环能力建设中必不可少的环节。因此，产业数字化的基础环节将引发消费者与服务者、产业上下游的深刻变革与优化重组，发挥产业数字化助推

1　渗透率是指建立空间数据库的企业数量占总调研企业数量。数据来源：2020 年 3 月 22 日～4 月 2 日，贝壳研究院与《21 世纪经济报道》联合开展此次在线问卷调研。

2　日本数据为 2018 年。

器的作用。

　　第二，居住数字空间是响应消费者需求变化的新载体。数字空间是应对消费者居住服务需求变化的新载体，是服务者提供服务的"新场所"，承载着消费者对更透明、更高效、更佳体验的期待。另外，以数字空间为载体，可连接人与空间、人与人、企业与企业，乃至产业与产业的互动，实现服务方式的创新。

　　第三，数字空间既是技术具体的应用场景，又是推动技术进步的作用力。随着数字技术在数字空间的落地应用中不断解决新问题，这又将反向促进技术的进步和革新，进而推动技术在消费者、服务者、服务流程与场景中更广泛的应用。

　　可以预见，居住数字空间将为消费者打造一个不受时空约束的"第三体验空间"。在空间上，消费者可以突破物理约束，在同一空间、时间内享受多重服务，房屋买卖、装修设计、家居采购、家政服务等"一站式"轻松的数字商场体验替代原本复杂、漫长、长距离移动的线下服务体验。在时间上，消费者可跨越"信息鸿沟"，打破时间约束。

　　因此，面对居住服务业企业数字化转型中面临的技术、资金、组织和人才等问题，产业共建成为解决"数据孤岛"、加快数字空间建设的必由之路。约2/3的受访者认为，产业上下游开放、共享、共建空间数据，是解决当前数字空间建设中采集难度大、数据价值规模未被充分挖掘等难题的有效方案。具体来看，46%的受访者认为，数据开放、共享与共建能够打破产业"数据孤岛"，使数据应用场景更丰富；约42%的受访者认为，产业共建能够共享成熟技术和硬件设备，避免技术研发的重复投入；近39%的受访者认为，产业共建可让企业专注于数据业务场景应用。而超30%的受访者认可产业共建将避免数据重复采集、共担人员和运维成本及降低居住数字空间建设的资金门槛。

（二）协同政务数字化，居住服务业加速全流程线上化

随着政府政务线上化推进，居住服务业业务流程和政务流程的全流程线上化正在加速。我国"十四五"规划明确指出，通过政府运行方式和服务模式数字化、智能化，提高数字化政务服务效能，当中包括提升全流程一体化在线服务平台功能。居住服务作为最小的智慧城市单元，其中的土地招拍挂与开发、交易网签缴税过户及基础治理等，都与政务紧密相连。当前，居住服务领域内土地招拍挂、房地产交易全流程线上化进程处于领先发展阶段。

在新房开发领域，土地招拍挂线上化逐渐全国化，建筑开发政务线上化可期。2010 年左右，北京、深圳等城市率先尝试土地招拍挂。新冠肺炎疫情则加快了土地招拍挂线上化向低能级城市的应用，例如，2020 年 11 月，安徽省铜陵市首次实现土地招拍挂的全流程线上化。但是，由于土地开发环节高度的线上化、非标准化，所以线上化进程尚未规模启动。随着装配式建住、建筑机器人等数字技术的应用，土地与住宅建筑开发信息和数据实时对接政府网站，推动建设工程规划许可证、施工许可证、预售证等证书审核的线上化，以及开发过程中人员管理、环境管理的线上化与公开化。

在房产交易领域，网签全国化普及，政务一体化平台率先推进。2021 年，杭州、上海与深圳等城市先后更新了以便民服务为核心的房屋交易平台，满足消费者房源发布、房源信息核验及线上签约、线上缴税等全部或部分服务。政府建设房产服务平台最早可追溯至 2011 年前后，随后，住房和城乡建设部不断推进房屋网签备案系统和网上签约的全国化[1]，并进一步强调，争取2020 年年底前实现住房和城乡建设部门与税务部门网签信息实时共享[2]。但事实上，由于相应的配套交易制度缺乏、网站浏览体验欠佳、原有的中介业务模式未改变等，所以相关线上平台主要价值仍聚焦在新房、二手房的

1　2018 年 8 月《住房城乡建设部关于进一步规范和加强房屋网签备案工作的指导意见》。

2　2020 年 7 月，住房和城乡建设部会同最高人民法院、公安部、人民银行、国家税务总局、银保监会印发《关于加强房屋网签备案信息共享提升公共服务水平的通知》。

网上签约。

在物业管理领域，企业服务平台与城市政务服务平台处于对接中。新冠肺炎疫情进一步凸显了社区管理、基层治理的重要性。因此，2020年12月住房和城乡建设部等部门发布《关于推动物业服务企业加快发展线上线下生活服务的意见》，明确指出提升公共服务效能，推进智慧物业管理服务平台与城市政务服务一体化平台对接，促进"互联网＋政务服务"向居住社区延伸。此后，杭州、深圳等经济和社会基础设施更完善的城市陆续着手落地，例如杭州未来社区的尝试。然而，企业智慧物业管理平台与政务平台对接面临物业企业数字化能力差异大、业务内容繁杂、数据不连通等多种挑战。

总体而言，随着我国政府对政务一体化、线上化的建设决心渐显，以及居住服务业的服务流程与政务流程对接发展顺利，实现全流程线上化未来可期。

（三）智能化规模应用，向多领域渗透

产业不断向智能化演进，数据与场景、决策不断深入结合。基于大数据、物联网、人工智能等技术，建立行业全景知识图谱，形成业务洞察，并转化为业务和场景的预测、自动化判断乃至量化决策。2021年以来，AI审图、AI找房、VR带看、VR+AI装修、智能客服、智慧养老开始进入规模智能应用阶段。其中，智能客服、自动化决策、智能合约、智慧养老等智能化应用发展较好。经测算，每台AI智能审图一年可以完成35个人的审图工作量，在保证94%以上的准确率的前提下大大减少了审图成本[1]。

智能客服与AI教学。随着数据自治，人工智能技术从简单的文字、图像和语言的感知识别向复合人工智能及小数据AI演进，智能客服将可应对更复杂、更有个性化的问题，具备自主判断和解决能力，极大地改善了当前智能客服仅能解决模块化、引导式的咨询和回复的现状。例如在交易服务环节，

---

1 数据来源：万科《2020年万科可持续发展报告》。

智能客服／助手帮助消费者进行房源信息的搜索、匹配及专业问题的答疑乃至投诉处理；在物业管理环节，日常物业费线上支付、报修、咨询、委托及投诉均可借助智能客服解决；在社区服务领域，可通过智能客服解决需求聚焦、专业答疑等。另外，面向企业内部，智能客服／助手可协助员工或服务者进行在线一对一的 AI 培训、知识模拟、现场演练等，帮助提升员工或服务者的专业能力。

流程自动化。以"数据＋算法＋算力"为核心的综合新兴技术推动工作协作及服务流程从半自动化向自动化不断演进，并逐步向开发、建筑与装修等领域深入。开发环节涉及政府、监理、施工、消费者等多个参与方，涵盖项目勘察、规划、采购、建工进度、项目档案、成本管理、安全管理、质量管控、工资发放、工程保险等数十个节点。流程协同、远程协同与自动化将企业内外部参与方的信息进行汇总、分析、判断，提供决策依据，自动完成项目招投标评估、自动化项目定位分析、项目自动化资金转移、进度自动化管理等。例如智慧工地可实现现场风险、人员管理、设备管理、危大工程管理、进度管理、远程管理和环境管理的自动化监测与预警。

智能合约。数据安全、算法信任所提供的房屋资产的数字化、个人身份信息等信用管理将推动智能合约应用。Gartner 预测，可认证溯源、自带身份等信任算法在未来 5～10 年可进入规模生产成熟期。在产业应用上，房屋开发环节的房屋设计图纸、建筑用材信息、安全责任等信息均可溯源。在交易环节，在房屋信息维度上，房屋档案信息追溯、产权信息真实性核验；在人的维度上，买卖双方及服务者的信用记录排查潜在信用风险；在资金的维度上，资金安全监管，资金与产权转移同步；在合约维度上，智能合约可信交易的自执行。在物业管理环节，社区内部投票决策匿名真实性、社区收入收支出管理透明化、房屋和设施维修维护档案等。在社区服务领域，保护个人隐私安全下的服务者服务记录、专业能力、历史评价的全记录和追溯。

智慧养老。基于人工智能技术满足我国日益增长的居家养老需求。中国老龄化进程即将迈入深度老龄化，具有老龄人口基数大[1]和发展速度快[2]两大特征。在"以居家养老为依托，机构养老为支撑"的养老政策下，相关调研表明，超六成的老年人处于独居状态，室内环境对防滑地面和呼救系统的需求度最高，室外设施对紧急呼叫和走失定位服务需求迫切，医疗服务对健康监测和送医拿药的需求量大[3]。因此，住宅适老化无障碍设施改造，配合便携式体检设备、智能呼叫器、智能腕表等智能终端设备与养老信息平台的协同，可实现老年人日常健康监测、远程医疗服务及社交人文关怀等智慧健康、养老服务。

（四）数字化助力产业绿色低碳

2020 年 9 月，中国政府在第七十五届联合国大会上提出"力争 2030 年前实现碳达峰，2060 年前实现碳中和"的目标。"十四五"规划进一步提出，要加快推动绿色低碳发展长期目标。在此背景下，居住服务产业链长、涉及行业多、碳排放量大，亟须借助数字技术手段加速产业绿色转型。据估算，国内 40% 的碳排放与房地产行业相关。

数字技术解决方案通过提效、节能的方式实现产业绿色转型。数字技术可优化资源配置，丰富建设和管理方式，提高行业服务效率和企业经营决策效率，进而实现节能减排和绿色环保，推动行业低碳可持续循环。通过智能化、自动化机器实现能源的有效利用与节约，在生产制造和运营服务环节减少碳排放，为服务提质增效。根据埃森哲提供的数据，数字技术在住宅管理中相比未应用数字技术方案之前，平均节能减耗 25% 及节约能源成本 28%。

在建筑开发领域，数字技术运用于建筑全生命周期，助力节能减排。在

1　根据国家统计局数据，2020 年我国 65 岁及以上人口数量达到 1.91 亿人，相较 2010 年增长 60.3%。

2　中国从步入老龄化到深度老龄化仅用 20 多年，远快于法国（115 年）、瑞典（85 年）、美国（72 年）、英国（46 年）等国家。

3　数据来源：贝壳研究院《养老生活更美好——2021 社区居家养老现状与未来趋势报告》。

建筑设计环节，建筑节能软件、云计算平台可以帮助设计师选择使用低能耗的材料和技术；在建材生产环节，数字技术降低了建材生产过程的综合能耗；在建筑施工环节，数字技术的应用主要体现在装配式建筑中；在建筑运维阶段，通过物联网、大数据、云计算平台等对整个建筑实时监测和反应，能够降低运维的总体能耗。例如龙湖地产综合运用数字智能技术、生态自然修复技术、新能源技术打造被动式超低能耗智慧生态综合体，预计每年节约燃气 216 万立方米，节约电量 319 万千瓦时，折合减少碳排放 2843 吨[1]。

在房产交易领域，借助数字化线上工具将服务由线下转移至线上，减少各环节中的碳排放。在带看环节，VR 看房、VR 带看的应用，有效节省了客户和经纪人的必要通勤，从而帮助客户和经纪人减少出行碳足迹。在签约环节，无纸化电子签约省去繁冗的线下合同签约流程，同时还有效节约了纸张和寄送环节的碳排放。例如贝壳找房 2020 年通过合同在线签约的方式，全年节省用纸 895 万余张[2]。

在住宅社区物业管理领域，企业借助数字化工具实现能源精细化管理和节能减排。智能云配电管理系统、物联网等数字手段可以通过数字化集成系统监控与预警，全方位剖析物业技术设备能耗的使用情况和筛选能耗异常事项，进一步结合机器学习等技术进行分析，发掘建筑运行的节能潜力并预测能耗需求，提高能源利用效率和需求计划性，降低能耗成本。例如社区公共区域照明设备传感器根据对活体、气温、光照等因素监测，完善水电资源利用。

（五）服务者数字化迁移在加速

在产业互联网的趋势下，服务者也开始进行数字化迁徙，依靠数字化工具赋能的服务者群体崛起。例如 2020 年，贝壳找房经纪人使用 SaaS 工具每日时长超过 5 小时，累计发起超 6600 万次 VR 在线带看，提升带看效率

1　数据来源：《龙湖：打造近零能耗建筑实践的标杆企业》。

2　数据来源：《2020 贝壳找房 ESG 报告》。

16%，节省了大量在途时间和提高了线下带看的精准性。

数字化工具通过服务流程和能力的标准化，减小服务者能力方差。 服务能力标准化是指通过建立标准规范（例如准入门槛、经纪人执业标准等），通过 SaaS 工具、AI 等数字技术对经纪人进行赋能，建立起基础的、通用的、可预期的专业能力，从而降低服务者的个体专业能力差距。

数字化工具通过替代服务者机械的、重复的、琐碎的工作提升交易效率，释放服务者的精力，使服务者将更多的时间投入个性化服务。因此，在数字化居住服务的新时代，数字化将缩小服务者能力方差，服务者的个性化交互价值也将更加凸显。

随着数字化趋势不断深化，居住服务者学习数字技能的意愿加强。 近半数居住服务业从业者每周学习专业知识超 3 小时，且学历越高学习时间越长。在学习内容上，居住服务业从业者学习数字技能的需求旺盛。居住服务业从业者认为是否有必要学习数字技能态度分布如图 4-20 所示，近九成的居住服务业从业者认为学习数字技能很有必要。

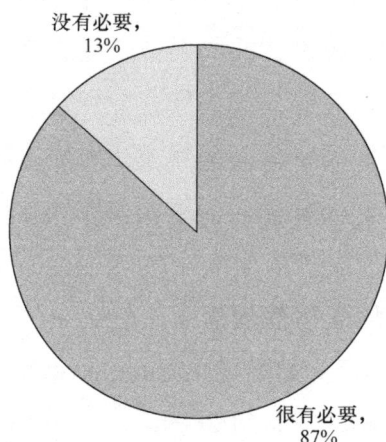

没有必要，
13%

很有必要，
87%

数据来源：益普索，红旗新愿景社区文化与治理研究院，贝壳研究院

图 4-20　居住服务业从业者认为是否有必要学习数字技能态度分布

五、居住服务业产业数字化建议

（一）理性认识数字化，提升数字化战略地位

首先，居住服务业企业应当提升数字化战略认识，预估数字化转型面临的挑战，正确认识转型阵痛。居住服务业各参与方应充分认识到数字化转型是一项长期建设工程，是满足新型需求、深度连接和高效服务客户的护城河。为此，行业参与者应当将数字化转型从辅助业务、创新业务提升到战略地位，并且面对数字化转型挑战，坚定数字化转型的战略决心，做好长期投入准备，并提前做好应对策略。

其次，对于资金储备不足的企业，借力产业互联网平台数字化基础设施，实现"轻投入"。

最后，人才与组织要适应数字化转型。除了加大力度招募数字化人才，更重要的是提升存量从业人员的数字化认识，通过持续的培训、实践，使其具备应用数字化工具的能力，并推动组织内部扁平化、小型化、灵活性改革，适应数字技术信息与数据流通速度快、决策周期短的特点。

（二）深耕行业，着眼于数字化价值的创新应用

居住服务业数字化有赖于三大关键要素，即空间、人（消费者与服务者）及服务流程的标准化、线上化和智能化。"空间"是基础空间数据、潜藏数据及交互数据等信息的集合；消费者是买卖双方的所有内在需求信息的集合，服务者是基于专业知识向消费者提供服务主体的集合；服务流程是居住服务过程中信息获取、供需匹配、交易及售后服务等环节的集合。

以数字技术为基础，居住服务业数字化需要完成"两要"：既要完成关键要素的"拆"与"连"的重构，也要构建"采、存、用"的数据闭环。具体来讲，首先是完成对空间、消费者、服务者、服务流程进行拆分与再连接。"拆分"，即将空间信息、消费者需求、服务流程拆分为数百个结

构化字段或上百个标准化环节；"连接"，即通过技术和产品的方式将数百个字段、环节重新连接，重新定义空间、消费者、服务者乃至整个流程和组织。其次是搭建数据采集、存储、清洗和应用完整环节，形成数据赋能业务、业务反哺数据的闭环，任何一个环节的中断都会导致数据价值无法充分发挥。

因此，居住服务业的数字化必须立足产业，开展洞察业务，提炼关键要素，逐渐积累数据，反哺业务和场景，构建深度竞争力，这样才能真正融入业务、迸发生命力。

（三）专业共建，打造面向数字化时代的服务者

随着社会环境的快速变化与产业数字化趋势的日益强化，居住服务业从业者应增强数字技能转型的认知，延长学习曲线。居住服务业从业者转变思维，熟练掌握和使用数字化工具与产品，具备一定的数据科学知识，包括使用互联网营销工具产品、数据分析洞察，拥有更长的职业发展路径。

除了服务者自身要努力，为改变社会、高校、学生的就业偏见，居住服务业应当构建居住服务业从业者终身学习机制，推动居住服务业从业转型：第一，以"面向人人、贯穿终身"为理念，建立适应新居住服务业从业者成长需要及经济社会发展需求的终身学习机制，明确各方职责；第二，完善教育培训体系，为居住服务业从业者可持续的终身学习提供保障；第三，优化职业教育路径，加强产教互融、校企共建，构建双主体教育与培训的居住服务产业大学，加快居住服务业新职业认定与职业技能标准更新；第四，居住服务业企业改变培训理念，打造学习型组织；第五，充分利用新型数字技术，提升学习效果，帮助更多的居住服务业从业者加快数字技能的学习和转型。

（四）产业共建居住数字空间

面对数字空间建设的长期性与系统性，协同作战不仅可以避免重复建设，还能充分挖掘数据资源价值。因此，本节建议利用"四步走"方案推动产业共建居住数字空间。

第一步，**重视数字空间，强化合作理念。**当前实践已经表明，各自为战、自建数据将使资源重复投入、数据应用缺乏规模效应。因此，产业各参与方应充分意识到，数字空间需要各方通力合作完成。

第二步，**数据共享、共建，夯实基础设施。**以数据隐私安全、合法为前提，以企业信任为核心，构建数字空间的产业合作机制：先行企业率先开放，以产业云为基础，面向全居住产业开放，共享数据、技术，与产业各方通力合作，夯实和丰富空间数据信息，让更多的消费者与服务者享受数字空间的红利。

第三步，**合作框架的机制化、数据产品化。**空间数据与技术能力的开放平滑了数字空间在应用环节的梯度差，但数字空间"生产"环节仍需进一步探索和实践。开放合作企业不仅需要充分研讨，达成数据采集、清洗、存储及应用的统一规则与共识，保障数据生产、流转和应用的质量及安全的可靠性，还需要保证各相关利益群体在知晓权益及权益合法的前提下，共同推动建设数字空间的数据治理的通用标准和管理框架，将合作规则机制化，数据、技术产品化，以便各参与方能够使沟通成本最小化。

第四步，**全产业链覆盖，建立第三方运营平台。**协同政府及产业各方（包括相关利益群体），共建数字空间的建设与应用的第三方平台。将各个垂直生长、孤立的数字空间由竖到横全方位打通，串联住宅开发、交易、家装、家居、家庭服务等行业的上下游。

（五）借力产业互联网平台企业

在数字时代，产业互联网平台基于数据和底层技术能力，串联行业的上下游，为细分领域的服务互融提供了可能，促进新职业的诞生和推动行业新协作模式，最终构建以消费者为中心，以数字技术为支撑，以合作共赢为理念，连接服务者、开发商、金融机构、评估机构等多方相互合作的新居住服务业数字生态。

产业互联网平台具有行业数字化转型加速器的作用：一方面，产业互联网平台聚集大量的产业数据、算法模型、技术研发等资源，具备行业基础设施能力，可实现数据与数字能力共享；另一方面，产业互联网平台基于行业深度洞察，通过一整套方案提供合作和治理规则，推动行业新的协作模式与良性生态竞争。

因此，受制于居住服务业产业本地化、重线下、产业分散等特性，面对长期缺乏资金、技术、人才和组织架构的问题，中小型居住服务业企业可借力产业互联网平台数字化基础设施，实现"轻投入"数字化转型。

编写单位：贝壳找房（北京）科技有限公司

作者：喻　平　粟样丹　买紫薇

第五章
智慧医疗：
应用场景加速落地促进资源优化配置

世界卫生组织对智慧医疗（E-Health）进行了定义，智慧医疗是信息通信技术在医疗及健康领域的应用，2020年开始的全球新冠肺炎疫情进一步凸显了新一代信息通信技术在医疗健康领域的作用，5G、物联网、大数据、人工智能等新技术正在促使全球医疗服务从"信息化"向"智慧化"发展，智慧医疗进入高速发展期。

一、全球智慧医疗发展概况

近年来，各国政府在人口老龄化和医疗资源方面面临越来越大的挑战，发展智慧医疗成为解决这些问题的主要途径，全球医疗健康产业通过融合5G、物联网、大数据、人工智能等新科技，迎来新的发展契机。

（一）全球智慧医疗市场规模持续扩大

随着远程/移动医疗、远程/移动医疗系统的日益普及，基于新一代ICT技术的智慧医疗成为现代医疗体系的重要组成部分，全球智慧医疗市场规模持续扩大。2020年，全球智慧医疗市场规模约为3267亿元，2021—2025年的年复合增长率将达到19.4%，到2025年，市场规模约达到16580

亿元。2016—2025 年全球智慧医疗市场规模如图 5-1 所示。

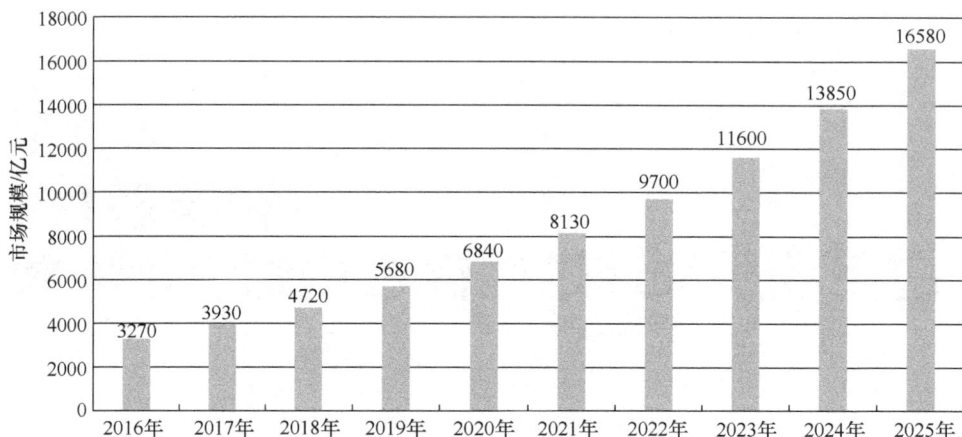

数据来源：根据公开信息整理，中国信息通信研究院

图 5-1　2016—2025 年全球智慧医疗市场规模

（二）全球智慧医疗发展区域差距明显

全球智慧医疗虽然在市场规模和应用场景上都有快速的发展，但不同国家的发展情况各不相同，区域差距非常明显。发达国家的医疗水平较高，对智慧医疗投入和布局较早，占据了智慧医疗市场的主导地位，而发展中国家的医疗水平相对落后，智慧医疗起步晚、投入低、发展缓慢。北美、欧洲和亚太地区的智慧医疗市场份额超 90%，美国、欧洲和日本等发达国家和地区占据主导地位。2020 年全球智慧医疗市场区域规模如图 5-2 所示。

北美的智慧医疗市场占全球市场的 41%，其中美国是全球最大的智慧医疗国家，2020 年美国智慧医疗市场规模接近 400 亿美元，占全球智慧医疗市场的 38%。目前，美国拥有数千家智慧医疗企业，向全球输出智慧医疗设备、软件和服务，是最大的智慧医疗输出国。同时，美国自身也是世界最大的智慧医疗市场，美国的远程／移动医疗服务已经实现了规模化应用，美国远程／移动医疗协会认可的远程／移动医疗服务已囊括皮肤诊疗、病理诊疗、精神卫生服务、儿科等十几个专科医疗领域；美国远程／移动医疗产业发展水平世界领先，如今全球一半以上的远程／移动医疗服务在美国应用。

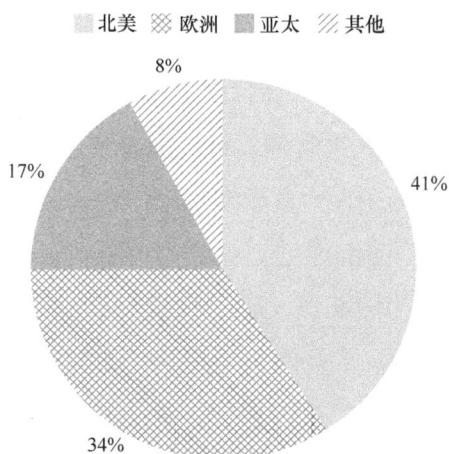

数据来源：中国信息通信研究院

图 5-2　2020 年全球智慧医疗市场区域规模

欧洲是全球第二大区域市场，以德国、法国、英国、意大利等为主的11 个国家在智慧医疗发展方面也居于世界前列，老龄化、移民和医疗设备更新需求促使相关国家政府不断加大对智慧医疗建设的支持和投入，其中，德国和法国在智慧医疗设备生产和应用方面发展迅速，英国、意大利、西班牙等国也大量进口智慧医疗产品和服务，推进其智慧医疗改造。2020 年，德国、法国、英国、意大利、西班牙等欧洲国家的智慧医疗市场规模达到 300 亿美元以上，之后 5 年的增长率预计超过 17%，远程／移动医疗将是增长的主要驱动力，远程／移动医疗业务（远程视频技术、远程诊疗及报销等）已经占到欧洲智慧医疗市场份额的一半以上，慢性病患病率的增长及对远程监控服务的需求增多加速了远程／移动医疗应用的应用和普及。

在亚太地区，日本是全球第二大智慧医疗市场，人口老龄化是智慧医疗发展的主要推动力，日本60岁以上的老人占总人口的比例超过20%，与老年疾病相关的智慧医疗产品需求极为旺盛。日本在智慧医疗方面布局较早，其医疗数字化已实施多年，医疗数据的积累较为完善，这为日本推进远程／移动医疗打下了较好的数据基础；在人工智能应用方面，日本政府从2016年就明确表示要在疾病预防、健康管理和远程／移动医疗方面最大限度地利用大数据和人工智能实现高质量的医疗体系建设。

发展中国家近年来也在大力发展智慧医疗，东南亚、非洲、南美国家政府纷纷通过智慧医疗合作和试点进行探索，改善当地的医疗服务水平，特别是在新冠肺炎疫情蔓延的情况下，加速远程／移动医疗的应用，为偏远地区患者提供医疗服务。目前，大多数发展中国家的智慧医疗发展尚处于初级阶段，市场规模较小，智慧医疗应用较少。但是中国作为发展中国家，智慧医疗发展迅速，尤其是在新冠肺炎疫情期间，中国不断加速智慧医疗创新，将数字技术应用在医疗卫生领域，为发展中国家提供了可借鉴的方案。

二、中国智慧医疗发展概况

近年来，中国医疗健康领域在利好政策和技术创新的双重推动下不断发展，基于ICT医疗信息化平台，运用数字和智能技术提升医疗资源的使用效率、提升中国医疗领域的技术能力与服务水平。智慧医疗已经成为发展新型智慧城市、推进"健康中国"战略建设的重要手段，智慧医疗将步入黄金发展期，继续发挥重要的作用。

（一）中国智慧医疗市场规模跃居世界前列

中国信息通信研究院西部分院《2020智慧医疗发展研究报告》的数据显示，2020年中国智慧医疗行业规模已突破千亿元大关，2021年规模达1259亿元，行业将进入智能化、高效化、规模化发展的高速增长期。2020—2021年中国智慧医疗市场规模如图5-3所示。

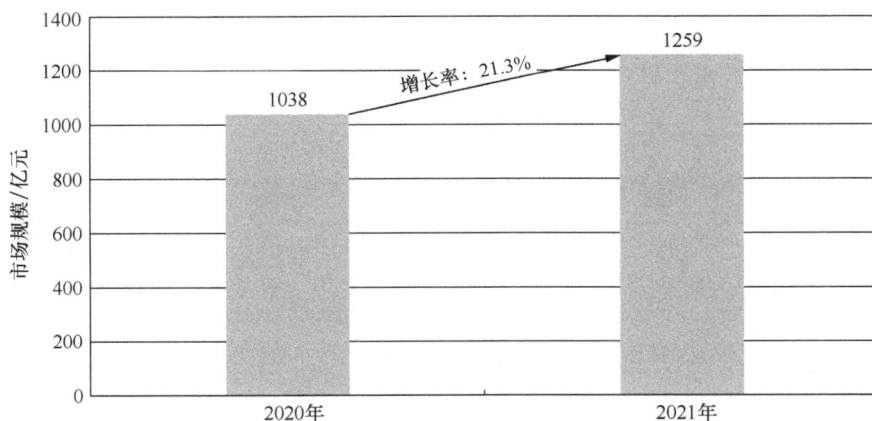

数据来源：中国信息通信研究院

图 5-3 2020—2021 年中国智慧医疗市场规模

从供应端来看，中国在积极引进国外智慧医疗产品和服务的同时，自身也已经形成多个医疗产业集聚区，生产医疗设备，提供智慧医疗应用和服务，以北京、广东、上海、江苏、浙江 5 个核心区域为主，为医疗健康行业提供智能硬件（智能温度计、智能血压计、智能胎心仪、智能血糖仪等）、远程 / 移动医疗（跨地区、跨医院远程 / 移动医疗协作）、远程 / 移动医疗（预约挂号、问诊、患者社区、医药电商、互联网医院等）、医疗信息化（医院信息系统、影像归档和通信系统、管理信息系统、电子病历、转诊平台等）产品和服务。

从应用端来看，中国智慧医疗的核心应用场景包含 3 类：覆盖医疗机构内部全流程的信息化管理体系；连接医疗机构与患者之间、医疗机构之间的远程医疗与分级诊疗体系；医疗影像 AI 辅助诊断、医疗机器人与 AI 辅助临床医疗决策体系。在供需两旺的情况下，我国智慧医疗投资规模不断扩大，从 2018 年的 706 亿元上升至 2020 年的 1049 亿元。

（二）政策驱动中国智慧医疗产业健康发展

我国的医疗信息化建设起步较晚，但近年医疗信息化建设速度加快，国家出台了多项政策推动医疗卫生事业的发展，地方各省市也纷纷出台了医疗信息化的支持政策，"十四五"时期，我国医疗建设将向数字化和智慧化方向发展。中国智慧医疗行业主要政策见表 5-1。

表 5-1 中国智慧医疗行业主要政策

年份	发布方	政策名称	主要内容
2015 年	国务院	《关于积极推进"互联网+"行动的指导意见》	发展基于互联网的医疗卫生服务，支持第三方机构建医学影像、健康档案、检验报告、电子病历等医疗信息共享平台，逐步建立跨医院的医疗数据共享交换标准体系； 鼓励互联网企业与医疗机构合作建立医疗网络信息平台，加强区域医疗卫生服务的资源整合
2016 年	国务院	《"健康中国 2030"规划纲要》	完善医疗卫生服务体系，完善人口健康信息服务体系建设，构建国家医学科技创新体系； 创新医疗卫生服务供给模式，推进健康医疗大数据应用，提升医疗卫生服务水平和质量； 积极促进健康与养老、旅游、互联网、健身休闲、食品融合，催生健康新产业、新业态、新模式
2015 年	国务院	《全国医疗卫生服务体系规划纲要（2015—2020 年）》	提出"健康中国云计划"，成为"互联网+"在医疗卫生服务体系领域具体的实践指导，其中为细分领域的智慧医疗设计了一个理想的发展蓝图，并预测其将迎来 5 年的黄金发展期
2017 年	工业和信息化部	《促进新一代人工智能产业发展三年行动计划（2018—2020 年）》	推广应用人工智能治疗新模式、新手段，建立快速精准的智能医疗体系； 探索智慧医院建设，推动医学影像数据采集标准化与规范化，加快医疗影像辅助诊断系统的产品化及临床辅助应用
2017 年	国务院	《关于建立现代医院管理制度的指导意见》	完善医院管理制度，积极探索公立医院管办分开的多种有效实现形式，统筹履行政府办医的职责； 落实公立医院经营管理自主权
2018 年	国务院	《关于促进"互联网+医疗健康"发展的意见》	鼓励医疗机构应用互联网等信息技术拓展医疗服务空间和内容； 鼓励医疗卫生机构和互联网企业合作，加强区域医疗卫生信息的资源整合； 健全互联网，加强行业监管和安全保障，完善"互联网+医疗健康支撑体系"
2019 年	国家卫生健康委	《医院智慧服务分级评估标准体系（试行）》	建立完善的医院智慧服务现状评估和持续改进体系，评估医院开展的智慧服务水平。明确医院各级别智慧服务应当实现的功能，为医院建设智慧服务信息系统提供指南，指导医院科学、合理、有序地开发、应用智慧服务信息系统

续表

年份	发布方	政策名称	主要内容
2020 年	国家卫生健康委	《关于加强信息化支撑新型冠状病毒感染的肺炎疫情防控工作的通知》	强化数据采集分析应用、积极开展远程/移动医疗服务、规范互联网诊疗咨询服务、深化"互联网＋"政务服务、加强基础和安全保障 5 个方面的内容。要求各地积极运用"互联网＋"、大数据等信息技术助力疫情防控，减少线下诊疗压力和交叉感染风险，减轻基层统计填报的负担
2021 年	国务院	《中华人民共和国国民经济和社会发展第十四个五年规划和 2035 年愿景目标纲要》	加强公立医院建设，加快建立现代医院管理制度，加快优质医疗资源扩容和区域均衡布局；加快建设分级诊疗体系，积极发展医疗联合体；推进国家组织药品和耗材集中带量采购使用改革，发展高端医疗设备，实施医师区域注册，推动医师多机构执业
2021 年	国务院	《关于推动公立医院高质量发展的意见》	发挥公立医院在城市医疗集团中的牵头作用，建立健全分级、分层、分流、的重大疫情救治体系；加强临床专科建设，推进医学技术创新，强化信息化支撑作用

数据来源：国务院、工业和信息化部、国家卫生健康委等国家网站

国务院发布的《"健康中国 2030"规划纲要》《中华人民共和国国民经济和社会发展第十四个五年发展规划和 2035 年远景目标纲要》等政策明确了"健康中国"的国家战略地位，国务院出台的《关于建立现代医院管理制度的指导意见》《关于促进"互联网＋医疗健康"发展的意见》《关于推动公立医院高质量发展的意见》等政策则在医院信息化、远程/移动医疗、医联体、医共体、智慧医院、电子病历评级、互联互通评级、绩效考核、远程/移动医疗、诊断相关分类、5G、人工智能、物联网等一系列与智慧医疗息息相关的领域加快智慧医疗的建设及落地应用。

（三）科技创新引领中国医疗行业智慧转型

改革开放 40 多年来，中国经历了经济增长的黄金时代，本土创新在生物制药、医疗技术和医疗服务领域得到扶持和发展以上多轮政策改革，促进了医疗创新。科技创新对于医疗领域发展起到了非常大的作用，随着大数据与人工智能、3D 打印、手术机器人等领域的创新快速发展，前沿科技与医疗领域的加速融合，智慧医疗在中国前景广阔。

在医疗服务领域，从远程挂号到智能导诊，从智能诊断到远程会诊，大数据与人工智能在各个环节为医生和患者提供服务，提高了医生诊断的正确率和患者就医的效率；在医学影像领域，中国的人工智能应用即将进入爆发式增长阶段，用于诊断和治疗领域的人工智能医疗应用已经形成规模；医学器械领域的人工智能应用持续保持高速增长，主要应用于癌症、肺结节、冠心病及骨折诊断。另外，大数据与人工智能在药物研发、医院管理、健康管理等多个领域被应用，提升了中国医疗的服务效率和水平。

3D打印在医疗领域的应用以内植入生产为主，目前已从最初的医疗模型快速制造发展到3D打印直接制造助听器外壳、植入物、复杂手术器械和3D打印药品。同时，3D打印也在从医疗器械向具有生物活性的人工组织、器官方向发展。当前，3D打印技术已在医疗器械领域得到广泛的应用，尤其是西安、北京、上海、湖南等地的大医院，尝试通过建立自己的实验室、研究中心，来探索3D打印在医疗各科室的应用，3D打印在临床方面也产生了很多有说服力的案例；一些设备制造商、材料提供商和3D打印服务商，非常关注这项技术在医疗方面的应用。

（四）5G 新基建为中国智慧医疗注入新活力

在2020年《政府工作报告》中，"新基建"已经成为国家战略和社会共识。对于医疗行业来说，新基建将打破医疗服务的时间、空间限制，优化医疗卫生资源配置，提高医疗卫生服务的标准化、规范化程度。尤其是5G新基建的发展对于智慧医疗的发展将起到关键的推动作用，成熟的5G网络能够为医疗行业的海量数据传输提供高可靠、低时延的网络保障，帮助医疗行业实现移动的网络覆盖、海量医疗设备连接及高效的本地化计算能力，对于国家解决医疗人力设备资源、节省医疗运营成本、促进医疗资源共享下沉，以及提升医疗效率水平等方面的问题提供网络基础设施，并从数据、时效和算力方面为智慧医疗提供支持，促进各类智慧医疗终端的落地和应用；5G新基建将激发例如远程／移动医疗手术等的创新应用，补齐制约人工智能发展的短板，极大地拓展医疗行业人工智能的应用场景；同时，5G 应用将提升数据传输的速度，提升诊断报告生成的速度与准确率。

国家发展和改革委员会与工业和信息化部联合印发《关于组织实施 2020 年新型基础设施建设工程（宽带网络和 5G 领域）的通知》，重点强调要建设面向重大公共卫生突发事件的 5G 智慧医疗系统，并列出首批"5G＋医疗健康应用试点项目"，推动 5G 在医疗健康领域尤其是智慧医疗领域的应用落地，项目涵盖"5G＋急诊救治""5G＋远程诊断""5G＋远程治疗""5G＋远程重症监护"等八大方向，这些项目必然会促进我国新的医疗创新和进步，带动医疗信息化生态圈联动。

自 2019 年 6 月中国正式发放 5G 商用牌照以来，5G 技术在医疗行业的应用不断涌现，5G 无处不在的覆盖率将在未来让每个人都享受及时便利的智慧医疗服务。而通过 5G 网络，智慧医疗也将与更多的医疗行业应用场景结合，在远程／移动医疗、智能终端、健康管理、快速急救等多个领域推动智慧医疗的发展。

三、中国智慧医疗发展热点

近年来，中国智慧医疗在政策、技术和需求驱动下，发展迅猛，在医疗信息化、远程／移动医疗及硬件设备方面都有长足的发展。现阶段，中国智慧医疗发展以智慧医院建设为主要发展方向，已经取得了阶段性成果，主要体现为医疗机构尤其是医院服务流程更便捷、医疗服务更高效、医疗管理更精细。相关机构统计，截至目前，三级医院全部开展了智慧医疗建设，二级及以下级别医院中的 80% 开展了智慧医疗建设，中国智慧医疗建设投入已接近医院收入的 1%。

（一）医疗信息化市场

1. 医疗信息化投入持续快速增长，智慧医疗建设投入占比上升

自 2011 年我国开始医疗改革以来，医疗信息化投入逐年上升，呈现出高速增长的态势。2016—2021 年中国医疗信息化投入规模如图 5-4 所示。

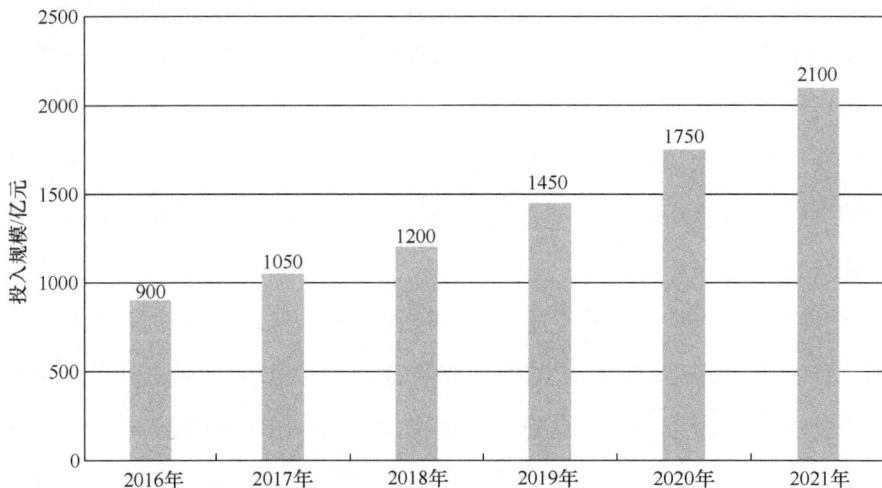

数据来源：根据公开信息整理，中国信息通信研究院

图 5-4　2016—2021 年中国医疗信息化投入规模

2020 年受新冠肺炎疫情影响，医疗信息化建设再次受到各级医疗机构及医疗监管部门的重视，中国医疗信息化投入总额达到 1750 亿元，较 2016 年增长 94%，未来中国医疗信息化投入将保持较快增长。

目前，中国在医疗信息化方面的投入仍处于打基础的阶段，以医院信息化系统和区域卫生信息化系统建设为主，随着电子病历的普及、科研临床对于医疗相关数据需求的持续增长、新兴医疗信息化市场的发展，智慧医疗建设投入在医疗信息化投入中的占比预计将持续增长。

2. 人工智能在医疗信息化建设中的作用凸显

在医疗信息化建设过程中，新技术将作为主要推进力量出现，其中人工智能技术在医疗信息化建设中的作用日益凸显。过去几年中，中国不断推动互联网、大数据、人工智能和实体经济深度融合，并于 2017 年印发了《新一代人工智能发展规划》，把人工智能发展定位为国家战略。人工智能技术发展与医疗健康行业发展也在不断融合，在国家政策的支持下，中国陆续建立了医院大数据中心、信息平台，制定了卫生信息互联互通标准和共享规范，为数据标准化存储、医学大数据的应用提供支撑。目前，80% 以上的医院完成了初步的信息化建设，各类医学数据的收集越来越规范，精准医学的发展带来了海量的基因数据，这些数据为人工智能提供了大量的"学习资料"。信息化平台的建设为人工智能发展带来了数据基础，人工智能技术的发展则为医疗行业从信息化过渡到智能化提供了实现的可能。

近年来，人工智能技术与医疗健康领域的融合不断加深，随着人工智能领域，语音交互、计算机视觉和认知计算等技术的逐渐成熟，人工智能的应用场景越发丰富，人工智能技术也逐渐成为影响医疗行业发展、提升医疗服务水平的重要因素。人工智能技术与医疗大数据融合，通过算法模型的建立为医生提供辅助决策，提高诊疗的效率和准确率。另外，人工智能还能助推医疗资源平衡化发展，将优质的医疗资源通过辅助决策系统赋能基层医院。其应用技术主要包括：语音录入病历、医疗影像辅助诊断、药物研发、医疗机器人、个人健康大数据的智能分析等。从分诊、导诊到问诊，再到慢病管理，从临床诊疗到智慧医院建设，再到行业监管、风险防控。人工智能技术已经融入医疗健康产业的各个环节和领域，并展现出广阔的应用前景。

（二）远程／移动医疗市场

1. 远程／移动医疗市场规模持续快速增长

中国远程／移动医疗用户规模不断扩大，由 2011 年的 2000 万人增长至 2020 年的 6.6 亿。尤其是 2020 年，受新冠肺炎疫情影响，居民对医药电商、远程／移动医疗平台的使用需求呈快速增长的趋势，线上问诊成为疫情防控期间患者获得医疗服务的主要方式，服务量激增。除了阿里健康、京东、微信等平台上线了在线问诊功能，各地多个定点医院也主动开设了线上问诊服务。

随着远程/移动医疗用户的增加及应用的普及，中国远程/移动医疗市场规模快速增长。2020年远程/移动医疗市场已达到约550亿元规模，近年来，在远程/移动医疗的发展中，医疗机构参与、医药电商加速发展、5G应用场景增加等成为远程/移动医疗快速发展的主要驱动力。2016—2021年中国远程/移动医疗市场规模如图5-5所示。

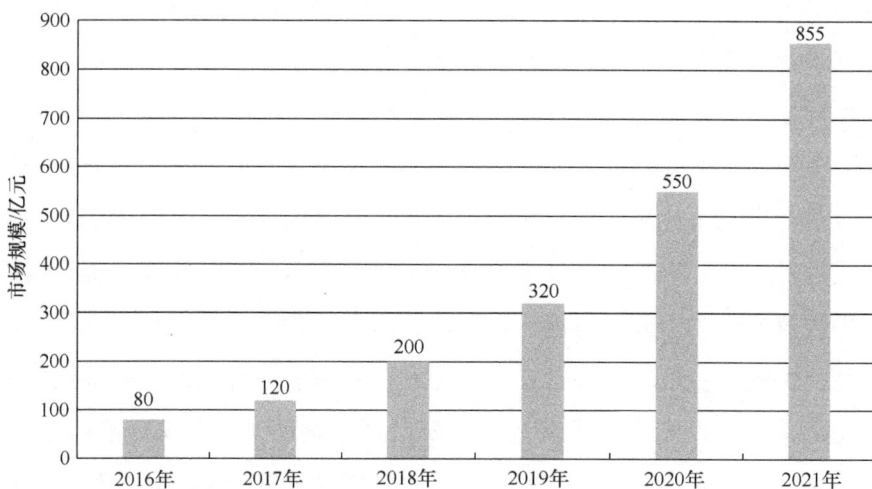

数据来源：根据公开信息整理，中国信息通信研究院

图5-5　2016—2021年中国远程/移动医疗市场规模

2. 医疗机构参与加速远程/移动医疗落地

近年来，面对医疗资源增速缓慢和用户需求不断上升的压力，医疗机构和大型医疗协作网（医联体）纷纷采用远程/虚拟服务或互联网线上服务的方式提高效率，部分医疗机构甚至可以提供跨国远程/移动医疗国际咨询服务。基于医疗信息化平台，远程/移动医疗服务商可以针对医院提升业务流程效率的需求，不断开发新产品、新服务，在实现医院数据互联互通的基础上，进一步利用物联网、人工智能、大数据等技术实现医疗服务与互联网的结合，打造能够在临床科研、绩效评价、患者服务等方面提供更为高效服务

的互联网医院，而互联网医院的不断增加也使远程/移动医疗可以在更多地区实现，拓展了医疗服务的时间和空间边际。自2018年以来，国家相继发布了远程/移动医疗的纲领性文件及互联网医院、远程/移动医疗、互联网诊疗活动领域的配套文件，我国互联网医院的发展方向逐渐明晰。国家卫生健康委统计，截至2021年3月，中国有约7700家二级以上医院提供线上服务，其中有超过1100家互联网医院，三级医院中90%实现了院内信息互通共享，50%实现了网上预约诊疗。

3.5G助力远程/移动医疗应用场景增加

随着中国5G的正式商用，5G技术在远程/移动医疗领域的影响力不断加深，对于推进深化医药卫生体制改革、加快"健康中国"建设和推动医疗健康产业发展，起到重要的支撑作用。自2019年以来，利用5G技术，中国在远程/移动医疗领域创造了多项"世界首次"的突破，标志着5G远程/移动医疗与人工智能应用达到新高度。

5G网络的大带宽特性，能够帮助医疗机构实现现场音视频和B超图像的实时传输，同时低时延反馈病人体表的力量信号，医生在短短几毫秒内就可以通过触觉设备接收到这些信息，对病人病情进行诊断。另外，超声影像也能在5G网络中实现云端的实时分析，多层次辅助医生诊断。在5G技术的支持下，医生可以更快地调取图像信息，开展远程会诊和远程手术；三甲医院的医生可以与偏远地区的医院进行视频通话，随时就诊断和手术情况进行交流。

截至2021年9月，中国人民解放军总医院、积水潭医院、四川省人民医院、四川大学华西医院、郑州大学第一附属医院、上海交通大学医学院附属瑞金医院、中国医科大学附属盛京医院、山东第一医科大学第二附属医院等已经基于5G技术进行了包括远程手术、远程诊疗、远程会诊等多种形式的应用实践，中国移动也在一些地方推出了"5G红外热成像测温"应用，实现对多人同时扫描测体温等。中国医疗卫生领域在5G技术方面的应用实践案例，无论对于国内医疗卫生事业的发展，还是对于国际 5G 技术在医疗卫生领域的应用借鉴，都具有重大意义。

4. 医药电商市场有序扩张

2016 年以来，远程 / 移动医疗领域的医药电商市场发展迅猛，市场规模逐年增长，到 2020 年交易规模达 1800 亿元，同比增长 56.5%。医药电商渗透率也从 2016 年的 3.3% 上升到 2020 年的 7.4%。新冠肺炎疫情暴发后，中国远程 / 移动医疗服务行业迎来新一轮快速增长，进一步推动了医药电商的迅速发展。2016—2021 年中国医药电商交易规模及渗透率如图 5-6 所示。

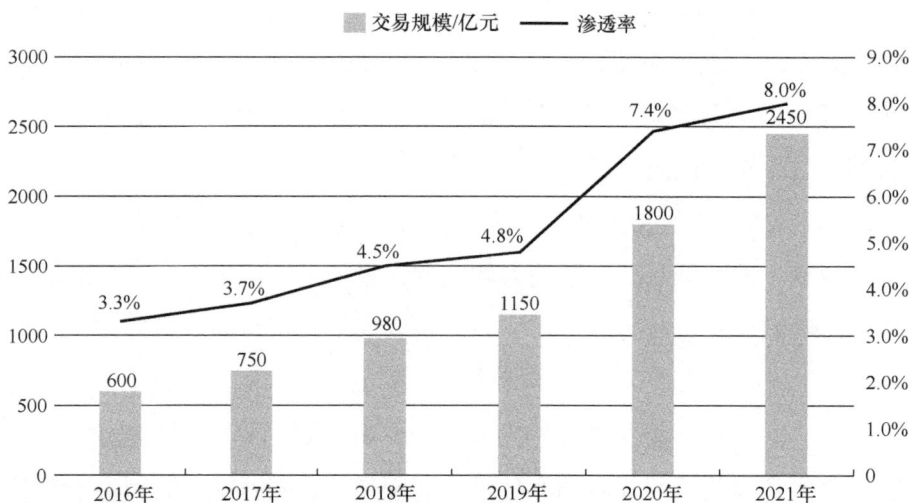

数据来源：根据公开信息整理，中国信息通信研究院

图 5-6　2016—2021 年中国医药电商交易规模及渗透率

除了政策利好，医疗服务流程的线上化和数字化、快递物流网络的日趋完善、医药物流服务与技术的全面升级都为医药电商的快速发展提供了基础。在政策层面，监管日趋规范，医药电商的线上医保支付打通、电子处方流转、网售药房解禁等政策都促进了医药电商渠道的打开。在医疗服务层面，患者对互联网医疗的认知度和认可度迅速提升，服务流程线上化改变了患者的就

医行为，医药电商能够触达更广泛的用户，实现规模效应，优势明显。在医药物流层面，网上购物快递物流网络系统十分完善，形成全覆盖的仓储物流运输网络，医药物流服务与技术也得到了极大的发展，医药的运输、仓储、配送技术及服务都实现了信息化、智慧化，通过上下游资源整合实现服务升级。

（三）智能医疗硬件市场

1. 智能医疗硬件市场迎来发展热潮

近年来，随着 5G 技术的商用，智能硬件迎来新的发展机会，智能终端在医疗行业的应用成为智能硬件市场新的增长点。2016—2021 年中国智能医疗硬件市场规模及增长率如图 5-7 所示。

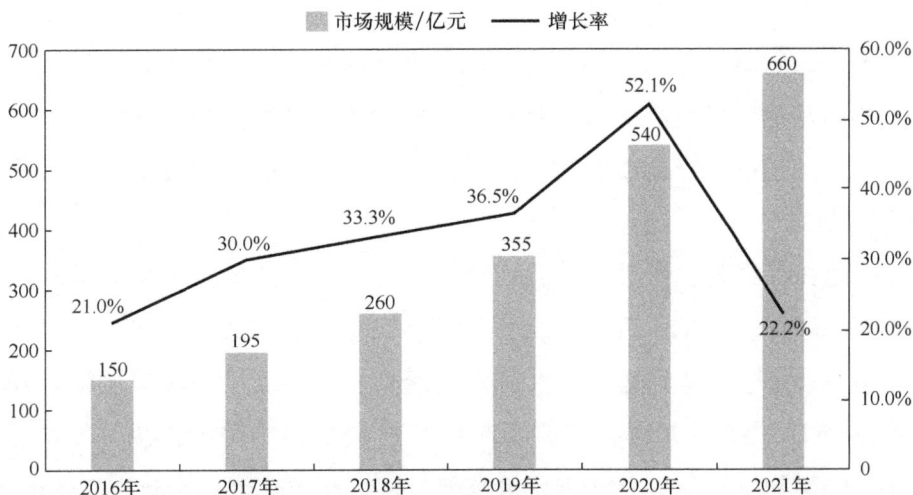

数据来源：根据公开信息整理，中国信息通信研究院

图 5-7　2016—2021 年中国智能医疗硬件市场规模及增长率

在中国智能医疗硬件设备中，用于健康的智能硬件仍占主导地位，市场占比约为 60% 以上，以运动健康、睡眠健康类产品为主，用于医疗的智能硬件产品占比约为 40%，以老年智能医疗设备和慢病智能医疗设备为主，也包括辅助医生治疗的硬件设备，例如手术刀、呼吸机等。近几年，市场上

智能硬件普及程度提升明显，且产品种类更趋多样化，在消费升级的趋势下，智能医疗硬件产品市场稳步扩大。

2. 可穿戴产品的用户认可度不断提升

在智能医疗硬件的应用过程中，包括智能手环和智能手表在内的可穿戴产品的出现极大地提升了智能医疗硬件产品的使用率。2020年中国智能手环出货量占比超过50%，智能手表的出货量占比超过30%，可穿戴产品的应用占比超过80%。

中国可穿戴医疗设备市场近年来呈现快速发展态势，根据统计，2020年，中国可穿戴医疗设备的市场规模已经突破120亿元。中国可穿戴医疗设备市场的发展得益于国家政策及医疗需求的驱动。2015年，我国正式把发展医疗级可穿戴医疗设备提升到战略高度，要求提高行业创新能力和产业化能力，随后几年，中国可穿戴医疗设备因其操作简单、可随时随地治疗和预防疾病的特征，迅速为慢性病、职业病患者所接受，改变了中国慢性病、职业病的治疗现状，对于降低医疗成本，释放医疗资源起到了重要作用。

中国在可穿戴医疗健康设备的市场也具有较高的地位，除了小米和华为，2020年，OPPO、vivo也相继发布了可穿戴医疗设备。OPPO Watch可实现24小时心率监测及心率异常提醒，并可实现运动实时监测。vivo Watch同样支持全天候心率监测和连续血氧饱和度监测，OPPO Watch ECG[1]版还获得了中国国家药品监督管理局（National Medical Products Administration，NMPA）二类医疗器械注册证。2021年华为发布的Watch GT2 Pro ECG版也获得了NMPA二类医疗器械注册证，该款产品除了常规的运动、睡眠及压力监控，还可24小时不间断地进行心电图监控及血氧饱和度监测。另外，华为还联合国家远程医疗与互联网医学中心为用

1　ECG（Electrocardiogram，心电图）。

户提供心电图解读人工服务。

四、中国智慧医疗的发展意义

智慧医疗通过打造健康档案区域医疗信息平台，利用先进的物联网技术，能够实现患者与医护人员、医疗机构、医疗设备之间的互动，逐渐从疾病治疗走向健康预防，从传统医学到数字医学再到信息医学的转变，更大限度地满足了人们预防性、个性化的医疗需求，智慧医疗可以使健康医疗服务实现数据化、标准化和智能化，从而提升医疗的品质、效率与效益，合理优化健康医疗资源配置，增强公众获得感。

（一）智慧医疗有助于医疗卫生资源的合理分配

智慧医疗的应用可以缓解普遍存在的医疗资源分配不均的现象，使集中在大城市的优质医疗资源可以覆盖更广泛的边远地区，平衡区域内的医疗资源。基于远程音视频、远程／移动医疗信息交换等技术，医疗机构可以实现远程会诊、远程咨询、远程手术指导、远程诊断等应用，通过远程方式帮助边远地区医疗机构和医护工作者提高医疗服务水平，使边远地区居民在当地即可享受与中心地区相同质量的医疗服务，这种资源共享将推动医疗公平。

目前中国的远程／移动医疗已经得到了很好的普及和发展，基于远程／移动医疗体系建立连接乡镇、区（县）、地市医院和省级医院的协同平台，形成从慢病管理到急性发病转诊再到重症救助的纵向照护体系，通过互联网平台辐射全国，形成统一的培训标准和人才成长标准，为实现分级诊疗奠定基础。"互联网＋"的概念结合远程／移动医疗模式能改变医生的工作习惯和患者的就医习惯，最终优化医疗资源整体配置，提升患者就医的获得感。5G 智慧医疗的出现，将进一步打破地域限制，平衡医疗资源分配，提高诊断与治疗水平。

同时,智慧医疗的应用可以使不同医疗机构间的医疗信息实现有效整合、共享和交换,跨医疗机构也可以进行在线预约和双向转诊,这使"小病在社区,大病进医院,康复回社区"的居民就诊就医模式成为现实,促进了医疗资源的合理分配,真正做到以病人为中心。

(二)智慧医疗改进医院运营与管理能力

我国目前在智慧医疗实践中以智慧医院建设为主要方向,通过智慧医院建设,帮助医院提升运营和管理能力,智慧医疗将改变医院内外及医患关系,持续提升医院的服务品质,例如,电子病历与疾病信息平台的建立,将帮助医院实现无纸化并进一步打通病患信息的共享机制,患者只需要用较短的治疗时间、支付基本的医疗费用,就可以享受安全、便利、优质的诊疗服务。

医院应用智慧医疗系统后,能够规范医院业务流程,缩短患者在医院的滞留时间;医生可以通过智慧医疗系统规范诊断内容,降低劳动强度,方便教学和学术交流,提高工作效率;医院管理者可以实时准确地获得医院各个方面的信息,并及时将医院的管理调整到最佳的运行状态,从繁重的管理工作中解放出来;医院内部可以通过无纸化办公及无胶片存储降低成本;各级医院间可通过智慧医疗系统实现互联互通,资源共享,实现现代化管理。

对于患者来说,智慧医疗可以让每个患者通过云数据查看个人详细的就医记录。患者可以及时自查健康状况,并向医生进行在线咨询,简化了就医流程,减少了优质医用资源的浪费。这也有助于医生抽出更多的时间和精力关注患者管理质量,用心与患者沟通,提高服务满意度。

智慧医疗不仅有助于医院本身的运营和管理,还能够在医联体及区域医疗卫生管理中心发挥作用。通过建设区域内的医疗信息共享平台及基于平台的应用,可实现居民健康档案实现跨机构医疗信息的互联互通,促进区域内医疗机构之间的协作,使区域内居民能够享受便捷、高效、安全的医疗服务。卫生行政主管机构可以及时获得区域内医疗卫生服务的各项数据，通过数据分析实现医疗卫生领域的科学决策，为医院提供覆盖医院运营管理、医疗业务、药品使用、医技检查等方面的一体化解决方案。同时，在运营管理方面，所有的工作流程都将实现电子化，使工作流程更为规范、安全与高效。

（三）智慧医疗改善大众健康

智慧医疗系统使人们就医和保护个人健康方面更为便利和科学。云数据平台的连接和调用可以保证患者个人医疗记录的连续性和系统性；通过远程/移动医疗会诊系统，患者无论在乡村还是城市，均可就近就医，享受到基本同质的医疗服务，保证就诊及时；通过智慧医疗系统，患者可以省去在医院排队挂号、划价、检查及取药的时间，可以选择自己信任的专家来为自己诊治，可以在家中向医生做健康咨询，可以随时得到医生的健康提醒，患者将真正成为医院服务的中心。

另外，在移动健康和可穿戴数据采集设备的基础上，智慧医疗将帮助构建家居式居民健康数据管理系统，将健康数据管理与居民生活相结合，并将采集到的健康数据传输到远程/移动医疗平台进行管理，建立健康档案，然后通过 AI 智能医疗诊断做出医疗判断并给出健康评估建议，进而提高居民的健康水平。

五、中国智慧医疗发展展望

（一）中国智慧医疗市场发展空间

根据中国信息通信研究院数据及网上的公开信息，中国智慧医疗市场2021—2025 年营收年均增速可达 14.1%，到 2025 年中国智慧医疗市场规模将达到 2134 亿元。2021—2025 年中国智慧医疗设备和应用收入规模如图 5-8 所示。

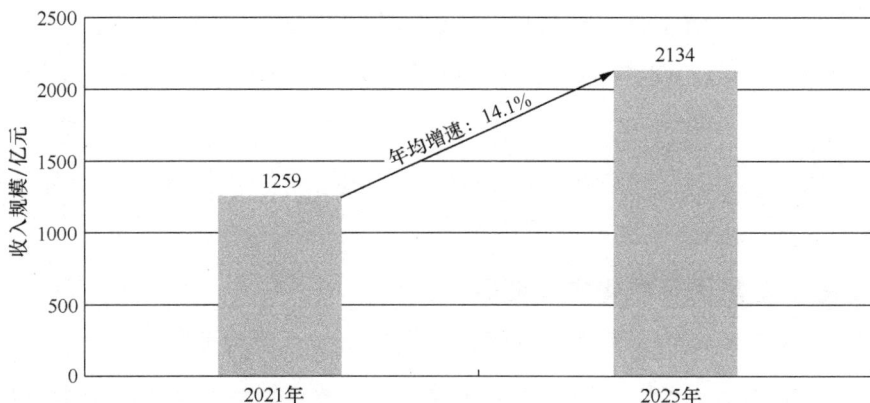

数据来源：根据网上公开信息整理

图 5-8 2021—2025 年中国智慧医疗设备和应用收入规模

近年来，中国智慧医疗市场需求高速增长、规模迅速扩张，各地都在积极探索智慧医疗，这将给医疗行业带来重大的变革和转型，并加速新技术的应用场景落地。随着中国经济社会的发展、居民收入水平的提高，中国智慧医疗市场将继续扩大。

5G、工业互联网、人工智能作为新一代信息通信技术演进升级的重要方向，是经济社会数字化转型的核心驱动力量。在医疗卫生行业，新一代信息技术与医疗健康的融合发展已成为不可阻挡的时代潮流。

目前，我国医疗信息化发展路径日渐清晰，呈现加速发展态势，已有几十家远程/移动医疗机构正在开展互联网问诊服务，患者和医生之间的信任机制、医疗质量监控机制等逐步建立，智慧医疗的收益方式、与医疗保险连通等开始进行有效的尝试，分级诊疗、医生多点执业、取消医院事业编制、医疗服务价格改革等政策也将促进智慧医疗产业快速扩大。远程/移动医疗、可穿戴设备、健康管理自诊断、定制保险产品、大数据管理和分析等都将成为未来智慧医疗的热点领域。

智慧医疗与智慧养老、智慧社区建设形成良性互动。社区服务信息化平台提供低成本、易管理、可按需灵活拓展的信息共享平台，满足社区居民，尤其是老年人的多方医疗健康需求，这是智慧社区、智慧养老的重要功能之一。云计算、大数据、物联网、移动互联网、社交网络媒体等新兴技术在智慧医疗行业中的应用将更加深入。随着远程/移动医疗服务收入的提升，智慧医疗的 IT 投入占服务收入的比重将持续保持高速增长。

（二）中国智慧医疗产业政策趋向

智慧医疗是智慧城市战略规划中一项重要的民生领域应用，也是民生经济带动下的产业升级和经济增长点，其建设应用是大势所趋。近几年，国家政府各部门积极推动智慧医疗的发展。在疫情防控的大环境之下，我国各级政府纷纷制定各项政策方针，从政策层面支持智慧医疗产业的发展。在国家政策、技术的共同驱动下，基于全民健康信息化和健康医疗大数据的个人智慧医疗体系正在构建，开始形成跨空间、跨部门的医疗数据融合应用雏形。

从整体趋势看，支持智慧医疗产业发展的政策正在从中央到地方逐步推进。2020 年，国家卫生健康委相继发布了《关于在疫情防控中做好互联网诊疗咨询服务工作的通知》《关于加强信息化支撑新型冠状病毒感染的肺炎疫情防控工作的通知》，国家医疗保障局与国家卫生健康委联合发布了《关于推进新冠肺炎疫情防控期间开展"互联网+"医保服务的指导意见》等。与此同时，工业和信息化部发出倡议：全国各地要充分发挥人工智能赋能效用，协力抗击新冠肺炎疫情。2020 年 3 月，国家发展和改革委员会与工业和信息化部联合印发《关于组织实施 2020 年新型基础设施建设工程（宽带网络和 5G 领域）的通知》，在 7 项 5G 创新应用提升工程中，居于首位的便是"面向重大公共卫生突发事件的 5G 智慧医疗系统建设"。

2021 年作为"十四五"规划实施元年，中国智慧医疗将重点围绕患者智慧服务、院内院间患者信息互联互通共享、医疗大数据挖掘、医疗全流程闭环管理、远程/移动医疗、家庭健康、新基建赋能医联体、重点专科信息化、医学信息安全等十大领域进行重点建设和持续完善。

未来，智慧医疗将成为推动中国数字经济飞速发展的"新动能"。中国

"十四五"规划提出，加快优质医疗资源扩容和区域均衡布局，加快建设分级诊疗体系，加强公立医院建设和管理考核，推进国家组织药品和耗材集中采购使用改革，发展高端医疗设备，推广远程/移动医疗。目前，中国长三角、珠三角、京津冀、中西部地区等产业聚集区初具规模，位于产业聚集区的互联网企业纷纷展开智慧医疗产业布局，抢抓数字经济发展机遇。各地"十四五"规划意见稿聚焦"互联网＋健康"，要求大力发展智慧医疗。

在智慧管理方面，越来越多的医院正在通过智慧手段实现精益管理。我国公立医院的管理水平与其他充分市场竞争的行业存在较大差距，为此，国家陆续推出了相关政策提升医院管理水平。2021年3月实施的《医院智慧管理分级评估标准体系（试行）》将智慧管理纳入医院绩效考核体系。医院智慧管理的实现除了需要引入先进的管理理念和手段，也需要建设自身的数字化、信息化能力。

（三）中国智慧医疗技术创新趋势

数字赋能智慧医疗已成为主流趋势，大数据分析也将在疾病监控、辅助决策、健康管理等领域发挥重要作用，而NB-IoT（窄带物联网）＋物联网芯片等融合应用，也将弥补传统医疗设备的缺点，成为远程/移动医疗设备的标配。在终端层，智能化医疗器械及终端设备将加速普及应用，并集中体现在无线智能诊疗设备、可穿戴式智能监测设备方面。在网络层，5G三大应用场景适配无线医疗健康场景需求。增强移动宽带可以给急救车提供广域连续覆盖，实现"上车即入院"。海量机器类通信可实现对医疗设备的管理监控。低时延、高可靠的通信技术则让无线监护、远程手术得到保障。在平台层，云计算、大数据、人工智能、区块链等技术将推动医疗信息化及远程/移动医疗平台改造升级。在应用层，5G医疗应用潜力无限，智能化和个性化是两大发展方向。智慧应用场景包括远程会诊、远程超声、远程手术、远程监护、远程示教、应急救援、智慧导诊、智慧院区管理、AI辅助诊疗、移动医护等。

　　从技术趋势来看，5G 加速商用将推进智慧医疗加速落地；人工智能＋大数据会助力智慧医疗发展；窄带物联网＋物联网芯片研发会加速医疗设备商用。从服务需求来看，创新智慧医疗服务应用会更注重用户体验。各种便捷的数字化工具，连接线上线下场景，实现医疗服务全链条、全流程的打通，有效支持医疗服务体验的持续优化。智慧医疗能充分发挥数字技术的效率和优势，为医生和患者等提供更加便捷且全面的健康信息数据。

编写单位：北京科智云佳技术有限公司

作者：弓瑞峰　吴　倩　苏长飞　李智健　张志玲

一、全球在线旅游行业发展态势

从 20 世纪 50 年代到 21 世纪初，美国和欧洲发达经济体是电子信息产业及互联网产业的发源地与发展高地，其发达的旅游产业也为在线旅游行业的孕育和发展奠定了坚实的基础，诞生了多家全球化的在线旅游头部企业。

（一）在线旅游行业的 5 个发展阶段

无论是从技术层面还是从产业层面，欧美都是全球在线旅游行业的发源地，从早期的电话预订代理到信息化时代的全球分销系统（Global Distribution System，GDS），再到在线旅行代理（Online Travel Agency，OTA），基本都是在美国发展成熟后向其他市场渗透的。

全球在线旅游行业的发展为中国在线旅游行业早期的发展提供了可借鉴的经验和模式，也可以说中国在线旅游行业从萌芽到高速发展都与全球在线旅游行业密不可分。全球在线旅游行业发展历程概览见表 6-1。

表 6-1　全球在线旅游行业发展历程概览

时间线	发展阶段	标志性事件 / 里程碑事件
1954 年	计算机化初级阶段	美国航空公司与 IBM 公司合作推出了 Sabre 订票系统，随后的 10 年间，Deltamatic、DATAS、Apollo、PARS 系统陆续面世
1980 年	分销系统阶段	随着以机票为代表的细分市场全面进入分销时代，欧美涌现出一批机票分销系统，例如 Sabre、Amadeus。机票预订系统逐渐可以同时提供机票和酒店在线预订。1987 年，Fidelio 发布了第一款库存管理及酒店预订系统
1996 年	在线旅游平台时代	微软旗下一个名为 Expedia（亿客行）的业务部门发布了自己的网站，提供机票、酒店和租车服务的在线预订。1996 年年底，Sabre 旗下的 Travelocity 上线，为自助旅游客人提供帮助。Booking（缤客）集团的前身 Priceline 推出了 "name your price" 的模糊定价模式。美国 6 家主流航空公司中的 5 家联合发布了自己的 OTA 网站 Orbitz。1999 年，中国诞生了第一家 OTA 网站携程
2000—2006 年	旅游媒体及垂直搜索平台	2000 年，旅游媒体 TripAdvisor（猫途鹰）成立，2004 年上线网站；机票搜索平台 Kayak 诞生；2004 年，度假租赁搜索平台 HomeAway 诞生。中国的两大 OTA 携程和艺龙先后在纳斯达克上市
2008 年起	移动旅行时代	苹果第一代 iPhone 诞生，手机迎来智能化时代，基于位置的移动旅行预订随之崛起；共享住宿平台 Airbnb 诞生；移动酒店预订应用 HotelTonight 诞生，将 last-minute 预订模式（一种限时优惠模式）引入酒店预订领域。Google 进入航班与酒店搜索领域。中国 OTA 行业在移动旅行方面位居全球前列

全球在线旅游行业发展演进的时间线最早可以追溯至 1954 年航空客运领域的早期计算机化阶段。全球在线旅游行业起源于美国，大体上经历了 5 个发展阶段。

第一阶段：20 世纪 50 年代，美国社会逐渐进入计算机时代，美国航空客运行业开启了计算机化的变革，诞生了最早的订票系统 Sabre，在线旅游行业开始萌芽。

第二阶段：20 世纪 80 年代，欧美旅游业进入线上分销时代，出现了更多的线上机票预订系统，并逐渐增加了酒店预订功能，具备了在线旅游平台的雏形。

第三阶段：20 世纪 90 年代后半段，Expedia、Priceline、Orbitz 等在线

旅游平台集中诞生（1996 年），全球在线旅游平台化进入新纪元。1999 年，中国第一个 OTA 网站携程诞生，标志着中国在线旅游行业正式融入全球发展浪潮。从时间维度看，中国在线旅游行业的起点几乎与国外同步。

第四阶段：21 世纪的前 5 年，旅游垂直搜索平台和旅游媒体平台应运而生，填补了在线旅游行业信息及元搜索方面的空白，整个产业链更加完备。随着中国互联网普及率的高速增长，2005 年前后，中国先后诞生了旅游媒体平台马蜂窝、穷游网等，以及旅游垂直搜索平台去哪儿网、酷讯网等，TripAdvisor 也在此时进入中国市场，并推出了到到网。

第五阶段：2008 年至今，随着移动互联网及手机智能化时代到来，在线旅游进入移动旅行时代，基于位置的移动旅行预订服务逐渐成为大趋势，先后诞生了 Airbnb、HotelTonight 等平台，催生了一些新的业态，例如 last-minute 预订模式等。随着 Google 进军航班及酒店搜索领域，全球在线旅游行业的格局随之改变。受益于中国移动互联网的规模及创新优势，中国在线旅游企业在移动旅行预订规模方面反超国外同行，尤其是移动端的订单占比处于全球领先位置。

（二）全球在线旅游行业市场格局

全球在线旅行市场竞争格局集中度较高。截至 2021 年 9 月，综合企业市值及市场影响力，全球（除了中国）头部在线旅游企业主要包括 Booking 集团、Expedia 集团、TripAdvisor、MakeMyTrip 等。全球（除中国）主要在线旅游企业概览见表 6-2。

表 6-2　全球（除中国）主要在线旅游企业概览

公司名	总部所在地	基本信息	核心业务及优势
Booking 集团	荷兰阿姆斯特丹	成立于 1996 年，是全球 OTA 行业的领导者，2010 年进入中国市场	酒店预订、交通工具预订、租车及垂直搜索平台。Booking 集团的收入规模位居全球首位（2019 年营收为 150.7 亿美元）

续表

公司名	总部所在地	基本信息	核心业务及优势
Expedia 集团	美国西雅图	成立于1996年，全球领先的在线旅游集团。2009年进入中国市场	酒店预订、交通工具预订、度假预订、旅游内容社交及垂直搜索平台，是交易规模最大的在线旅游平台之一（2019年平台交易额为1079亿美元）
TripAdvisor	美国波士顿	成立于2000年，全球领先的旅游媒体及用户生产内容（User Generated Content，UGC）平台。2009年进入中国市场	全球规模最大的旅行资讯平台（住宿、景点、餐厅、航空公司、邮轮等）
MakeMytrip	印度	成立于2000年，中国OTA龙头携程于2019年成为其最大股东	机票、酒店、度假产品、地面交通工具预订，印度最大的在线旅游平台

Booking 集团是目前全球最大的在线旅游平台（以收入规模计），于1996年在荷兰阿姆斯特丹成立业务范围涵盖酒店预订、机票预订、租车及旅游垂直搜索平台等。Booking 集团是一个全球化企业集团，业务遍布全球200多个国家和地区。Booking 集团超过70%的收入为代理佣金收入，约20%为商户收入（自有库存赚取差价），广告及其他收入（搜索竞价等）的比例在7%左右。

Expedia 集团是仅次于 Booking 集团的全球在线旅游巨头，1996年在美国西雅图成立。在2018年以前，Expedia 集团一直是全球范围交易规模最大的在线旅游平台，2019年全年的平台总交易金额（旅游预订额）达1079亿美元。2018年 Expedia 交易额第一的位置被中国 OTA 龙头携程取代（2018年交易额达6900亿元）。Expedia 集团的业务模式主要是"Agency（代理）"模式，即通过代理酒店等旅游产品获取交易佣金，也有小部分收入来自商户收入（自有库存赚取差价）。

TripAdvisor 是全球领先的旅游媒体及 UGC 平台，2000年在美国波士顿成立，主要提供来自全球旅行者的点评和建议，全面覆盖全球的酒店、景点、餐厅、航空公司，以及旅行规划和酒店、景点、餐厅预订功能。2004年，

TripAdvisor 被 IAC/InterActiveCorp 公司收购，后整合到 Expedia 旗下，并于2011年从 Expedia 拆分出来，在纳斯达克独立上市。作为一个旅游媒体平台，TripAdvisor 的业务模式主要以广告收入、商户内容订阅服务收入为主。

MakeMytrip 是印度在线旅游行业的领导者，成立于 2000 年，业务范围涵盖酒店预订、机票预订、地面交通工具（巴士、火车等）预订及旅游度假打包产品预订等。

（三）全球头部企业与中国竞合发展

全球头部企业通过开展本地业务及投资并购进入中国市场。中国作为全球规模最大的本土旅游市场和最大的国际旅行客源市场，得到了全球在线旅游巨头的普遍关注，并逐渐加大布局力度。在线旅游巨头布局中国市场最早可追溯至 2009 年，早期主要通过上线中文平台、设立中国分部（大中华区）及与中国公司建立战略合作等方式进入中国市场，2011 年之后逐渐增加了投资并购方面的投入，深度介入中国市场。全球在线旅游头部企业的中国市场布局概览见表 6-3。

表 6-3 全球在线旅游头部企业的中国市场布局概览

企业	时间	事件概述	意义
Expedia 集团	2005 年	获得中国在线旅游企业艺龙的控股权	最早进入中国市场的全球 OTA 巨头
	2008 年	在中国设立办事处和独立呼叫中心，为中国客户提供国际商旅服务	第一个独立进入中国市场的国际在线旅游巨头
	2009 年	旗下旅游点评及媒体平台进入中国市场，上线"到到网"	在中国上线的首个平台
	2015 年	将持有的艺龙股份出售给携程等，并与携程开展业务合作	在中国的市场策略由独立向战略合作转变
TripAdvisor	2009 年	TripAdvisor（Expedia 旗下企业）进入中国市场，推出中文网站"到到网"	跨国巨头在中国上线的首个平台
	2015 年	"到到网"更名为"猫途鹰"并发布新版 App	调整中国市场策略
	2019 年	与携程达成战略合作，双方成立合资公司等	参与中国在线旅游企业的"出海"战略

续表

企业	时间	事件概述	意义
Booking 集团	2010 年	主要为中国游客出境游服务	首次进入中国市场
	2014 年、2015 年	先后累计向携程投资 7.5 亿美元	以投资方身份进入中国在线旅游市场
	2017 年、2018 年	分别向滴滴出行和美团投资 5 亿美元，扩充中国总部规模，设立研发和营销团队	战略投资与独立发展同时推进

从时间上看，Expedia 集团是较早进入中国市场的全球在线旅游巨头，但其在中国市场的经营并不顺利，从早期的直接独立经营到近年来的战略合作及支持中国同行的"出海"战略，逐渐找到了相对合适的市场策略。Booking 集团早期主要为中国企业提供国际商旅服务，随后通过战略投资中国在线旅游龙头企业携程及滴滴出行、美团等加大布局力度，同时在独立发展方面不断加码，中国市场成为其唯一设立研发和营销部门的海外市场。

进入互联网时代后，中国在线旅游行业的发展基本与国际市场同步，尤其以携程为代表的中国在线旅游头部企业取得巨大成功，并加快进军国际市场，对国际在线旅游巨头产生了较大的竞争压力。

（四）疫情对全球旅游行业带来多重影响

在新冠肺炎疫情的影响下，全球旅游业遭受重创，国际旅游人数锐减，旅游业收入损失达万亿级，旅游业工作机会损失数以亿计。除了直接的客流、收入和就业岗位损失，还对全球旅游产业的未来发展带来了深远的影响。

1. 疫情对全球旅游业的影响分析

新冠肺炎疫情对全球旅游产业造成了系统性的损害。从业者失去工作，旅游目的地的游客量锐减，旅游企业的业务量下滑和严重亏损。根据世界旅游组织（World Tourism Organization，UNWTO）发布的数据，2020 年全球国际游客人数减少了 10 亿人次，全球旅游业收入损失达 1.3 万亿美元，成为"旅游业历史上最糟糕的年份"，1 亿～ 1.2 亿个旅游直接工作岗位面临风险。

2020 年全球国际游客到达量较 2019 年下降了 73%，其中 4 月、5 月和 6 月 3 个月的下滑幅度均超过了 90%。不同地区间的下降幅度存在较大差异，下降幅度较大的地区主要集中在亚太和中东地区。国际游客到达量的下滑幅度一方面与各地区疫情形势有关，另一方面也与各地区的入境限制措施有关。

受疫情影响，不少国家实施广泛限制措施，全球旅游活动减少。 国际货币基金组织（International Monetary Fund，IMF）数据显示，2020 年全球旅游业的名义经济预估下降了 40%[1]。世界旅游及旅行理事会研究认为新冠肺炎疫情可能导致接近 2 亿人失业，全球旅游业 GDP 减少超过 5.5 万亿美元[2]。

由于经济结构和疫情防控形势的差异，所以全球各地区旅游业受疫情影响的程度存在较大差异。IMF 认为，相较于国际旅游收入，本土市场仍是主力。因此，自疫情发生以来，旅游业遭受打击最为严重的国家和地区基本是高度依赖国际入境游客的欠发达地区，尤其是一些岛国。2020 年度国际到达游客量下降幅度最大的地区主要集中在东盟和小岛屿发展中国家，这两个地区有多个旅游城市对国际客源存在较高的依赖度。

2021 年，随着"德尔塔"等新冠病毒新毒株在全球蔓延，全球旅游业的复苏进程被打断，整体复苏情况远低于预期水平，泰国、越南、印尼、马来西亚、日本等亚太国家或地区的病例数自 2021 年 7 月以来纷纷创新高，部分国家重新启动了严格的防控措施，包括旅游业在内的接触型服务业再次陷入停滞状态。

2. 头部在线旅游企业业绩受冲击

企业营收及利润遭遇断崖式下滑。 在全球旅游业受疫情重创的大背景下，全球头部在线旅游企业因其较高的全球化水平（国际业务占比较高）而

1　刘亮.《疫情下的全球旅游业该何去何从？》[EB/OL].中国新闻网.[2021-02-21].
2　王瑶.《麦肯锡：全球旅游业损失万亿美元，中国市场复苏"低于预期"》[EB/OL].环球旅讯.[2020-06-30].

出现了业绩的大幅度下滑。在利润方面，从 2020 年第一季度至 2021 年第二季度的 6 个季度里，两家企业累计产生利润损失（亏损）43.45 亿美元，其中 Expedia 集团累计产生归属于全体普通股东的亏损高达 35.73 亿美元。在收入方面，Booking 集团 2020 年的总收入较 2019 年减少了 82.7 亿美元，Expedia 集团则减少了 68.68 亿美元。按季度看，两大企业的欧美核心市场从 2020 年第二季度开始迎来收入的大幅下滑。2021 年年初以来，在疫情阶段性缓解的情况下，欧美地区开启了一轮社会"解封"，国际旅行得到一定的恢复，两大企业 2021 年第一季度和第二季度的业务大幅改善，但仍未能摆脱亏损局面。全球在线旅游两大企业自疫情发生以来的核心财务数据见表 6-4。

表 6-4　全球在线旅游两大企业自疫情发生以来的核心财务数据

季度	营收 / 亿美元	同比增幅	净收益 / 亿美元
Booking 集团			
2020 年第一季度	22.88	−19.0%	−6.99
2020 年第二季度	6.30	−84.0%	−4.33
2020 年第三季度	26.40	−48.0%	8.01
2020 年第四季度	12.38	−63.0%	−1.65
2021 年第一季度	11.41	−50.0%	−0.55
2021 年第二季度	21.60	242.9%	−2.22
合计	100.97		−7.73
Expedia 集团			
2020 年第一季度	22.09	−15.0%	−13.01
2020 年第二季度	5.66	−82.0%	−7.53
2020 年第三季度	15.04	−58.0%	−2.21
2020 年第四季度	9.20	−67.0%	−3.90
2021 年第一季度	12.46	−44.0%	−6.06
2021 年第二季度	21.11	273.0%	−3.01
合计	85.56	—	−35.72

数据来源：上市公司财报

全球旅游业整体复苏进程较慢。中国社会科学院旅游研究中心与世界旅游城市联合会《世界旅游经济趋势报告（2021）》课题组的研究显示，2020年全球旅游总人次同比下降40.8%。在悲观、基准和乐观的情境下，2021年全球旅游总人次将分别恢复到2019年的67.7%、77.7%和86.5%，全球旅游总收入将分别恢复到2019年的65.4%、76.5%和84.7%。但是，随着南亚、北美、欧洲及东南亚等多个国家的疫情在2021年出现较为严重的反复，各国相继减缓了"解封"动作，部分疫情严重的国家则再次启动了较为严格的防控措施，全球旅游业复苏进程受挫。UNWTO认为，在2023年之前，全球旅游业不太可能恢复至疫情前水平，主要障碍是旅行限制、疫情控制缓慢、旅行者信心低下和经济环境不佳等。另外，由于全球各地区疫苗接种率差距巨大，这也在一定程度上造成各地旅游业复苏的不均衡，从而减缓全球旅游业整体的复苏进程。

二、中国在线旅游行业发展态势

经历了20多年的发展后，中国在线旅游行业已经成长为一个万亿级市场，在产业成熟度、市场竞争力等方面与欧美发达国家的差距快速缩小，在移动旅行预订、服务智能化等方面处于全球领先地位。

（一）中国在线旅游行业发展历程

1. 中国在线旅游行业与欧美国家同时起步发展

从时间上看，中国的在线旅游行业几乎与欧美国家同时起步，自携程旅行网诞生的1999年算起，中国的在线旅游行业起步时间只比欧美国家晚了3年（当前，主流的欧美在线旅游平台Booking和Expedia等基本在1996年前后成立），但如果将在线旅游的发展纳入旅游产业数字化的整体进程，中国旅游业在数字化、信息化方面要比欧美国家晚了30多年。

与欧美发达国家不同，中国旅游行业的分销线上化几乎与旅游产业的整体数字化进程同步。1999 年"游狐"旅游网在上海诞生，它是携程旅行网的前身，这一年也是中国互联网黄金十年的起点，可以将携程旅行网的诞生看作中国在线旅游行业的起点。携程在成立后的 10 年里，机票预订和住宿预订一直是其最核心的业务，二者营收合并占比一度超过 90%，在此期间，呼叫中心一直是携程主要的预订通道。2003 年 12 月，携程成功登陆纳斯达克，成为第一家登陆资本市场的中国 OTA。与携程几乎同时诞生的艺龙旅行网于 2001 年转型在线旅行预订，业务模式基本与携程相同。该公司于 2004 年 10 月成功登陆纳斯达克。在 2009 年之前，中国的在线旅游企业主要实现了酒店、交通（主要是机票）、旅游度假产品的交易系统化、平台化，也就是解决了旅游业分销环节的系统化、信息化，但交易通道高度依赖呼叫中心。在机票分销方面，自 2000 年南方航空推出中国首张电子客票后，中国的在线旅游行业在机票分销领域的发展突飞猛进，并在此后 10 年间成长为最重要的机票分销渠道之一。

总体来看，中国在线旅游行业从 1999 年到 2021 年大体上经历了 4 个发展阶段，每个阶段都与中国互联网及数字经济的发展紧密相关。

第一阶段（1999—2005 年）：起步阶段。这一阶段的中国在线旅游行业基本是携程和艺龙"两强相争"的格局，二者以机票和酒店两大业务为主，由于国内旅游业整体的信息化水平较低，所以在线旅游度假发展缓慢。2005 年，去哪儿网、酷讯网等垂直搜索平台迅速崛起，经营主体迅速增加，在线旅游行业以价格战为主要形式进行市场竞争。这一阶段的前半段，由于中国互联网产业尚处于起步阶段，互联网普及率较低，在线旅游行业在互联网化方面进展缓慢。

第二阶段（2006—2012 年）：多元发展阶段。这一阶段行业互联网化水平的大幅提升，互联网逐渐取代呼叫中心成为在线旅游企业的主力销售通道，呼叫中心则主要向服务中心转型。受益于中国互联网的高速增长（中国的网民规模在 2008 年 6 月底超越美国，达到 2.53 亿人[1]），去哪儿网、酷讯网、淘宝旅行（飞猪的前身）等快速成长，马蜂窝等旅游媒体的出现丰富了行业的业态。这一阶段是中国在线旅游行业参与者最多、业态最多元的发展阶段，既有大型 OTA 平台（携程、艺龙、同程等），又有垂直搜索平台（去哪儿网、酷讯网、淘宝旅行等），也有专注于 B2B 领域的同业平台。另外，这一阶段也是中国智慧旅游时代的起点，物联网等技术逐渐被引入旅游景区、旅游目的地等线下消费场景。

第三阶段（2013—2016 年）：移动互联网转型阶段。随着移动终端智能化时代的到来，移动互联网在不到 5 年的时间里基本完成了对桌面互联网的替代（2009—2014 年），中国在移动互联网产业化方面走在了世界前列，从零售电商到垂直电商，迅速进入移动互联时代，在线旅游行业也迅速进入移动时代。到 2014 年年末，中国在线旅游行业的移动端用户规模已超越 PC 端，移动旅行平台的市场格局基本成型，携程、去哪儿网、同程旅行、飞猪等平台的移动用户规模位居前列。这一阶段正是中国互联网黄金十年的巅峰，中国的网民规模在 2014 年年末达到 6.49 亿，互联网普及率达到 47.9%[2]。在行业格局方面，从 2014 年开始，行业龙头企业携程开启了大范围的投资并购。2014 年 4 月，携程以 2.2 亿美元战略投资同程，结束了二者持续数月的门票价格战。2015 年 5 月，携程联合腾讯、铂涛收购了 Expedia 集团持有的艺龙股权，成为艺龙的第一大股东，2015 年 10 月，携程又通过与百度换股，控股了去哪儿网，去哪儿网随后于 2017 年 3 月 1 日正式从纳斯达克退市。通过一系列并购，头部在线旅游企业快速实现了平台化和生态化发展，一些垂直类的 B2B 平台逐渐淡出市场或寻求转型。

第四阶段（2017 年至今）：巨头跨界与平台竞争时代，中国旅游基础设施的数字化进程因疫情而大幅提速。这一阶段最大的行业背景是中国互联

1　来自中国互联网络信息中心发布的《第 22 次中国互联网络发展状况统计报告》，2008 年 7 月。

2　来自中国互联网络信息中心发布的《第 35 次中国互联网络发展状况统计报告》，2015 年 1 月。

网格局的变化和技术迭代。随着中国互联网产业的发展，涌现出多个"后起之秀"，今日头条、美团、拼多多等先后在各自的领域实现了高速增长，并逐渐形成强大的竞争优势，原本的"BAT"（百度、阿里巴巴、腾讯）三足鼎立的格局逐渐被打破。另外，随着5G时代来临，移动互联网也迎来一次重大变革，视频逐渐取代图文成为互联网新的流量中心，并深刻改变着互联网行业的生态格局。生活服务头部企业美团加大多元化布局，瞄准了在线旅游市场。在美团等跨界进入之前，腾讯、阿里巴巴、百度等均已通过投资布局进入在线旅游行业，腾讯是同程艺龙的最大股东，百度是携程最大的机构股东，阿里巴巴则在孵化了飞猪平台的同时面向在线旅游行业发起多笔投资并购。这一阶段在线旅游行业的竞争已经不再局限于行业内部几个平台之间的竞争，而是几大生态平台之间的角逐。与此同时，中国在线旅游行业在发展模式和增长逻辑方面发生了巨大的变化，已经从以利润换流量的粗放式增长阶段转变到高质量发展阶段，对于持续增长能力、盈利能力的关注超过了对增长速度和规模扩张的关注。

2020年的新冠肺炎疫情改变了中国在线旅游行业的发展节奏。疫情对于预约旅游、流量监测等的硬性要求加速了国内旅游基础设施的数字化、信息化水平，客观上加快了中国旅游业的数字化步伐，从而为在线旅游行业的发展带来了新的机会和挑战。广袤的中西部地区加速进入旅游数字化时代，为在线旅游企业提供了前所未有的机会，而市场培育、服务线上化等方面又需要持续投入并且存在一定的不确定性。

2. 在线旅游行业与中国经济社会整体数字化进程紧密关联

中国在线旅游行业发展历程中的重要里程碑均与中国社会整体的数字化进程密切相关，尤其是中国互联网普及率的快速提升及互联网产业的创新发展。1999—2020年中国网民规模及互联网普及率趋势如图6-1所示。

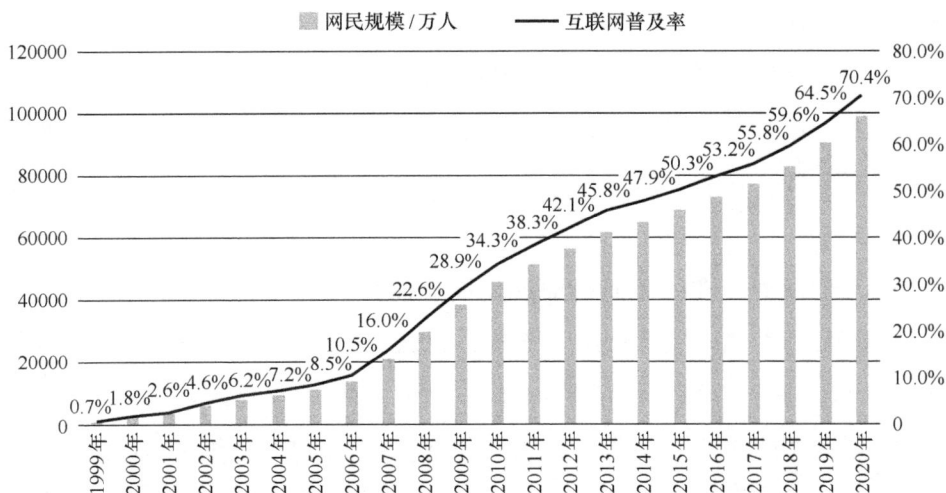

数据来源：中国互联网信息中心

图 6-1　1999—2020 年中国网民规模及互联网普及率趋势

　　1999 年，中国的网民规模仅为 890 万人，上网还只是极少数人的体验，个人计算机的数量更是少之又少。因此，携程在成立后的 5 年中主要通过呼叫中心提供电话预订服务，并且主要集中在标准化程度相对更高的酒店和机票业务领域。2005 年，中国的网民规模首次突破 1 亿人，互联网普及率接近 10%，个人计算机的普及率空前提高。在此背景下，中国在线旅游行业出现了完全基于互联网平台的新业态。例如，以去哪儿网为代表的垂直搜索平台，以马蜂窝为代表的旅游媒体平台等。2010 年前后，中国网民规模达到 4.6 亿人，互联网普及率突破 30%，江苏等地提出了基于物联网的智慧旅游规划，中国在线旅游行业也全面进入互联网时代，线上预订比例全面超越传统的呼叫中心，国内 OTA 平台纷纷将互联网作为营销主阵地。2013 年前后，中国迎来移动互联网时代。按照中国互联网络信息中心发布的《2013—2014 年中国移动互联网调查研究报告》，到 2013 年年底中国手机网民规模已突破 5 亿人，网民渗透率达到 81%。移动互联网时代的到来促使 OTA 行业全面转向移动旅行预订，携程将其"鼠标＋水泥"战略修改为"拇指＋水泥"战略。

3．在线旅游推动旅游产业提质升级普惠

在线行业高速增长阶段正值中国旅游业产业地位快速提升及中国互联网的高增长阶段，它的全面发展对于旅游产业乃至整个社会的发展做出了积极贡献。

数字化赋能，在线旅游行业的发展全面提升了传统业态的经营效率。 传统旅行社行业的年人均产出（营收）在 2010 年出现大幅跃升，同比增长 80.3%，达到一个新的水平。在线旅游行业在 2010 年前后全面互联网化及向产业链上游的渗透（开设线下旅行社或并购传统旅行社等）为传统旅行社行业人效比的提升做出了重要贡献。2010 年前后，在线旅游行业面向传统旅行社的同业交易及交流平台已经覆盖了 8 成以上的中大型经营者，改变了旅行社通过线下会议及社交圈子拓展业务的模式，大大提升了交易效率。2002—2015 年传统旅行社行业从业者年人均产出变动趋势如图 6-2 所示。

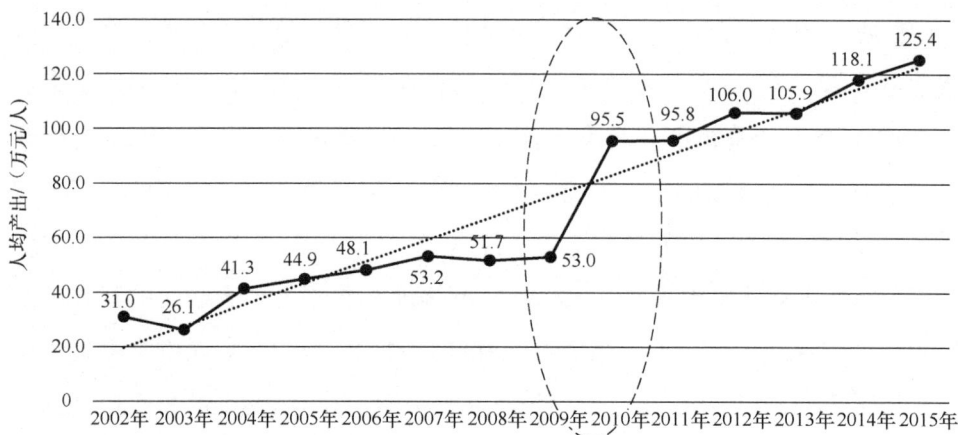

数据来源：2002—2015 年《中国旅游统计年鉴》

图 6-2 2002—2015 年传统旅行社行业从业者年人均产出变动趋势

提升旅游服务的可及性和普惠性，加速旅游大众化时代的到来。 经过近

20 年的快速发展,中国在线旅游行业的渗透率已经超过 40%,在民航客票等领域的渗透率超过 50%,每年有超过 2 亿人次的民航旅行是通过在线旅游平台(OTA、OTP 等)完成的。尤其是在移动互联网时代,通过各类在线旅游平台完成旅行预订及资讯查询已经成为人们的旅游消费习惯,大型平台每年帮助数千万人完成了他们的首次民航旅行或第一次出境旅行,加速了旅游消费大众化时代的来临。

消除旅游产业的区域"数字鸿沟"。受历史因素及区位约束,我国旅游产业的发展存在极大的区域不平衡,进入信息化时代后,在线旅游行业的发展通过弥合产业内的区域"数字鸿沟",找到了改善这一状况的有效路径。在线旅游行业的大发展为广大欠发达的旅游目的地提供了一个全新的发展机遇。通过平台推广、投资、技术赋能等方式,在线旅游头部企业纷纷加大对旅游资源丰富的中西部地区旅游企业的支持力度,为缩小这些地区旅游产业与发达地区的发展差距做出了贡献,对于巩固脱贫攻坚成果、振兴乡村经济及共同富裕事业的成功有着积极意义。

(二)中国在线旅游行业的商业模式分析

目前,国内在线旅游企业的商业模式大体可划分为代理模式(OTA)和在线事务平台(Online Transaction Platform,OTP),前者主要包括 OTA 和一些综合性的电商平台,后者主要以传统的垂直搜索平台为主。在代理模式下,OTA 及其他电商平台通过分销供应商的产品,按约定的佣金率获取佣金收益,平台可以选择买断包销(承担库存成本和相应的市场风险),也可以选择代销(不承担库存成本)。在平台模式下,平台方类似一个大型"商场",符合条件的商家可以在"商场"内开店铺,按照点击付费(Cost Per Click,CPC)模式、年费模式或分成模式向平台支付费用,平台方主要向"店主"们提供流量支持、运营支持、交易系统、支付结算系统、品牌展示等服务。

值得关注的是,随着短视频平台的快速发展,粉丝规模庞大的视频网络日志（Vlog）博主及旅行相关博主逐渐成为旅游产品分销的新势力，部分博主可绕过中间商直接为上游商家带货，或者为主流在线旅游平台引流，从而形成一个全新的"关键意见消费者"（Key Opinion Consumer，KOC）模式。尽管如此，由于旅游产品的非标准化属性，博主们直接通过大型平台售卖还存在一些阻碍，提供广告及品牌引流是目前比较主流的业务模式。为应对流量新势力的挑战，以携程为代表的主流OTA平台开启了内容生态体系的建设，尝试打造一个涵盖内容生产者（博主）、品牌商家（品牌专区等）等参与者在内的全新体系，以视频、图文等为载体的内容是连接整个体系的重要纽带。中国在线旅游行业产业链基本结构如图6-3所示。

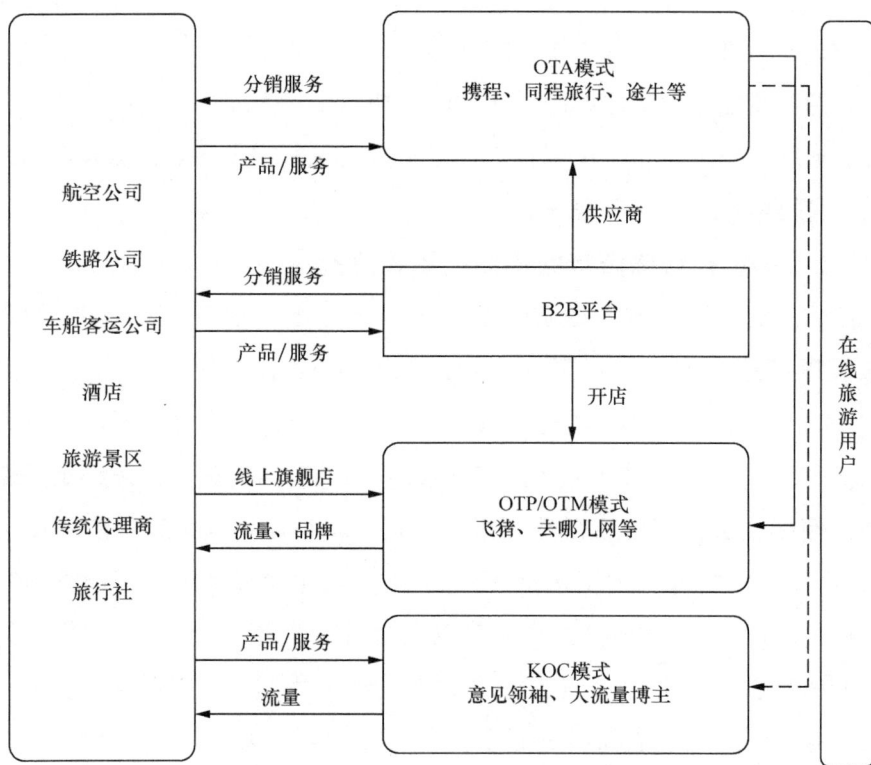

图6-3　中国在线旅游行业产业链基本结构

经历了 2015 年以来的行业格局调整，从 2018 年开始，无论是 OTA 模式还是 OTP 模式都发生了一些变化。主流 OTA 平台纷纷引入 OTP 模式以进一步提高产品库存单位（Stock Keeping Unit，SKU）规模，而飞猪等 OTP 平台也加大对上游资源的拓展力度，引入在线旅游生态（Online Travel Marketplace，OTM），邀请了一些有影响力的品牌供应商开通"品牌号"，以弥补 OTP 模式下用户体验方面的不足。

总体来看，OTA 平台的渗透率依然领先在线旅游的其他业态。其中，在线住宿市场的 OTA 渗透率维持在 85% 左右，在线交通市场的 OTA 渗透率达到 63% 左右。根据 Fastdata 极数发布的《2020 年中国在线旅游行业报告》，2020 年 OTA 在中国在线旅游行业的份额为 67.1%，直销平台的交易额占比为 32.9%，OTA 依然是整个在线旅游行业的主导者。

（三）中国在线旅游行业规模及业务结构

截至目前，最近 10 年是中国在线旅游行业增长最快的 10 年。中国在线旅游行业的交易规模从 2013 年的 3000 多亿元增长到万亿元以上仅用了 4 年时间，到 2017 年已经超过了 1.1 万亿元，市场渗透率[1] 也从 10% 猛增至 30% 以上。受新冠肺炎疫情影响，2020 年在线旅游行业的交易规模不足 9000 亿元，同比下滑 50% 以上。尽管如此，由于疫情期间旅游服务线上化提速，在线旅游的渗透率仍然保持了增长势头，2021 年的市场渗透率突破 50%，与欧美市场的差距大幅缩小。2013—2022 年中国在线旅游交易规模增长趋势及渗透率趋势如图 6-4 所示。

鉴于中国旅游业结构及历史原因，旅游业的住宿、交通、度假等细分市场的线上化发展并不均衡。数字化水平较高的交通业务的占比远高于住宿和旅游度假，交通票务的交易规模占比基本稳定在 70% 上下，近年来，旅游度假和住宿等业务的交易额占比一直未能突破 20%。中国交通服务的数字

---

1 在线旅游行业的市场渗透率是指在线旅游市场交易额占整个旅游行业交易额的比例。

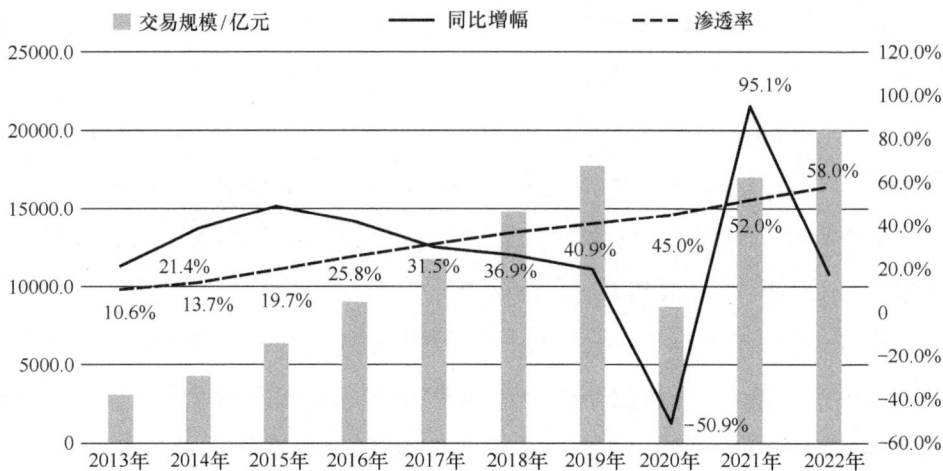

注：综合业内主流研究机构观点

图 6-4　2013—2022 年中国在线旅游交易规模增长趋势及渗透率趋势

化水平一直走在世界前列，民航早在 2000 年就推出了第一张电子机票，铁路则于 2011 年启动网上售票试点，并从 2020 年 6 月 20 日起全面推广电子火车票，公路客运的票务线上化则在最近 5 年间取得了长足进步，诞生了多个跨地区大型售票平台（例如巴士管家及携程、同程旅行、飞猪等平台）。相比之下，住宿行业、旅游度假行业的线上化、数字化水平还处于低速增长状态。业内认为，随着中国酒店连锁化水平的不断提高及旅游基础服务数字化水平的提升，在线酒店和在线度假市场将迎来一个高增长的机会，特别是三线及以下城市的增速将远高于一、二线城市。2013—2022 年中国在线旅游产业结构变化趋势如图 6-5 所示。

在具体市场规模方面，在线交通票务市场的交易额在 2018 年就已超过 1 万亿元，到 2022 年将达到 1.4 万亿元。在线旅游度假和在线住宿的交易额基本在 3000 亿元以下。2020 年的新冠肺炎疫情对于交通票务的影响程度要小于旅游度假和住宿，交通业务的恢复情况也明显好转。2013—2022 年中国在线旅游行业细分市场增长趋势如图 6-6 所示。

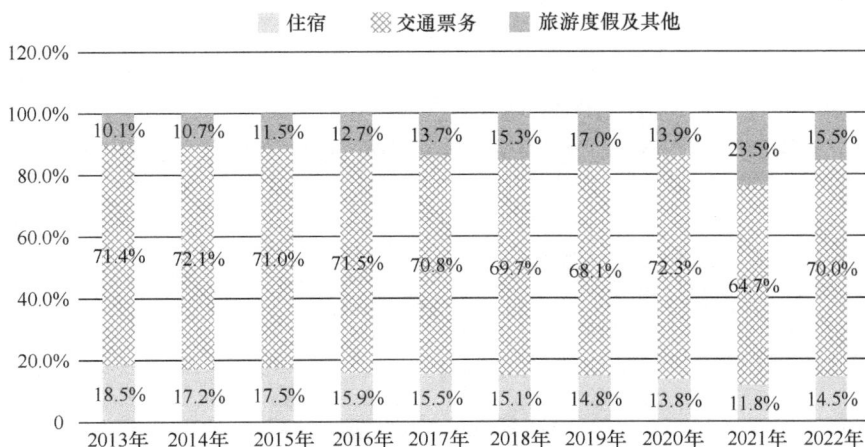

注：综合业内主流研究机构观点

图 6-5 2013—2022 年中国在线旅游产业结构变化趋势

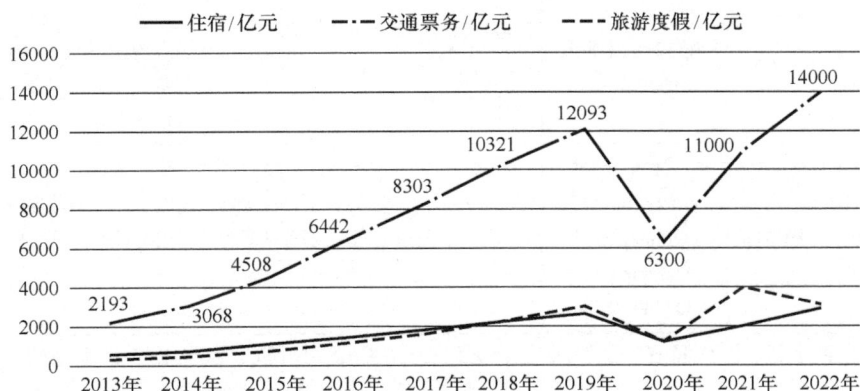

数据来源：综合多个机构研究报告

图 6-6 2013—2022 年中国在线旅游行业细分市场增长趋势

（四）中国头部在线旅游企业发展情况

截至 2021 年年初，中国头部在线旅游企业主要包括携程、同程旅行、飞猪、去哪儿网、美团、途牛等，其中携程、同程旅行、美团（仅部分业务涉及在线旅游服务）、途牛均为上市企业。2020 年中国在线旅游行业典型企业分析见表 6-5。

表 6-5 2020 年中国在线旅游行业典型企业分析

企业	商业模式	独特性	2020 年经营业绩概要	战略及未来趋势
携程	OTA+ 门店	全球布局的 OTA 平台，国内 OTA 行业龙头企业	全年净营业收入为 183.16 亿元，同比下降 51.6%；商品交易额（Gross Merchandise Volume，GMV）3950 亿元，同比下降 54.3%；全年净亏损为 32.5 亿元	基于资本布局的国际化，保持国内领先优势
同程旅行	OTA	以小程序为主阵地，多平台发展的 OTA 新锐力量	全年营收 59.27 亿元，同比下降 19.8%；完成交易额 1164 亿元，同比下降 29.9%；经调整净利润为 9.54 亿元，同比下降 38.2%	提出品牌化战略、下沉市场战略、产业链赋能战略、酒店高增长战略和目的地战略五大战略
美团	OTP+OTA	领先的生活服务 O2O 平台	到店及酒旅业务收入 213 亿元，同比下降 4.6%；酒店间夜量 3.545 亿，同比下降 9.7%	基于"到店、到家、路上"三大消费场景的用户积累向生活服务的更多领域延伸（旅游非核心业务）
飞猪	OTP+OTM	OTP 平台及在线旅游生态（Online Travel Marketplace，OTM）平台	非上市公司	与阿里巴巴电商生态深度融合，是阿里巴巴全球旅游战略的重要支柱

资料来源：根据携程、同程旅行和美团 2020 年公司财报、媒体公开报道整理

携程是国内领先的在线旅游企业，也是最早成立的 OTA 平台之一，其商业模式以 OTA 模式为主体。近年来，携程通过并购、加盟等策略大力发展线下旅行社门店。相较于国内其他 OTA 平台，国际化经营是携程最大的特点。携程 2020 年的净营业收入为 183.16 亿元，同比下降 51.6%；交易额为 3950 亿元，同比下降 54.3%；全年净亏损达 32.5 亿元（归属于股东的亏损）。受全球疫情影响，携程的国际业务下滑严重，拖累了整体业绩的恢复进度。在疫情期间，携程发起的"BOSS 直播"活动在业内掀起了直播浪潮。

2021 年，面对新冠肺炎疫情发生以来的新变化，携程发布了"旅游营销枢纽"战略，希望以"星球号"（携程平台为商家提供的聚合展示专区）为载体，聚合流量、内容、商品三大核心版块，叠加丰富的旅行场景，打造强大开放的营销生态循环系统。

同程旅行（2020 年 4 月 22 日，同程艺龙启用了新的品牌名称"同程旅行"）是国内两大出行平台之一（用户规模），也是市值仅次于携程的 OTA 平台（上市企业）。2020 年全年同程旅行的营收为 59.27 亿元，同比下降 19.8%；完成交易额 1164 亿元，同比下降 29.9%；经调整净利润为 9.54 亿元，同比下滑 38.2%。凭借灵活高效的运营策略和在下沉市场取得的领先优势，同程旅行是 2020 年全球已上市的 OTA 平台中唯一保持连续 4 个季度盈利的公司，并且全年付费用户规模达到 1.55 亿人次，同比增长 1.8%，创历史新高。同程旅行的业绩恢复情况良好，2020 年第四季度其住宿间夜量同比增长了 21%。其中，来自低线城市的间夜量同比增幅超过 30%；国内机票销售量同比增长约 5%，汽车票销量同比增长近 180%。2021 年，同程旅行进一步提出五大战略：品牌化战略、下沉市场战略、产业链赋能战略、酒店高增长战略和目的地战略。

美团点评是国内领先的生活服务 O2O 平台，酒店及旅游业务是其"到店、到家、路上"三大场景的自然延伸，但并非其核心业务。2020 年美团点评到店及酒旅业务（包含各类到店消费和酒旅业务）的收入为 213 亿元，同比下降 4.6%，国内酒店间夜量 3.545 亿，同比下降 9.7%。美团点评的战略重心是基于"到店、到家、路上"三大消费场景的用户积累向生活服务的更多领域延伸。

飞猪是国内在线旅游行业领先的 OTP，也是阿里巴巴电商生态的重要一环，近年来，其通过发展 OTM 模式，与 OTA 平台的关系呈现出竞争逐渐大于合作的趋势。

途牛是国内在线旅游行业唯一聚焦于旅游度假版块的企业，其在 OTA 平台的基础上大力发展直营门店，形成了"线上 + 线下"的布局。旅游度假业务受疫情影响最为严重，专注于该细分市场的途牛 2020 年业绩下滑幅度较大。财报数据显示，2020 年途牛的净收入仅为 4.51 亿元，同比下降 80.4%；全年净亏损高达 13.08 亿元。在境外疫情形势依然严峻的情况下，摆在途牛面前的首要任务是全力提升国内业务占比，最大限度地恢复业绩增长。

（五）疫情后中国在线旅游行业稳步复苏

自 2020 年全球疫情暴发以来，中国旅游行业受到了较大影响，一些旅行社、住宿企业、文旅单位的经营面临较大的困难。另外，在良好的疫情防控成效的支撑下，中国旅游业从 2020 年第二季度开始进入一个震荡向上的复苏轨道，在这一期间，虽有局部疫情反复的波折，但总体上呈现向上复苏的势头。

1. 国内旅游行业疫后复苏情况

文化和旅游部发布的统计公报显示，2020 年国内旅游人数为 28.79 亿人次，比 2019 年同期减少 30.22 亿人次，下降 52.1%。国内旅游收入为 2.23 万亿元，比 2019 年同期减少 3.5 万亿元，下降 61.1%。其中，城镇居民出游花费为 1.8 万亿元，下降 62.2%；农村居民出游花费 0.43 万亿元，下降 55.7%。人均每次出游花费为 774.14 元，比 2019 年同期下降 18.8%。其中，城镇居民人均每次出游花费为 870.25 元，下降 18.1%；农村居民人均每次出游花费为 530.47 元，下降 16.4% [1]。

尽管疫情影响仍存在，但在国内良好的疫情防控成效支撑下，国内旅游业无论在恢复速度还是在恢复持续性方面均显著优于全球整体水平。文化和旅游部发布的数据显示，2021 年上半年，国内旅游总人次为 18.71 亿，比 2020 年同期增长 100.8%，国内旅游收入（旅游总消费）为 1.63 万亿元，比 2020 年同期增长 157.9%。其中，城镇居民旅游消费 1.29 万亿元，增长 149.8%；农村居民旅游消费 0.34 万亿元，增长 193.9%。人均每次旅游消费

1　来自文化和旅游部《中华人民共和国文化和旅游部 2020 年文化和旅游发展统计公报》。

872.27 元，比 2020 年同期增长 28.5%。其中，城镇居民人均每次旅游消费
986.20 元，增长 30.5%；农村居民人均每次旅游消费 607.57 元，增长 30.0%[1]。
以 2019 年上半年的数据为参考，2021 年上半年的中国国内旅游人次和总收入
的恢复比例分别达到 77% 和 70% [2]，在全球主要旅游经济体中位居前列。

2. 头部在线旅游企业业绩复苏情况

2021 年上半年，随着国内旅游业走上复苏轨道，在线旅游行业也迎来
全面恢复。头部企业的经营业绩普遍获得了较大幅度的恢复。其中，专注于
国内大出行市场的同程旅行业绩恢复情况相对更好，海外收入占比较高的携
程和专注于旅游度假业务的途牛业绩恢复相对缓慢。2020 年中国在线旅游
行业典型企业分析见表 6-6。

表 6-6　2020 年中国在线旅游行业典型企业分析

企业	2021 年上半年业绩概要	业务恢复情况
携程	2021 年上半年总收入约为 100 亿元，同比增长 26.7%，营业亏损 4.61 亿元	2021 年上半年收入恢复至 2019 年同期的 59.3%。受益于国内旅游市场强劲复苏，携程第二季度国内业务恢复情况明显好于国际业务，国内酒店和机票的交易额同比增长约 150%，较 2019 年同期实现了双位数增长；2021 年第二季度酒店预订较 2019 年同期上升近 80%
同程旅行	2021 年上半年，同程旅行收入 37.52 亿元，同比增长 70.1%；经调整净利润为 6.95 亿元，同比增长 153.3%。2021 年上半年平台交易额（GMV）为 772 亿元，同比增长 90.1%	2021 年上半年同程旅行的收入较 2019 年同期增长 11.2%，已完全恢复至疫情前水平，其中，2021 年第二季度的经调净利润水平也超过了 2019 年同期
美团	2021 年上半年，美团到店、酒店及旅游业务收入同比增加 98.8% 至 151.87 亿元；到店、酒店及旅游业务的经营溢利同比增加 149.3% 至 64.12 亿元	2021 年第二季度，美团国内酒店间夜量超过 1.4 亿，同比增长高达 81%，对比 2019 年同期的两年年复合增长率为 22%
飞猪	非上市公司	2021 年阿里巴巴对飞猪架构进行重大调整，将飞猪与高德整合为生活服务版块

1　来自文化和旅游部《2021 年上半年国内旅游数据情况》，2021 年 7 月 29 日。
2　来自中国旅游研究院《2021 年上半年旅游经济运行分析报告》，2021 年 7 月 9 日。

续表

企业	2021 年上半年业绩概要	业务恢复情况
途牛	公司营业收入 2.38 亿元，同比增长 14.57%，归属母公司净亏损 5254.60 万元，亏损同比缩窄 84.95%	2021 年上半年营业收入仅恢复至 2019 年同期的 24.4%，且亏损持续

资料来源：根据上市公司财报、媒体公开报道整理

3. 疫情对各个细分市场的影响分析

疫情对于中国旅游业各个细分市场的影响是不同的。总体而言，具备一定需求刚性的出行及商旅市场受影响程度相对小于休闲度假市场。

在交通出行方面，中国民航旅客发送量为 4.18 亿人次，同比下降 36.7%，2019 年 1 月～2021 年 9 月中国民航月旅客发送量如图 6-7 所示，中国铁路 2020 年度旅客运输量为 22.03 亿人次，同比下降 39.8%，2019 年 1 月～2021 年 9 月中国铁路月旅客发送量如图 6-8 所示[1]。随着国内疫情逐渐得到控制，民航与铁路的客流量自 2020 年第二季度开始迅速恢复，2021 年第一季度及暑期因疫情防控收紧而出现明显回调。2020 年至 2021 年第三季度末，国内民航及铁路客运整体的复苏进程随着局地疫情反复而出现了几次回调，但总体走势向好。

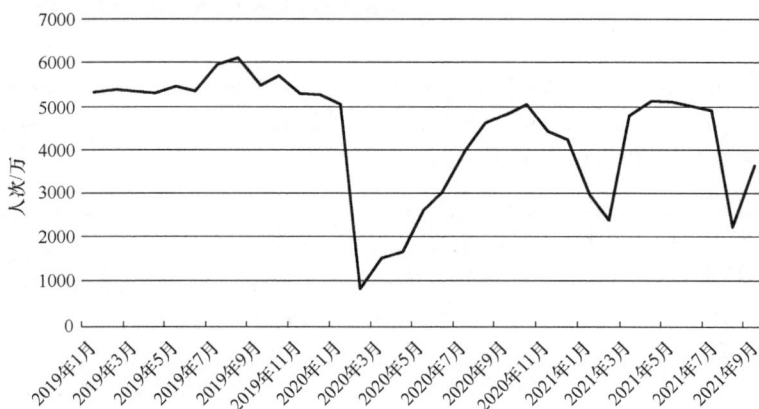

数据来源：中国民用航空局

图 6-7　2019 年 1 月～2021 年 9 月中国民航月旅客发送量

---

1 民航及铁路旅客发送量均不含香港、澳门特别行政区及台湾省。

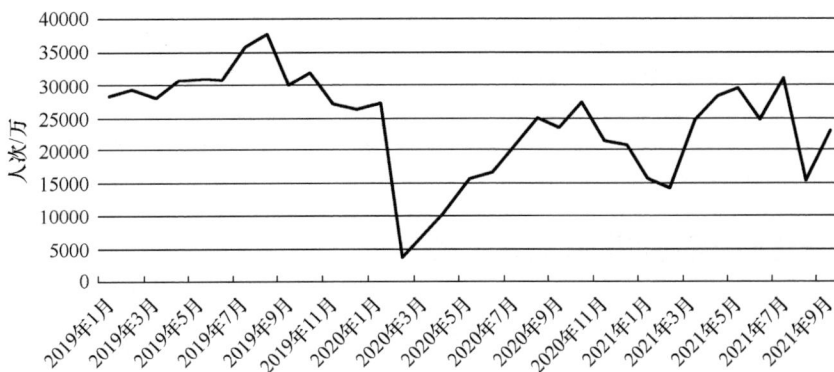

数据来源：中国国家铁路局

图 6-8　2019 年 1 月～ 2021 年 9 月中国铁路月旅客发送量

相比之下，以旅游度假业务为主的旅行社行业受疫情的影响更为严重。《文化和旅游部 2020 年度全国旅行社统计调查报告》显示，2020 年全国旅行社营业收入为 2389.69 亿元，同比下降 66.4%，营业利润减少 69.15 亿元，利润总额减少 71.77 亿元。由于全球疫情持续蔓延及国内局地疫情的反复，所以国内旅行社行业恢复缓慢，一些以出境游为主营业务的旅行社遭受沉重打击，部分旅行社面临破产。在出境游基本停摆的情况下，2021 年第二季度全国旅行社国内游服务人次为 3183.26 万人次，仅恢复至 2019 年同期的 40.9% [1]。

4. 国内头部 OTA 与境外同行业绩恢复情况对比

中国良好的疫情防控成效为国民经济的快速复苏提供了坚强保障，为旅游出行消费的复苏注入了强劲动力，以中国本土市场为主阵地的在线旅游企业收入恢复情况（相对于 2019 年同期）明显优于海外同类型企业。

2020 年第一季度至 2021 年第二季度中外上市 OTA 收入恢复情况对比如图 6-9 所示。中国头部 OTA 同程旅行和携程的收入恢复速度（当期收入相对于 2019 年同期的比例）明显快于境外的 Booking 集团和 Expedia 集团。

1　参考《文化和旅游部旅行社统计调查报告》数据整理。

其中，同程旅行在 2021 年第二季度的收入已经超过了 2019 年同期，业绩基本完全恢复。相比之下，受公司所在地区疫情形势的拖累，Booking 集团和 Expedia 集团在 2021 年第一季度和第二季度的收入恢复情况均不理想。

三、在线旅游行业发展新趋势

受新冠肺炎疫情影响，在线旅游行业在最近两年发生了很多变化，从旅游基础服务的数字化进程到互联网流量格局的改变，涌现出一些新趋势和热点。

（一）在线旅游行业热点概览

2020 年以来，在线旅游行业在流量、消费、技术、立法等方面出现了一些值得关注的热点或事件。2020 年以来中国在线旅游行业相关热点分析见表 6-7。

表 6-7　2020 年以来中国在线旅游行业相关热点分析

行业热点	事件	涉及领域	影响
直播	携程董事长梁建章亲自做"BOSS 直播"为旅游企业带货	OTA 平台、旅游企业	在线旅游资讯展示及销售方式迎来一场"革命"，以视频及碎片资讯为主的内容新生态
严监管	截至 2021 年 8 月 20 日，中国互联网立法已完成从数据安全、网络安全到个人信息保护的体系化立法工作	互联网所有细分领域	在线旅游的业务逻辑将发生重要改变
新国潮	在境外疫情缓解无期的情况下，居民转而挖掘国内旅游消费热点，掀起了一股旅游消费"新国潮"	旅游消费	在线旅游平台在满足"长尾"需求方面的优势得到充分发挥，相关平台纷纷强化国内供应链
下沉市场	在旅游业"单循环"模式之下，企业纷纷聚焦国内市场，三线及以下城市旅游服务数字化进程的加快提供了新的机会	下沉市场数字化、在线旅游	在一线城市的渗透率基本与发达经济体持平后，非一线城市成为在线旅游行业最大的增长机会
本地消费	疫情之下，各地本地化文旅消费保持高增长态势	旅游消费	在线旅游企业以往服务于异地旅行消费（例如大交通、住宿等）的业务结构重心面临调整，本地化消费快速增长

总体来看，与在线旅游行业相关的热点主要有以下 5 个方面。

　　热点 1：直播。新冠肺炎疫情期间，短视频得到迅猛发展。中国互联网络信息中心发布的第 47 次《中国互联网络发展状况统计报告》显示，截至 2020 年 12 月，中国网络视频用户规模达 9.27 亿，较 2020 年 3 月增长 7633 万，占网民整体的 93.7%。其中，短视频用户规模为 8.73 亿，较 2020 年 3 月增长 1 亿，占网民整体的 88.3%。头部直播平台快手在 2020 年的平均日活跃和月度活跃用户分别为 3.081 亿和 7.77 亿，同比 2019 年分别大幅增长了 50.7% 和 45.6%[1]。短视频直播的崛起对在线旅游的资讯分发及产品销售模式带来了新变化，未来对行业生态及发展趋势的影响值得持续关注。

　　热点 2：严监管。2021 年 8 月 20 日，第十三届全国人民代表大会常务委员会第三十次会议通过《中华人民共和国个人信息保护法》，该法于 2021 年 11 月 1 日生效。在此之前，中国互联网立法方面已经先后完成数据安全、网络安全、电子商务法等关键领域的立法。这些立法构成我国互联网的基本

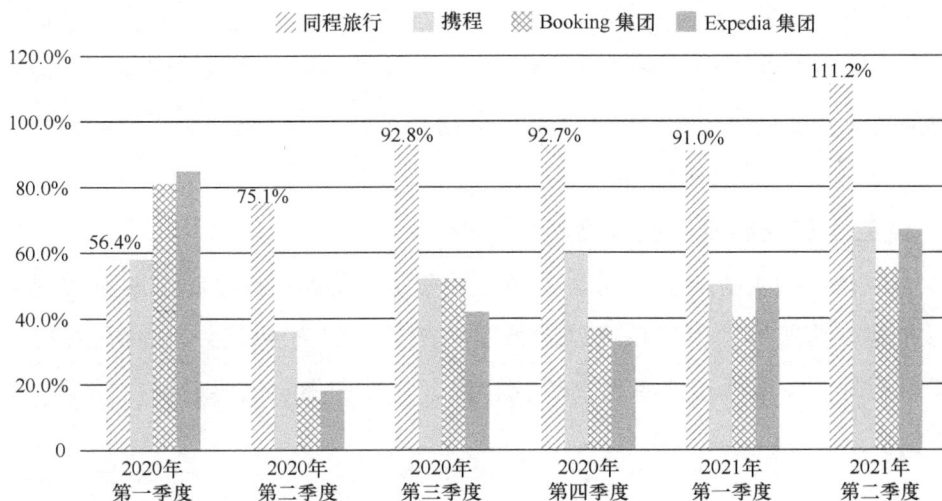

数据来源：根据上市公司财报整理

图 6-9　2020 年第一季度至 2021 年第二季度中外上市 OTA 收入恢复情况对比

1　数据来源：快手公司 2020 年度财务报告。

法规体系，结束了互联网行业粗放式的发展阶段。相关法律法规的出台将在很大程度上改变包括在线旅游行业在内的互联网细分领域。

热点 3：新国潮。居民深入挖掘国内的旅游消费热点，掀起一股旅游消费"新国潮"，在线旅游平台在满足"长尾"需求方面的优势进一步得到体现，并根据需求趋势逐渐增加了相关的内容和资讯品类。

热点 4：下沉市场[1]。在经历了 10 余年的高速增长后，中国一、二线城市的在线旅游市场的渗透率已基本达到或接近发达国家的水平，但广袤的三线及以下城市因旅游基础设施数字化水平较低，在线旅游的市场渗透率仍然处于较低水平，随着数字化水平的加速提升，这些区域的增长势能将得到充分释放。另外，在旅游业"单循环"模式之下，企业纷纷聚焦国内市场，特别是三线及以下城市旅游服务数字化将得到新的发展机会，"下沉市场"成为各家争夺的热点。

热点 5：本地消费。在旅游消费大众化的趋势之下，本地化的旅游消费成为一个重要增长点，新冠肺炎疫情对于跨地区旅行的影响进一步提升了本地化消费的重要性。在本地化趋势的影响下，在线旅游企业以往服务于异地旅行消费（例如大交通、住宿等）的业务结构重心面临调整，基于位置的大文旅消费成为一个极具前景的新方向。

（二）在线旅游行业发展趋势分析

2021 年 9 月末，新冠肺炎疫情已经在全球范围内持续超过两年时间[2]。站在这个特殊节点上，在线旅游行业在未来 3 年内将发生一些新的改变，同时原本的发展轨迹或者面临改变，或者将被加速，主要表现在以下 4 个方面。

---

1 下沉市场是指三线以下城市、县镇与农村地区的市场，范围大而分散，且服务成本更高是这个市场的基本特征。

2 按照国内外科学家最新溯源研究成果，新冠肺炎疫情最早可能在 2019 年下半年就已经在欧美相关国家发生。

1.本地化旅游消费加速崛起

随着我国大众旅游时代的到来，居民的旅游消费行为变得更加成熟，本地化的休闲度假消费将逐渐成为居民旅游消费的主流，这将在很大程度上改变中心城市旅游产业的未来布局，从而也将改变在线旅游企业原本以异地旅行为主的业务模式。受新冠肺炎疫情影响，异地旅行存在诸多限制，本地化消费趋势加速到来。

2."光影时代"到来

当前，视频逐渐成为人们获取资讯乃至进行网络购物的重要渠道，从而极大地改变了互联网的流量格局，对在线旅游行业也产生了重大影响。未来3年，在线旅游平台在内容资讯、产品售卖方式等方面将越来越多地引入视频的形式，在流量渠道方面也将越来越重视与各大视频平台的合作，可能会诞生一个完全以视频形式呈现的旅游媒体或旅游预订平台。在国内5G商用持续提速的情况下，视频及直播将推动包括在线旅游行业在内的电商平台的新一轮变革。

3.下沉市场将成为"新战场"

全面建成小康社会的目标达成后，广大中西部城镇及乡村居民的消费潜力将被极大地激发出来，同时，这些地区的数字化进程也在国家战略的支持下不断提速，从而使下沉市场成为互联网行业未来3～5年的重要增长动力源。在此背景下，在线旅游行业也将在未来3年加速向下沉市场渗透，各家围绕下沉市场的争夺也将异常激烈。

4.乡村旅游的新机遇

乡村振兴战略的实施为未来3～5年甚至更长时间内乡村旅游的发展提供了政策支持。一方面，乡村振兴战略为乡村旅游产业的发展带来了新机遇，在线旅游企业有望发挥重要的平台作用；另一方面，乡村振兴战略将不断提高农村居民的旅游消费能力，从而为旅游业带来新的消费增量，服务乡村将为在线旅游平台提供新的机会。

四、在线旅游行业发展展望

站在 2021 年下半年这个时点上，放在中国数字经济新一轮变革的大背景下，展望在线旅游行业未来 3 年（到 2024 年上半年）的发展，主要有以下 3 个维度。

（一）新常态之下的在线旅游行业

疫情防控将成为伴随人们生产生活的一个长期因素，在线旅游行业未来 3 年的发展将呈现以下 3 个方面的特点。一是搭上旅游产业数字化进程大提速的"快车"向产业链上游加速渗透，同时向下沉市场加速布局。疫情期间，各文旅单位出于疫情防控需要均部署了相关的数字化设施，加快了旅游基础设施的数字化、互联化进程，从而为在线旅游企业提供了新机会，一方面是向产业链上游提供数字化赋能，另一方面则是向下沉市场渗透。二是跟随旅游消费新趋势调整业务结构和重心。新冠肺炎疫情改变了人们的旅游消费偏好，从异地旅行到本地消费，从出境游到国内游，旅游消费习惯的改变将促使在线旅游平台逐渐调整业务模式，增加基于位置的本地化消费模式。三是在线旅游平台的公共属性将更加突出。新冠肺炎疫情期间，在线旅游平台出行大数据在疫情防控方面做出了积极贡献，充分体现了其公共服务方面的价值，未来 3 年，随着市场渗透率的进一步提升和头部企业责任意识的增强，相关的公共属性将会更加突出。

（二）新发展格局下的在线旅游行业

党的十九届五中全会明确提出，要加快构建以国内大循环为主体、国内国际双循环相互促进的新发展格局，这是论述事关整个"十四五"期间中国经济发展的整体部署，必然会对中国旅游业及在线旅游行业产生重要影响。一是旅游业在疫情影响下以国内市场为主的"单循环"发展格局将逐渐被"双循环"发展格局取代，尤其是入境游的发展将逐渐提速，有望成为在线旅游平台走出国门的重要契机。二是国内旅游产业的供给侧结构性改革将进入新阶段，互联网各项监管法规陆续实施，在线旅游的高质量发展将成为行业主流，从流量扩张到提质增效，服务新格局、新消费将成为大方向。

（三）新一轮信息技术革命影响下的在线旅游行业

以 5G 大范围商用为标志的新一轮信息技术革命已经开启，中国正在成为这一轮技术革命的重要引领者。在新一轮信息技术变革的影响之下，在线旅游行业在未来 3 ～ 5 年内将在以下几个方面发生改变。一是在线旅游平台的服务产出方式和业务模式将发生重大改变，视频化将成为重要的趋势，从而对在线旅游的展示、预订及服务的流程产生重大影响。二是万物互联时代的旅游基础设施更加智能化，在线旅游行业将向旅游产业深度渗透，一方面是巨大的增量机会和效率的成倍提升，另一方面则会面临一些新的挑战（新业态、新技术可能带来的颠覆性创新，例如无人化出行工具的出现将会使部分有人交通服务细分市场消失）。三是在线旅游行业将迎来多屏时代，应用场景将更加丰富，与车联网、物联网等整合将诞生更多的消费场景，在线旅游的商业模式、业态等将会比现在更加丰富多彩。

编写单位：同程网络科技股份有限公司 同程研究院

作者：程超功

第七章

数字内容：
行业规范有序发展迈出坚实步伐

　　随着以数字化知识和信息为关键生产要素的数字经济不断发展，作为信息技术与文化创意高度融合所产生的数字内容产业，正在不断为数字中国与数字社会的建设提供内容支撑。数字内容产业的本质是文化产业与信息技术相结合，将图片、文字、视频等信息数字化后，向人们提供相应的产品和服务[1]，主要涵盖网络游戏、网络视频、短视频、动漫、直播、数字阅读、网络文学、数字音乐、数字教育等。数字内容产业作为一个新兴产业在世界舞台上的影响变得越来越大，发达国家将发展数字内容产业作为一项重要的战略决策。

一、数字内容产业发展概况

（一）总体情况——稳中有升

　　在经济全球化的背景下，数字内容产业引领了社会文化与经济方式的变革。2020 年新冠肺炎疫情暴发，短视频、在线教育、知识付费等媒介形态加深了用户对数字内容的接触和使用程度，线下生活服务与线上融合，中国社会数字化生存程度加深，数字经济全面发展，数字内容产业发展稳中有升。

1　张晔.我国数字内容产业发展问题研究 [J]. 现代商业，2021（21）：80-82.

2021年，中国数字内容产业整体向上、向好、向优发展，网络游戏、网络视频、短视频、在线音乐、数字阅读、知识付费等领域在内容质量、产业规模和惠及人群规模等方面呈继续增长态势。

"十四五"期间，数字内容产业将大规模升级换代。虚拟现实、全息影像、3D视频等新型内容将带动产业迅速增长，基于大数据和先进影像的在线教育、影视动漫、游戏电竞、仿真设计等众多数字内容形成较大的产业规模。其中，3D打印、可穿戴设备、新型终端进一步扩展了数字内容的产业链，京津冀地区、长三角地区、珠三角地区、成渝地区和两湖地区将形成较大规模的数字内容产业集群。

（二）各细分领域发展情况

1. 网络游戏

伴随着互联网技术的飞速发展与5G基站的落地，特别是网络游戏逐渐走向精品化，移动游戏已经成为网络游戏的主渠道。

从用户规模来看，中国互联网络信息中心发布的第47次《中国互联网络发展状况统计报告》显示，截至2020年12月，我国网络游戏用户规模达5.18亿，较2020年3月减少1389万，占整体网民的52.4%。其中，手机网络游戏用户规模达到5.16亿，较2020年3月减少1225万，占手机网民整体的52.4%。2020年第一季度，网民娱乐需求转至线上，随着新冠肺炎疫情防控进入常态化阶段，网络游戏用户规模回落，但仍高于疫情前水平。

从产业规模来看，网络游戏行业呈现迅速发展态势。2020年，中国游戏市场实际销售收入为2786.87亿元，比2019年增加478.1亿元，同比增长20.71%。2021年第一季度实际销售收入为770.35亿元，相比2020年第一季度增长38.32亿元，同比增长5.32%。未来，随着中国网络游戏行业进入成熟期，其增长率将会有所放缓，但是随着数字技术的不断创新，行业将保持稳定增长态势。

2. 网络视频

2020 年，国家广播电视总局联合多部门出台相关政策继续支持和规范在线视频行业的发展。从整体来看，2020 年在线视频行业政策导向以鼓励、支持为主基调。

从用户规模来看，根据中国互联网络信息中心发布的第 47 次《中国互联网络发展状况统计报告》，截至 2020 年 12 月，我国网络视频（含短视频）用户规模达 9.27 亿，较 2020 年 3 月增长 7633 万，占网民整体的 93.7%。得益于移动设备的普及，网络视频用户规模持续扩大。受新冠肺炎疫情防控常态化的影响，网络视频的使用率有所下降，但仍高于疫情前水平。

从产业规模来看，爱奇艺、腾讯、优酷、芒果 TV、哔哩哔哩五大平台占网络视频市场近 9 成的份额，市场集中度进一步提升。2020 年，网络视频节目内容品质迅速提升，各平台商业模式逐渐成熟，长短视频平台业务呈双向渗透、融合发展的趋势。根据《中国互联网发展报告 2021》的数据，2020 年，中国网络视频市场规模达到 2412 亿元，同比增长 44%。

3. 短视频

中国短视频行业自 4G 网络开始普及后便实现高速发展，并且诞生了抖音、快手等数亿用户量级的平台，在移动互联网时代建立起强大的影响力。2020 年，短视频行业已经进入沉淀期，新进入赛道的平台的发展难度逐渐加大，而头部平台的规模优势显现，并且相继寻求资本化道路，行业竞争格局分明。

从用户规模来看，中国互联网络信息中心发布报告显示，截至 2020 年 12 月，我国短视频用户规模为 8.73 亿，较 2020 年 3 月增长了 1 亿，占网民整体的 88.3%。2020 年，短视频网民使用率持续上升，目前接近 90%，人均使用时长保持较快增长，影响力持续扩大。随着移动设备普及率的增加，短视频以其创作门槛低的特征，吸引用户参与创作。

从行业布局来看，"头条系"和"快手系"依然牢牢占据短视频行业头部，用户规模相较于其他平台优势明显，其对应的极速版着力于深耕下沉市场，较2019年12月，月度活跃用户规模增长显著。当前，匠心精制的制作理念逐渐得到网络视频行业的认可和落实，视频质量大幅提升。在优质内容的支撑下，视频网站开始尝试优化商业模式，并通过各种方式鼓励产出优质的短视频内容，提升短视频内容占比，增强用户黏性。网络视频节目内容品质迅速提升，各平台商业模式逐渐成熟，长短视频平台业务呈融合发展的趋势。背靠优质精品内容，网络视频平台的商业模式进一步成熟。长短视频平台业务相互渗透、融合发展。

4. 在线音乐

2020年，在线音乐整体发展稳定，用户规模保持平稳发展，网络音频以丰富的内容和多样的形式吸引了用户的注意力，用户使用时长大幅提升。

从用户规模看，截至2020年12月，我国网络音乐用户规模达到6.58亿，手机音乐用户规模达到6.57亿，较2019年有所上升。2020年我国音乐市场进入存量竞争阶段，网络音乐用户付费规模持续上涨，用户付费习惯逐渐养成。我国网络音乐行业加速技术融合，不断拓宽应用场景。各大音乐平台的用户以青年人为主，中国手机音乐客户端用户规模稳步增长，庞大的用户基数已为手机音乐客户端积累了变现基础，未来网络音乐可探索的市场空间较为广阔。

从行业布局看，在线音乐平台头部竞争壁垒已经建立。2004—2013年，中国在线音乐行业处于高速发展期，自2004年酷狗音乐成立以来，陆续有虾米音乐、QQ音乐、酷我音乐、网易云音乐成立。自2013年后，头部企业频繁并购，特别是腾讯先后并购酷我音乐、酷狗音乐等。当前，行业流量集中在头部企业，在存量博弈环境下，头部企业之间的竞争加剧，用户重合率不断提升，需要在线音乐平台加大对内容产品的扩充，抢占用户的碎片化时间。

5. 数字阅读

中国数字阅读分为阅读对象数字化和阅读方式数字化。截至 2020 年，我国网络文学作品累计达 2500 万册，我国数字阅读作者规模达 1700 万，中国数字阅读读者规模为 5.1 亿。根据中国音像与数字出版协会发布的《2020 年度中国数字阅读报告》，2020 年数字阅读行业市场的整体规模为 351.6 亿元，增长率达 21.8%，其中，大众阅读市场规模 326.7 亿元，专业阅读市场规模 24.9 亿元。在 IP 改编分布上，有声小说与网络电视剧成为重点，占比分别为 33.9% 和 30.2%，在 2019 年热度排名前十的电视剧中，通过阅读 IP 改编的作品占据 6 席。

我国将持续加强对网络信息内容的监管等，为行业带来更好的发展环境，数字阅读平台更聚焦于业务创新，持续释放数字阅读价值。

6. 在线教育

新冠肺炎疫情引爆在线教育需求，2020 年在线教育领域蓬勃发展，全年累计融资 1134 亿元，占教育行业融资的 89%。截至 2020 年 12 月，我国在线教育用户规模达 3.42 亿，占网民整体的 34.6%；手机在线教育用户规模达 3.41 亿，占手机网民的 34.6%。例如，高等教育机构持续扩大学习课程、5G 激发沉浸式学习体验、人工智能为个性化学习提供途径等，这些举措使在线教育的发展前景依然良好。

7. 知识付费

随着数字生活的普及，近年来数字出版领域快速发展，种类丰富的在线阅读也使知识付费领域得到较快发展。数据显示，2020 年，我国知识付费用户规模达 4.1 亿，知识付费规模达到 390 亿元。根据艾媒咨询发布的报告，我国知识付费人群多为 30 岁以上的用户，知识付费平台分为综合类平台、垂直类平台、音频类平台及其他平台。作为数字出版领域的经济性指标，知识付费规模的增长反映出我国用户对版权保护意识的增强。

二、数字内容产业的发展特点

随着社会经济的发展，科学技术水平的提升，传统的经济与文化方式发生了根本性变革。在这种背景下，数字内容产业应运而生，并迎来了新的发展契机。数字内容产业的本质是文化产业与信息技术相结合，将图片、文字、视频等信息数字化后，向人们提供相应的产品和服务。近年来，在政策支持和经济全球化的背景下，数字内容产业的发展呈现规范化、高质量、分众化和重融合的特点。

（一）规范化

1. 防沉迷

国家新闻出版署印发《关于进一步严格管理 切实防止未成年人沉迷网络游戏的通知》，要求严格限制向未成年人提供网络游戏服务的时间，所有网络游戏企业仅可在周五、周六、周日和法定节假日每日的 20 时至 21 时向未成年人提供 1 小时的服务，其他时间均不得以任何形式向未成年人提供网络游戏服务；严格落实网络游戏用户账号实名注册和登录要求，不得以任何形式向未实名注册和登录的用户提供网络游戏服务；各级出版管理部门要加强对防止未成年人沉迷网络游戏有关措施落实情况的监督检查，对未严格落实的网络游戏企业，依法依规严肃处理。

2. "双减"

中共中央办公厅、国务院办公厅印发《关于进一步减轻义务教育阶段学生作业负担和校外培训负担的意见》，明确了 5 个方面的举措，全面规范校外培训行为。一是坚持从严审批机构，二是严禁资本化运作，三是建立培训内容备案与监督制度，四是严控学科类培训机构开班时间，五是学科类收费纳入政府指导价。"双减"政策同时提出要做强、做优免费线上学习服务，提供高质量的专题教育资源和覆盖各年级、各学科的学习资源，扩大优质教育资源的使用率和覆盖面，有力促进现在的教育规范发展。

3.短视频新规

中国网络视听节目服务协会于 2021 年 12 月 15 日发布《网络短视频内容审核标准细则》(2021)。该文件规定，短视频节目等不得出现"展现'饭圈'乱象和不良粉丝文化，鼓吹炒作流量至上、畸形审美、狂热追星、粉丝非理性发声和应援、明星绯闻丑闻的""未经授权自行剪切、改编电影、电视剧、网络影视剧等各类视听节目及片段的""引诱教唆公众参与'虚拟货币挖矿'、交易、炒作的"等内容。

（二）高质量

1.政府监管与版权保护为质量把关

政策是影响数字内容发展的重要因素。近年来，政府监管部门对网络游戏、新闻资讯 App、短视频、自媒体、直播等领域的监管越来越严格，对知识付费、网络文学、在线音乐引导与管理并举。同时政府监管部门持续加大版权保护力度，中共中央办公厅、国务院办公厅印发《关于强化知识产权保护的意见》，提出了明确的政策措施，《中华人民共和国商标法》《中华人民共和国反不正当竞争法》和《中华人民共和国人类遗传资源管理条例》等相关法律法规修订已经完成，政策监管将长期推动和引导数字内容产业的良性发展。

2.智能技术的应用带来新的增长点

未来几年，人工智能、AR、VR、5G 等技术的应用将为数字内容产业带来新的增长机会，推动内容生产、内容传播、内容消费环节更加多元和立体。麦肯锡发布的调查报告显示，5G 终端的更新换代将在 2022 年前后达到高峰。5G 技术将率先应用于视频消费、产业互联网、物联网等领域，届时无论是上传还是观看视频的体验将得到显著提升。智能技术的应用还将为数字内容的消费和体验带来新维度。例如，AR、VR 的应用有望取代图文、短视频成为新的内容载体；类似《人民日报》发布的"智能创作机器人"的新产品、新模式将不断涌现，为用户提供信息更实时、来源更丰富、形态更多样的内容产品。

3. 知识付费模式刺激优质内容的可持续发展

知识付费是用户在各个知识付费平台，以购买的形式获取自己所需要的知识、得到相关问题答案的行为，是用户自我教育的一种方式。知识付费通过教育、媒体、出版的结合，既可以为用户提供优质的学习内容，又能有效刺激优质内容的产出。例如，《三联生活周刊》曾推出《我们为什么爱宋朝——宋朝美学十讲》音频课，这门课一个月就卖出了 2.8 万份，收入近 300 万元。

（三）分众化

1. 市场细分化

随着信息种类日渐丰富和受众市场的进一步细分，数字内容产业市场也随着细分的受众呈现分众化特征。在 Web1.0 时代，受众的信息接收是通过类似于"雅虎"的综合性门户网站，跳转到自己想要的网页界面，是典型的"一站式"信息服务。而到了 Web2.0 时代，技术赋权让用户拥有更多信息方面的主动性和选择权，用户可以根据自身需求来选择不同领域的内容进行消费。用户的信息需求促使数字内容不断分类化和分众化，数字内容不再以集合的方式呈现，而是以领域化、专门化的方式呈现，数字内容产业的市场也随之逐渐细分。

2. 内容垂直化

数字内容的市场细分也催生了各个领域的专业内容生产者，专业内容生产者生产专业领域的内容，将这一领域进行再细分，从而满足不同受众群体的需求，形成内容的垂直化分布，即内容的垂直化。内容垂直化特别体现在网络文学、在线音乐、动漫、自媒体、知识付费等多个细分领域。例如，健康类自媒体"丁香医生"旗下有专门推荐健康产品的丁香生活研究所，面向孕妇的丁香妈妈，以及面向医学生的丁香医学生等，"丁香医生"细分自身的健康医学领域，从而满足不同需求的用户，增加内容的曝光率，打造自己的品牌效应。

3.传播社区化

各类垂直化内容吸引了不同喜好的用户，同一个内容分区的用户群体则形成稳定的社区，构建了这种固定的、可以接收和发布内容的社区，用户之间便可以自由交流，打造特定的社区活动。例如，豆瓣小组就是典型的"垂直社区UGC"，用户在豆瓣小组内的发言遵循组规，运用豆瓣小组特有的符号语言，与其他小组成员进行特定的象征性符号互动。因此，垂直社区提供了固定的交流场所，让用户可以输出更具个性、创造性且小众化的内容。

从单一的内容阅读到社群交流，内容依托社交元素将获得更大的互动和传播能力。典型代表是具有强连接性的微信朋友圈，用户可以将自身感兴趣的文章转发到朋友圈，让身边的好友阅读，而这种依托亲友关系的社交元素的内容传播往往可以触达更大范围的受众，引起更加热烈的传播互动。社交本身依托于用户自身的人际关系网，比起相对"陌生"的传播网络，用户更倾向于打开熟人转发的内容链接进行阅读。因此，"社交"是内容传播的重要动力。

（四）重融合

1.科学技术与人文艺术的融合

传统的广播电视、出版业、动漫游戏等与数字网络技术融合、对接，衍生出网络视听、网络出版、网络文学、网络动漫、网络游戏等文化新业态；数字出版和高端印刷使图书具有视频、音频等功能，可以按需印刷，形成新的出版业态。科学技术与人文艺术融合，使人文艺术能够借助高科技手段特别是强大的信息技术来表达艺术思考，传递人文信息，从而产生质变。电影《阿凡达》是科学技术与文化艺术相结合的典型代表，它跨越艺术与科学的边界，创造了令人震撼的视觉影像，探索出全新的艺术表现手法和传达途径。

2.传统媒介与数字媒介的融合

传统媒介与数字媒介的融合使媒介边界逐渐消解，产生相互进入式的媒介形态及汇集于网络的高效传播渠道。由于海量的个人用户在互联网上发布原创信息，对新闻信息进行再使用和评注，创建了许多深受网民欢迎的媒体产品，这些都与传统媒体形成竞争。传统媒介在与数字媒介互动、整合并走向媒介大融合的过程中，不仅面临技术手段上的变革，还面临体制机制、利益分配、经营模式等方面的一系列变革。

3. 生产者与消费者的的融合

在数字内容产业发展过程中，生产者和消费者"合而为一"的现状和趋势非常明显。其中，这一趋势不仅包括消费者有意识地加入生产者的行列、购买自己需要的产品，还包括在消费的过程中无意识地为他人提供新的产品。以微博这种新兴的自媒体平台为例，越来越多的消费者逐步参与生产过程，网友既是消费者，可以从微博上获取信息，也是庞杂的微博信息内容的主要生产者，随时随地上传身边的所见所闻，这种"产销合一"的趋势变得越来越明显。

三、数字内容产业发展问题

（一）经济层面：内容变现模式亟须探索

数字产业化发展加快，质量效益稳步提升，数字内容产业的市场逐渐成熟，内容和服务不断优化，而变现能力是衡量整个产业发展效率的核心指标。中国数字内容产业的变现模式已经取得长足进步，数字内容产业付费转化率逐年稳步提升，例如，网络视频、短视频、网络游戏和直播等领域，发展势头较为强劲，然而其他细分领域仍需行之有效的商业变现模式。

以新闻付费为例，信息经济席卷全球，新兴网络媒体对传统网络媒体带来巨大的冲击和挑战，很多传媒从业者纷纷转型。2020 年为了应对受众流失和广告收入过低，新闻付费应运而生。不少媒体曾经进行过新闻付费的尝试，例如，温州日报报业集团、南方报业集团等，结果却不尽如人意。财经金融类新闻媒体——财新传媒则吸取上一阶段的经验，探索专业媒体的生存之路，用专业内容和高水准的内容生产模式吸引用户。一些新闻媒体还面临种种困境，造成这种困境有以下原因。

1. 内容同质化

各家媒体为了流量及热点，对同一个热点事件进行大量报道，造成新闻选材大量重复，引起用户审美疲劳。写作存在套路，行文质量不高，用户不愿为之付费。

2. 品牌忠诚度低

首先，一些新闻媒体只知道追捧热点，缺乏自主挖掘新闻的意识，甚至在报道中还出现假新闻的情况。其次，一些较为专业的媒体输出的内容"叫好不叫座"，只在行业内较为出名，而不被大众知晓，自然也无法让更多的用户付费。最后，新闻的公共性非常强，用户一直以来都习惯于用免费的方式去获取，如何培养用户的付费思维是一件需要新闻媒体从业者长期努力的事情。

3. 侵权行为频发

如今，虽然我国加强了对版权的保护，内容创作者的维权意识也越来越强，但侵权行为还是时有发生。

优质的新闻内容是新闻付费的核心，在此过程中，如何产出优质的新闻内容是摆在新闻媒体从业者面前的首要问题。

（二）社会层面：需要加大产业社会普及

截至 2021 年 6 月，我国网民规模达到 10.11 亿，互联网普及率为 71.6%，我国超 10 亿用户接入互联网，形成庞大的数字社会。但是在这样的普及率下，仍然有一些问题需要注意。

截至 2021 年 6 月，我国非网民规模为 4.02 亿。实用技能缺乏、受文化程度限制和设备不足是非网民不上网的主要原因。在大批人享受着互联网的便利，在网络上接触最新的资讯，丰富精神世界的同时，仍然有一群人因为种种限制，无法从互联网中获益。

其次，在接入网络的人群中，也因为个人掌握技能和知识能力的不同，造成网民对互联网的使用方式和效果不尽相同，出现了 1.0 网民和 2.0 网民。1.0 网民运用智能设备获取数字公共服务的能力不足，难以防范数字时代的负面影响。2.0 网民有更多的时间、更强的能力运用智能设备，获取更多的数字公共服务，并能在一定程度上防范数字时代的负面影响。因此，两者之间也会出现新的数字鸿沟。

（三）文化层面：需要提升主流文化引领

数字化全流程、全场景、"去中心化"的特点使数字文化充斥在人类文化生活中，我国庞大的网民数量更是滋养了数字内容产业的发展。然而在数字内容产业发展过程中，一些消极文化、数字差异和错误价值观并不能很好地满足我国人民的文化需求。

数字内容产业市场竞争激烈，一些企业会一味顺从市场需求进行文化产品开发，其中，泛娱乐倾向会对主流价值观造成侵蚀，诱发文化精神危机，阻碍人的全面发展。在这样的情况下，树立正确的现代文化观，以社会主义价值观为引领，规范数字内容发展极为重要。

四、推动数字内容产业发展的对策

（一）完善法律法规，推动产业发展

为推动数字内容产业的健康发展，国家要通过制定扶持性政策，完善相关法律法规，不断优化产业市场环境，从而满足行业的发展需求，为产业健康绿色化发展保驾护航。首先，分析当前的技术发展趋势，结合实际情况，积极制定支持性、鼓励性的政策，逐步引导企业制定符合国情、民情的营销策略。同时，坚持以市场为导向，将技术与内容紧密融合起来，进一步提升服务水平。其次，完善相关的法律法规，用法律武器约束数字内容企业的行

为。通过发挥法律的作用，健全产业发展机制，清理违法违规行为。如果没有严格、完善的法律机制为依托，不打击违法犯罪行为，势必会增长犯罪分子的嚣张气焰，损害人民群众的利益。对于网络平台而言，无论是网络作者还是广大平台方，都是重要的参与者，在对著作权转让处理的过程中，应当秉持公平、平等协商、债权对等的原则，严格按照相关法律法规和公序良俗展开交易活动。就网络著作权而言，在转让合同的过程中，应当最大化地体现对作者人身权的尊重，尽量减少作品优先权和独家授权的范围，摒弃平台自行处理作品、账号归属等相关不合理的合同条款，建立在权利义务对等性、适应性之上，根据制作财产权的授权方式，为作者提供多种类型的作品合同，给作者一个自主选择的机会，以便作者找到更适合自身权益的合同，同时根据不同的授权方式，分配相应的收益，尤其是针对作品版权改编、收益内容，应当明确无论是授权平台自用，还是将其推荐给其他平台，原作者都有收益分配权益和作品改编的权利及参与的权利，对于开发周期等内容，平台方和著作者可以进行协商，以此保证双方权益不被侵犯。这样的约定不仅可以帮助作者输出更多优质、有价值的作品，同时也降低了平台在运营、开发过程中存在的各种风险、隐患。最后，成立专门的扶持机构，协同和帮助相关企业数字化发展。通过建立完善的监督、指导机制，以及加大资金扶持力度，确保相关企业在良性的环境中获得健康、稳定、快速的发展，破除生存与发展的瓶颈。

（二）抓住市场机遇，大力发展产业

国内企业只有抓住市场机遇，提高核心竞争力，才能在激烈的市场竞争中占据一席之地。首先，加强信息资源的开发与利用，合理规划产业发展方向，例如公开非密信息，加强信息互动，逐步实现深层次的信息共享。同时促进信息资源创新与深度开发，提高其附加值，进一步提高其经济收益能力。其次，坚持用发展的眼光看问题，加大各个环节的创新力度。通过充分发挥本土文化优势，积极传承中国文化，使整个产业能用本土文化壮大自身实力。

再次，加强管理理念创新。通过保护知识产权和打造合作联盟，解决发展过程中出现的问题，逐步提升技术实力和拓宽产业市场，从而突破国际巨头的垄断与封锁，实现"走出去"的发展方针。最后，不要过分沉迷技术，要坚持"内容为先"的原则，进一步优化资源配置，避免重复工作，防止出现不必要的人力、物力、财力浪费。

目前，在发展数字产业的过程中，可以建设一个多样化的数字内容产业，根据数字发展情况，数字内容的传播途径越来越广泛，形式不断多样化，推送更加准确。在这样的环境中，数字内容产业也需要及时调整发展理念，做到与时俱进，从根本上注入多元化、多样化、差异化的文化内容。数字产业应当在创新自身发展的基础上，积极与其他产业相融合，创造多样化的数字内容。提高与其他产业合作的重视程度，开发创造出更符合当代传媒产业发展的数字产品，促使数字内容产业更加丰富，以此优化客户的感受，进而提升信息传播的效果。一方面，需要鼓励数字内容产业在内部构建合作模式，例如，深入挖掘 IP 价值，在 IP 基础上打造一个多辐射、全品类的内容，基于此进行细致的划分，使之形成集网络剧、电影、综艺、文学、音乐、游戏等的网络文学创作体系，并且形成一种联动效果，促使 IP 价值最大化发挥。另一方面，积极构建与其他产业之间的合作模式，实现互利共赢，借助其他领域的力量，在建设数字内容产业的过程中，促使其他产业经济得到增长。如果是与智能设备产业之间的合作，可以在优化数字内容的同时对智能设备制造起到推进作用。例如，新媒体技术发展迅速，具有传播信息快速、范围广的特点，但是使用新媒体的前提是使用智能设备，由于软件和硬件的不断更新，对信息设备内存的要求越来越高，在一定程度上促使智能信息产品更新换代比较快速，以此提高智能设备的经济效益，同时智能设备有利于用户观看、浏览数字内容，从而提升数字产业的收益，实现互利。

（三）加强技术研发，消除核心环节壁垒

我国数字内容产业发展滞缓，主要是因为自主研发能力不足，核心环节能力薄弱。为改善这一状况，需要转变发展观点，将更多的资本、精力投入技术研发和体系构建。通过提升核心技术研发标准，优化和完善数字产业链条，保证数字内容产业健康可持续发展。首先，针对大中小企业制订不同的扶持策略。通过法律规范市场秩序，营造良好的竞争环境，促进企业在客观条件的支持下快速成长。对于大型数字内容企业，需要给予重点培养。通过加大宣传，树立其品牌形象，促进其竞争市场资源。针对中小数字内容企业，需要加大帮扶力度。通过制订完善的辅导、奖助计划，为其研发技术和开发服务项目提供支持。其次，为使数字内容产业实现快速发展，必须采用统一的政策、统一的管理，加强对产业体系的布局。通过打造数字内容产业群，形成产业联盟，促进各家企业合力开发新技术，在降低生产成本的同时提升盈利能力。另外，打造产业群不仅有助于企业相互合作、取长补短，还能实现真正意义上的专业化生产，更能消除核心技术存在的壁垒。

（四）培养专业人才，提供助力支持

人才是数字内容产业发展的关键因素。因此，必须要加强人才培养，不断为产业发展提供助力。首先，要加大对数字内容产业人才培养资源的投资与扶持力度。一方面，积极开办相关院校，完善相关专业。通过创设层次分明的学科制度，提高不同方向人才的培养能力，进一步满足数字内容产业的发展需求。例如，加大专业博士、硕士等级建设，使更多的高新人才能够更好地走上工作岗位。另一方面，要壮大师资力量，保证专业教学的高品质、高效能。通过引进先进的教育技术，提升教师岗位的工作待遇，以及提高专业的影响力，吸引更多的人才，从而为提升专业教育效果提供助力。

另外，企业要抓住市场机遇，积极向外拓宽市场。坚持"走出去，引进来"

的原则，吸收国外的先进管理经验，不断提升自身实力。同时，加强与高校的合作，为自身培育更多的人才，实现社会、企业、个人多方共赢。也可以定期组织工作人员参加社会中的相关培训活动，鼓励员工积极参与社会中的相应活动，例如，网络文化交流会、数字产品技术展览会等活动，让员工充分了解当今时代发展潮流和数字化产业发展趋势，以及国内外先进的管理经验，这也有利于工作人员抓住发展机遇，实现提升自我能力的目的，只有工作人员具备先进的管理理念、较高的综合素养和较强的专业技术，才能保证数字产业可持续发展。

编写单位：北京印刷学院

作者：康培培　李　军　李晨玮

第八章
政务服务：
"数治"应用赋能政务管理新形态

数字化治理可以分为数字化和治理两个部分。其中，数字化是指在某个领域的各个方面都采用数字化信息处理技术，因此数字化治理在本篇的定义是在政府管理领域通过数字化信息处理技术开展政务管理工作。治理是指对客观事务进行控制管理，"治理"一词多被用于政府政务管理工作中。随着城镇化进程的不断推进，我国城镇化率已从 2001 年的 37.66% 上升至 2020 年的 63.89%，大量的人口流动给政府的治理工作带来了极大的挑战。如何推进智慧城市建设、打造数字政府、推行电子政务、开展数字化治理成为各地政府当前政务治理工作的重要课题。

一、我国数字治理发展情况

（一）顶层设计引导数字治理发展方向

党的十八大以来，为响应党中央提出的数字中国建设号召，我国数字治理的进程开始加速，2017 年，建设一个走向数字化的中国首次被写入党的十九大报告。2017 年，中共中央政治局第二次会议在北京召开，会议首次明确提出"要大力推进我国大数据战略部署，贯彻落实数字中国建设"，这一系列进程表明，我国数字治理进入新时代。

从 2013 年至今，在国家和中央层面共出台了 100 余项涉及数字治理的政策，相关政策涵盖了信息公开、大数据中心协同创新、"工业互联网 + 安全生产"、文化旅游、医疗健康、环境监测、知识产权等领域，为各级政府开展数字化治理工作提供了指导及工作意见。

对出台政策的整理及归类分析，发现我国数字治理政策聚集在信息经济与产业发展、工业互联网安全、互联网教育、医疗健康与公共服务及农村与城市发展领域。

（二）市场主体有力支撑政府数字化转型

在数字治理领域，市场参与者被分为系统集成商、IT 基础设施厂商、电信运营商、公有云 IaaS 厂商等，大型项目由总集成商来负责整体的咨询规划、实施建设等工作，在获得最大收益的同时需要为项目交付全权兜底。

目前，主要有系统集成商、IT 基础设施厂商、电信运营商、公有云 IaaS 厂商 4 类厂商参与总集成商的竞争。总集成商以整体解决方案切入市场，在承接项目后会提供底层基础设施（及平台支撑层）的建设，而将其他非具有优势的服务内容进行分包，交由自己的生态伙伴或政府客户指定的服务商来完成。4 类厂商优势各异，布局思路不同。系统集成商多以咨询规划为牵引，从平台建设和解决方案切入电子政务产业。IT 基础设施厂商基于硬件设备优势，优先建设基础设施，进而向上搭建应用服务（例如浪潮云、华为云等）。电信运营商因其具有国有资本背景备受政府客户信赖，整合和运营能力突出。公有云 IaaS 厂商以 IaaS 服务为核心优势，阿里云、腾讯云等依靠其流量优势，倾向于从应用出发向下适配基础设施资源，并以平台方式输出。针对同类产品和服务，4 类厂商之间存在竞争，但在优势互补的领域中合作也非常频繁。

从各细分功能领域来看，众多 IT 厂商积极参与，已经形成较为完整的政务 IT 产业布局，竞争格局良好。在业务应用层，比较典型的厂商包括公检法司领域的华宇软件、海康、大华等，协同办公领域的泛微网络、致远互联等，财税管理领域的用友网络、金蝶国际等，信息安全领域的启明星辰、奇安信、深信服、亚信安全等。在平台支持层，典型的 IT 厂商包括阿里云、腾讯云、华为云等。在集成与运营服务方面，典型的厂商包括太极股份、神州数码、东软集团、中国软件等。

（三）数字技术应用显著提升政府治理能力

在数字政府的推动与建设过程中，不难发现，走在建设前端的地区正在积极重塑政府的核心功能。通过技术应用的工具层面重塑政务服务流程与服务模式，为组织提供数字化赋能，并通过适应经济、社会的数字化加快数字治理工作的深化。在技术应用的推动下对治理工作的工具箱进行升级，以行政自动化、"互联网＋政务服务"、政务服务上链等为主要表现形式。

人工智能与大数据技术助力行政智能化。以大数据为应用技术，涵盖大数据平台、大数据指数体系。以人工智能技术探索智能的实质，制造出与人类智能相似的方式做出反应的智能机器，这些智能机器具备协作、学习、解释和推理等能力，可以处理不确定性、不可知性、非线性的问题，从而加快打破"信息烟囱"与"数据壁垒"。开发政府内部智能化协同办公系统，健全数据共享交换体系，为行政审批和政务服务赋能增效，让企业和群众更满意、更舒心。以大数据的多元信息库资源库、数据目录体系建设为基础，以建设"互联网＋政务服务"门户只上"一张网"，为公众提供场景式、"一站化"、统一的线上服务，实现"数据多跑腿，群众少跑腿"的智能化行政服务。

智能物联网与"5G＋"推动政府治理监管现代化。物联网通过信息传感设备，按照约定的协议，将任何物体与网络相连接，物体通过信息传播媒介进行信息交换和通信，以实现万物互联。随着城市化的不断推进，人口规模、经济体量及高密度的社会元素都为政府的治理与监管带来巨大挑战。在新挑战、新趋势、新要求下，数字技术为政府的治理与监管带来新的发展可能。

物联网技术可以通过身份识别、数据采集和通信网络、5G 通信技术、人工智能深度结合，实现"万物智能互联"，助力政府在数字化时代对城市社会要素进行全面感知、提前预警、及时决策。"万物智能互联"为政府在数字治理领域提供了新思路，让城市与社会治理更加科学与现代化，提升了治理与监管效率，为市民带来高质量的公共服务，为政府的数字化治理提供从"碎片化"到"整体化"深化。

区块链技术构建政务服务可信体系。区块链是一个分布式的共享账本和数据库，具有"去中心化"、可追溯、公开透明等特点。通过区块链技术对税务、食药安全等"适合上链的政务数据"进行分布式记账交换，能够实现对政务服务数据流通的关键责任、权属、风险等追溯问题的有效监管。同时，也可以基于区块链技术融合政务服务"一张网"，实现智能合约技术对各地区、各部门政务的重要、敏感数据进行标签化、合约化，方便实时监管政务数据操作过程，从而实现政务数据横向跨域、跨部门，纵向跨层级的安全可追溯共享数据交换。

（四）数字治理市场高速发展

一是政府信息化应用赋能数字治理能力建设。近年来，随着数字中国建设步伐的加快，政府信息化应用产业规模持续增长，2020 年我国政府信息化产业市场规模已近 3000 亿元。从整体的产业结构数据上来看，硬件设备的占比持续下降，然而信息服务和系统应用的占比持续上升。我国电子政务的建设已进行近 20 年，随着信息化基础设施建设越来越完善，政府信息化应用市场中硬件设备的建设与采购将继续下降，各级政府开始注重政务云平台、政务大数据的建设，软件系统的建设占比继续上升，同时，政府信息化应用多数采用合作或外包的运营模式，越来越重视信息化运营服务及综合解决方案能力，信息化服务占比将逐年上升。从区域分布来看，长三角、珠三角地区的政府信息化水平是在全国前列，合计市场份额超过40%。就政府信息化市场增速来看，华北、中西部省份建设速度加快，东北、西北区域正在奋力追赶大部队的脚步。

二是"数据石油"正在迈向市场黄金时代。在数字时代，以大数据为代表的信息化技术，将成为政府与社会提升治理能力的关键"能源"，可推动实现政府治理现代化。从政府视角，数据可助力深化重塑社会、政府、市场三者的关系，使国家治理由单一政府主导切换为多元化共建共治，从而建设数字化服务型政府。同时，"数据"已成为新型数字政府治理改革创新的"能动力"，积极推动政府由传统经验主义的"模糊治理"向"数据驱动"的精准治理转型。在数字政府时代，数据这一高效的"石油能源"正在快速地融合应用到政府组织再造、政务流程优化、行政审批等"政务动脉"中。中共中央、国务院印发的《关于构建更加完善的要素市场化配置体制机制的意见》，首次纳入数据要素，强化了数据作为生产要素的重要性；同时也指出，要推进政府数据的开放共享，加快推动各地区、各部门间的数据共享交换，制定出台新一批数据共享责任清单。大数据共享交换是打通"政务动脉"的关键信息技术，数据共享交换平台则是助力政府将"数据石油"转化"治理动能"并辐射到社会各行业的重要渠道。

三是数字政府便民高效刺激市场用户规模持续上升。根据《中国数字政府建设发展研究报告（2021）》统计，31 个省（自治区、直辖市）和新疆生产建设兵团、40 余个国务院部门，在 2019 年已经建成政务服务平台。2019 年 11 月，全国一体化在线政务服务平台整体上线试运行，连接了 32个地区和 46 个国务院相关部门，统一对外提供了国务院相关部门 1142 项和地方政府 358 万项在线服务。根据相关行业研究报告，截至 2019 年 12 月，全国网上政务服务平台的个人用户注册数量达 2.39 亿，较 2018 年年底增加 7300 万；其中，实名制注册的个人用户就达 2.21 亿，占比为 92.5%，较2018 年年底增加了 7600 万。随着近两年"互联网 + 政务服务"的大力推进，越来越多的群众和企业进行了用户注册。用户量的巨大增长及用户种类的丰富，对数字政府的建设也提出了新的挑战，市场也将出现多种新的机遇。

四是数字创新技术产业发展鳞次栉比。数字创新技术的运用为数字政府服务的发展提供了巨大的推动力，通过深入挖掘精细、主动、个性化的服务场景，寻求场景应用开发的最佳切入点，聚焦便民惠企，明确主攻方向，聚力集中攻坚，打造既精致又有效的数字政府改革亮点。与此同时，随着数字创新技术的快速发展，多元产业迅速拓宽。从整体产业情况来看，具备政务云核心能力及政务大数据建设能力的云服务商、具备整合优势的系统集成商、掌握服务应用界面的互联网厂商将在未来数字政府产业市场中起主导作用。

五是结合场景化大数据人工智能厂商崭露头角。在数据应用层面，人工智能厂商的地位开始凸显。随着数据层的建设重点逐渐向数据应用层面侧重，人工智能的应用场景与需求不断增加。从《互联网周刊》、eNet 研究院连续 3 年评选的"电子政务与智慧城市解决方案提供商 TOP100"榜单来看，从 2019 年开始，人工智能厂商的代表企业逐渐崭露头角，近两年更多的人工智能厂商出现在榜单之中，人工智能厂商正在数字政府领域迅速发展、快速布局。

六是头部厂商跨产业布局旨在引领数字政府建设重点方向。为了增强头部厂商在产业中的话语权，同时为了跟随乃至引领数字政府建设重点方向，数字政府行业的各个环节的头部厂商均在积极向数据平台层、应用层延展，实现跨产业的整体布局。第一种布局模式以阿里云为代表，从基础资源层向数据层拓展，发展大数据能力，通过这种方式完善自身的生态系统，吸引应用层的行业资深合作伙伴。第二种布局模式以腾讯云为代表，是以自身强势流量平台作为切入口占领应用服务的界面，并以此为生态平台来吸引合作伙伴，在巩固自身优势的同时对行业进行拓展布局。第三种布局模式则是传统信息化厂商，最具代表的是 IT 基础设备厂商、系统集成商及电信运营商，这类厂商在应用层、数据平台层积极布局，且部分企业已经直接切入基础资源层的政务云市场。华为和浪潮是该模式的典型代表，从产业布局来看，这类厂商在数据政府建设架构中的多个层级均进行了布局。其在基础资源层保持了自有的竞争性，也在数据层的数据治理领域保持领先，在应用层也有不错的成绩。

二、数字治理细分领域发展热点

（一）基础设施云化融合化发展

基础设施即基础服务平台，包括感知端、政务云和政务网络。感知端包括视频感知终端、物联感知终端、卫星遥感等，为数字政府提供全面、及时的感知监测能力；政务云为数字政府建设提供满足多应用场景的算力服务；政务网络为政府部门提供高速泛在的智慧网络。

1. 政务云的关注点开始由"上云"向"云上"转移

政府云计算是指政务云，即云服务在政府领域的应用，是运用云计算技术，统筹利用已有的机房、计算、存储、网络、安全、应用支撑、信息资源等，发挥云计算虚拟化、高可靠性、高通用性、高可扩展性及快速、按需、弹性服务等特征，为政府行业提供基础设施、支撑软件、应用系统、信息资源、运行保障和信息安全等综合服务平台。根据不同的牵头单位，政务云可划分为综合政务云和行业政务云两类。

我国政务云的发展经历多年的培育和探索阶段，已经进入全面应用的普及阶段。在 2020 年新冠肺炎疫情的影响下，中国加快推进政务云建设。2020 年我国政务云市场规模达到 653.6 亿元，同比增长 42.3%。2018—2020 年中国政务云市场规模增长情况如图 8-1 所示。

随着中国政务云的高速发展，全国政务云建设已经初步完成政务云 1.0 阶段的底层基础设施建设，并逐渐向政务云 3.0 阶段的深化应用与业务创新发展。**一是推动政务云升级扩容，持续增强政务云服务能力。**推进计算、存储等资源扩容，加强省级政务云 PaaS 服务能力，提供"按需分配、弹性伸缩"的基础软硬件云服务，进一步提高资源利用率。**二是提高政务云集约化**

管理水平，进一步加强政务云精细化管理。从资源申请、使用、撤销等环节进行全面管控，提升资源利用率和使用效率，更好地支撑政务信息化应用。**三是推进自主可控云平台建设**。统筹利用计算、存储、网络、安全、应用支撑、信息资源等软硬件资源，发挥云计算虚拟化、高可靠性、高通用性、高可扩展性及快速、弹性、按需自助服务等特征，提供可信的计算、网络和存储能力。

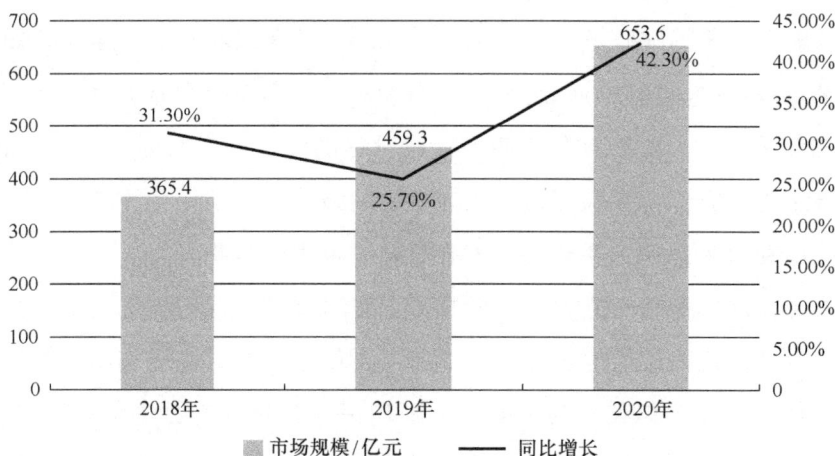

数据来源：《中国政府云计算发展前景预测与投资战略规划分析报告》

图 8-1　2018—2020 年中国政务云市场规模增长情况

2.数字化政府发展驱动对政务网络技术架构的重塑

按照《国家信息化领导小组关于我国电子政务建设指导意见》的顶层规划设计，国家电子政务网络由政务内网和政务外网构成，两网之间物理隔离，政务外网与互联网之间逻辑隔离。政务内网主要是副省级以上政务部门的办公网，与副省级以下政务部门的办公网物理隔离。政务外网是政府对外服务的业务专网，主要运行政务部门面向社会的专业性服务业务和不需要在内网上运行的业务。截至 2018 年 6 月底，政务外网纵向贯通网络体系已经基本形成，实现全国省市覆盖率 100%，全国区（县）覆盖率达 96.1%，接入县（市、区、旗）的总数为 2734 个，政务外网横向接入中央政务部门相关单位 152 个；

还为国务院办公厅、国家发展和改革委员会、中央机构编制委员会办公室、人力和社会资源保障部及国务院扶贫开发领导小组办公室等 24 个单位提供了统一的互联网出口服务。

随着互联网＋政务服务、互联网＋监管、互联网＋社会治理、数字政府、智慧社会的建设发展及由此驱动的对政务信息化技术架构的重塑，未来政务外网将呈现以下几个特点。

集约化建设，专网融合。各委办局的业务逐步由专网并入政务外网，推动政务外网的整体业务量持续增长，带宽需求加大。

多业务统一承载。视频监控、融合指挥、视频会议等实时高清视频类业务需求增大，对网络的带宽和时延等性能指标提出了更高的要求。

分布式多中心架构。随着政务云、政务大数据规模扩大及数据中心灾备等级的提升，未来政务数据中心将走向分布式多中心架构，同城双活、两地三中心将成为主流建设模式。

网络安全和自主可控增强。网络空间成为继"海、陆、空、天"后的第五疆界，国家进一步加大对网络信息安全和自主可控的重视程度。随着《中华人民共和国网络安全法》及相关配套法律法规的出台，政务外网的安全防护和自主可控要求进一步升级。网络信息安全的技术也出现了一些新的趋势变化：云和物联网等 ICT 架构演进使网络安全边界模糊，网络信息安全重心从传统的边界安全转向内容安全和数据安全，网络信息安全从被动防御转向主动防御。

新一代无线政务专网应用加快发展。聚焦移动政务、公共安全、应急通信、社会管理、重大活动保障等应用场景，在现有政务外网的基础上，探索融合 1.4GHz、700MHz、370MHz 专用通信，以及 5G 切片、卫星通信技术，补充增强现有政务网络资源，提升政务外网无线服务的能力。推进政务外网无线服务试点建设，按照业务场景和网络覆盖情形，分级分类提供合适、安全、标准的政务数据传输通道，实现典型应用场景的精准覆盖，为不同业务的应用需求提供灵活的网络接入手段。

案例：深圳市坪山5G政务专网

2020年12月30日，5G专网设备与深圳市坪山区政务应用联调成功，标志着坪山区5G政务专网上线试运行。坪山区5G政务专网是全国第一个5G政务专网，是全国第一个面向个人用户的专网，在5G应用上具有里程碑意义。坪山区5G政务专网示意如图8-2所示。

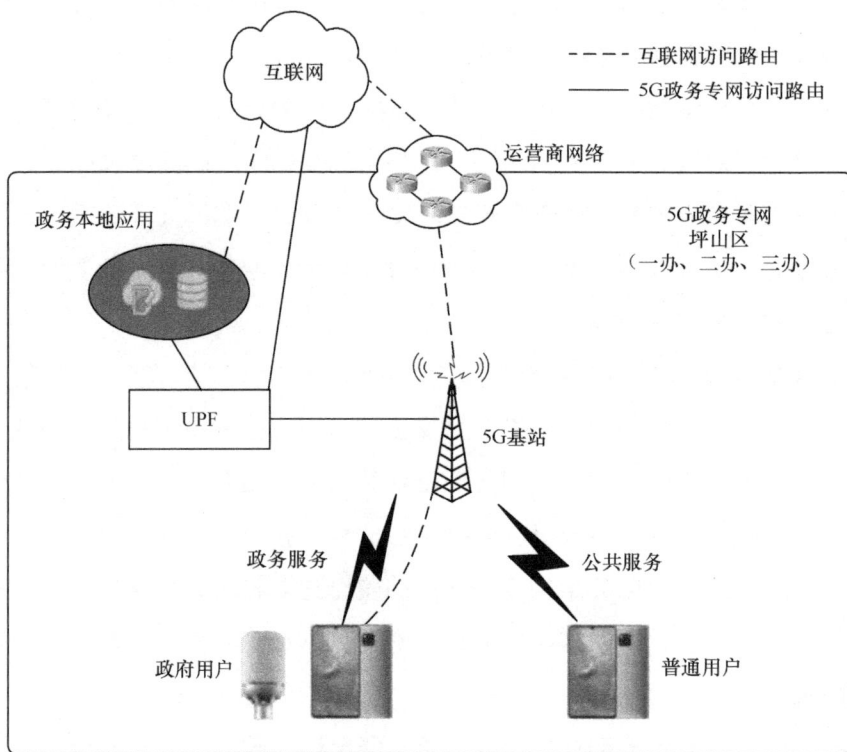

图 8-2　坪山区 5G 政务专网示意

坪山区5G政务专网弥补了传统政府无线办公网络的各种短板，充分运用了5G大带宽、高速率、低时延等特点和5G特有的网络切片技术，实现了真正的应用创新。下沉5G核心网的用户面功能可连接到坪山政府大楼，上联5G ToC（面向个人用户）核心网，采用上行分类器（Uplink

Classifier,ULCL)分流方案,当政务用户进入专网服务区时,即可根据用户访问的业务服务器选择接入政务专网或访问公网。基于 5G 的政务专网,具有以下优势。

更安全。在坪山区政府指定区域,基于 5G 基站组建专用网络,通过边缘计算技术,实现数据本地存储和计算不出场,极大地提升了政务数据的安全性。

更高效。基于 5G 大带宽、低时延的特点,实现数据高速流转。下行速率高达 1Gbit/s,比传统 Wi-Fi 和 4G 网络快 10 倍,传输速率实现了质的提升。

更优质。打破传统 Wi-Fi 人数容纳界限,克服了网络切换掉线问题,满足上千人同时上网,可在不同场景和区域无感知切换过渡,可根据工作任务分配不同的带宽,满足不同场景的使用需求。

更便捷。移动用户不换卡、不换号,在 5G 手机上实现一卡多用,根据应用场景在 5G 公共网络和 5G 政务专网之间自动切换。

更经济。专网内流量实行专项计价策略,大幅降低网络流量成本。可灵活部署 5G 视频设备,大幅降低拉设物理光纤的施工周期、难度和成本。

目前,坪山区已完成移动办公系统、视频平台、5G 摄像头及三维地图等多个移动业务应用的 5G 政务专网接入。

(二)应用平台集约高效化稳固化发展

近年来,数字政府改革建设受到各地区、各部门的高度重视和积极探索,数字化公共服务、数字化综合治理、数字化城市管理、数字化基层治理等多元化应用场景不断涌现。

一是以政务数据为驱动,建立政务全域大数据平台。政务大数据是指政府拥有和管理的数据,包含但不限于自然信息、辖区建设、辖区健康管理统计监察和服务与民生消费类数据。政务大数据是政府工作开展产生、采集及因管理服务需求而采集的外部大数据,是政府自有和面向政府管理的大数据。随着政务大数据信息的不断开放及规范,政务大数据在城市规划、交通能和多维协同，帮助综合态势全面感知、事件趋势智能研判、区域资源统筹调度和处置行动人机协同，并致力于挖掘城市问题的根本原因，力求在源头解决问题。"一网统管"平台应统筹推进，分级建设。在地市级和区（县）级分别建设数据平台，实现数据的汇聚、治理、共享和开放；在市级、区级和街镇分别部署三级平台，市级平台抓总体、抓大事，区级平台发挥枢纽和支撑功能，街镇平台抓处置、强实战。借助"一网统管"，可全面调用实时数据指挥城市运行，并对重点领域进行模块化管理，全方位保障整座城市的安全运行。例如，大型活动人流区域保障工作，可通过现场回传画面随时连线指挥；与公安、区城运中心等多部门连线，共同确保节假日城市运行平稳安全；实时监控道路水管等公共设施的安全隐患等。"一网统管"可整合接入市监、住建、交通、城管等单位，形成不同主体应用，围绕社会治理、城市管理、交通保障、行业监管、应急管理等维度直观反映城市运行的宏观态势，为跨层级、跨部门、跨系统联勤联动增效赋能，实现"一屏观天下，一网管全城"。

五是政务内部集约化高效，推进"一网协同"机制应用。各地跨部门、跨层级、跨地域协同应用机制不断完善，实现了政府决策指挥协同、监管协同、审批协同，持续完善治理体系，不断促进政府治理能力的提升，适应新时代现代化治理需求。以落实督查考核有数据为抓手，构建政府系统一体化督察平台，以"互联网＋督查"为重要手段，不断完善督查考核方式，形成闭环运行机制。探索构建关联分析模型，逐步建立基于大数据的考核评价体系，强化督查考核结果的分析运用，健全行政权力运行制约和监督体系。各地基层办公系统繁多且系统间存在"数据壁垒"，通过协同办公，以各地基层减负为突破口，全面推进政府机关内部的数字化改造进程，推动办公应用提升、流程再造，全面提升数字办公效率和协同办理能力。构建一体协同办公体系，拓展协同办公平台服务能力，实现日常办公与业务办理的"一体融合"，办公、审批、治理等多个环节协同能力得到提升。运用量子通信、区块链、电子印章等技术，提高业务协同效率与安全性，降低行政成本。

（三）网络安全体系需全面完善一体化建设

我国网络安全市场已进入稳健增长阶段，传统安全业务增长放缓，新兴安全市场（例如态势感知、智慧城市安全运营等）进入加速期，助推新一轮市场增长；《关键信息基础设施安全保护条例》等政策落地，市场红利加速释放，有望推动市场进入稳定增长期；虽然受到新冠肺炎疫情和 GDP 增速放缓的影响，但由于新基建（5G、物联网等）催生引领新需求并将形成可观的增量市场。

随着新一代信息技术的快速发展和网络安全风险的趋高态势，政府治理也面临着日益突出的网络安全风险。面对巨大的政府网络安全风险，亟须建立健全政府网络安全管理体系，从管理机制、制度规范、实施措施等方面加强体系建设，努力化解网络安全风险，完成数字政府建设目标。安全治理体系有待进一步完善，安全责任边界、安全总体规划、安全机构协同联动、实战安全培训等方面还需进一步加强。数据共享开放、个人隐私保护、政务外网安全、政务终端安全、密码保障等技术体系仍需提升。

三、数字治理发展展望

数字治理是数字政府建设的核心内容，随着数字政府建设步伐不断加速，数字治理领域将迎来三大红利，保持高速发展态势。

（一）政策红利

"十四五"开局谋新篇，数字化发展新阶段。国家"十四五"规划中提出："加强数字社会、数字政府建设，提升公共服务、社会治理等数字化、智能化水平。推进政务服务标准化、规范化、便利化，深化政务公开。"31 个省（自治区、直辖市）"十四五"规划纷纷响应国家"十四五"规划的思想与目标，均提出了推进数字社会、数字政府、数字政务建设的相关规划内容。随进的基础。随着我国政务服务的深化改革和发展，未来的政务数据会越来越开放，人民群众能接触到的数据种类将会越来越多，产生的数据量也会越来越大，这些新的数据种类与更大体量的政务数据，将会对整个政务服务的市场发展起到巨大的推进作用。当前，我国的政务服务在线上线下融合发展上取得了突破性成就，但大部分的线下服务配套还不够完善，创新性还不够。目前，我国省级与地市级的线下政务服务大厅基本建设完成，近年来的线下政务服务大厅建设市场主要集中于区（县）。随着线上政务服务的高速发展，线下政务服务大厅需要结合新技术实现应有的基础配套，这样才能更好地匹配线上政务服务的要求，发挥出最佳的服务能力，因此，现有线下政务服务大厅市场也将会迎来一段时间的升级改造。线下政务服务大厅是人民群众接触政务服务的第一现场，其直接影响了人民群众对政务服务的体验、评价与感受，随着政务服务"好差评"的深入推进，各级政府将重点关注线下政务服务的建设、升级改造及技术创新，因此线下政务服务在未来将具有不小的发展机会。

社会治理方面。随着我国新型智慧城市的大力建设，当前的社会治理取得了巨大的成效，例如，上海的"一网统管"，杭州的"城市大脑"。社会治理当下正在进行数字化改革与转型，未来将朝着数字化治理方向发展，数字化对于未来的社会治理将是一种基础、一种改革，更是一种赋能。5G网络的普及为社会治理提供了高速、广连接、低时延的网络基础，未来几年与5G网络深入融合的应用的需求将会激增。随着社会治理中的数据能力不断提升，数据种类与数据量的不断累积，市场将大量需要基于数据的精细化、精准化、精密化、可计算、可追溯、可预计等技术，来推进社会治理的进一步改革，向着更加数字化的方向发展。移动互联网、物联网、大数据、云计算、人工智能、区块链等新一代信息技术的发展与成熟，将赋能社会治理体系的传统要素，进一步提升社会治理的智能化水平，例如，利用感知设备实时感知事件的发生来替代原来的人工巡视，利用人工智能代替原有的人工执法，利用多种技术与业务融合创新出新的治理手段等。随着社会数字化治理精细化、精准化、精密化的发展趋势，社会数字化治理将进一步下沉到基层，深入基层的网格化治理，实现"小事不出网格、大事不出社区"的目标，加之疫情防控的常态化要求，基层的数字化治理将持续加强建设，未来主要集中在社区网格的 5G 基础网络、部件事件管理与处理、社区治理智能化设备、社区人员管理、社区大数据治理与分析等方面，从而提高社区在公共秩序、民意表达、诉求反馈、邻里关系、居民服务、矛盾调解等方面的治理成效，提升人民群众对社区治理的满意度及对社区居住的幸福感。

数字乡村方面。2019 年 5 月 16 日，中共中央办公厅、国务院办公厅印发《数字乡村发展战略纲要》，明确提出："到 2025 年，数字乡村建设取得重要进展。乡村 4G 深化普及、5G 创新应用，城乡'数字鸿沟'明显缩小。初步建成一批兼具创业孵化、技术创新、技能培训等功能于一体的新农民新技术创业创新中心，培育形成一批叫得响、质量优、特色强的农村电商产品品牌，基本形成乡村智慧物流配送体系。乡村网络文化繁荣发展，乡村数字治理体系日趋完善。"数字乡村发展是乡村振兴战略的重要内容，近年来的脱贫攻坚工作在一定程度上促进了我国数字乡村的建设，但面对我国乡村面积广、经济普遍落后、人口基数大的实际情况，我国的乡村数字化建设与城市相比，落后的差距仍然较大。近年来，数字乡村逐步扩大了在乡村社会治理、乡村养老、环境保护、农业生产等方面的应用，在推进乡村数字化治理体系和治理能力的现代化中发挥出重要的基础支撑作用。2020 年 10 月底，中共中央网络安全和信息化委员会办公室公示了我国数字乡村试点地区名单，名单涵盖了 22 个省、5 个自治区、4 个直辖市、1 个建设兵团，这说明我国将进入全面数字乡村建设推进阶段。据悉，国家公示的数字乡村试点名单的地区，从数字乡村的整体规划设计、建设乡村新一代信息基础设施、研究乡村数字化治理模式、完善"三农"信息服务体系等方面进行数字乡村建设。随着国家乡村振兴战略的推进，未来几年数字乡村市场将是一片蓝海，将有更多的数字化建设下沉到乡村，例如县级智慧城市、乡村政务服务、乡村数字治理、乡村产业数字化等。

（三）技术创新红利

随着数字技术的快速发展，加之政府获取并掌握的社会化数据越来越丰富，政府职能与数字化治理的融合发展趋势日渐明显。数字技术的发展也是数字政府时代建设的基础和保障，并在数字政府建设与发展的过程中推动数字政府的服务能力和服务内容的创新。

1. 新基建带来新思路

智能化数字基础设施将加快政府数字化转型实施，促进新旧基础设施体系互联互通，开放共享，加速整体转型升级，支撑互联网＋政府体系向数字化转型和新旧动能转换，推进高质量发展，打造集约高效的数字化政务服务体系。Gartner 在全球数字政府调研及其在数字政府领域的技术成熟度研究中，将聊天机器人、数据市场、区块链、数字孪生政府及智能工作空间站列为未来 5 ～ 10 年对政府数字化智能发展影响最大的 5 个关键技术。而结合国内近年来电子政务、互联网＋政务的整体发展情况，以及数字中国发展的整体思路，不难发现，区块链、人工智能，大数据分析，数字孪生政府及持续演进升级的政务云服务场景，正在推动数字政府的发展和创新。

数字孪生服务为数字政府提供时空数据可视化、地理信息系统（Geographic Information System，GIS）空间分析和时空数据存储能力，为城市规划与设计工作提供基于 GIS 的辅助决策能力。通过细胞级、更精细与精准的城市模型，来支持城市规划设计、建设、运行等方案模拟与发展推演，实现对人口空间、公共设施布局、基础设施建设、城市治理服务等的分析，为制定科学合理的城市决策和管理提供支持，实现规、建、管一体化的业务融合和数据的动态融通。值得注意的是，数字孪生今后的发展目标不仅仅是"数字克隆"，而是通过把线下、生活中政府能够管理与提供的服务，全部虚拟化，以改造政务服务流程，优化城市服务。

人工智能可以通过机器实现人的头脑思维，使其具备感知、决策与行动力。人工智能在近几年，尤其是在中国，呈现出井喷式的发展态势，迅速应用到群众生活的方方面面。在图像识别方面，可通过人脸识别技术实现政府的人证比对、稽查布控、走失人口统计等；在语音识别方面，可通过语音转文字与语义理解实现"12345"等政务热线智能客服服务；在文本识别方面，可自动识别信访内容关键信息，实现对信访内容的快速阅读，基于语义相似度算法，实现全库信访件的快速判重。在社会越来越关注隐私安全的大环境下，人工智能的使用会越来越受到管控，但依然无法阻挡人工智能继续在数字政府领域的更多场景中得到应用。

5G 技术在中国的发展迅速，国家及地方也鼓励政府部门率先试点 5G 应用。"5G + 政务专网"可解决数字政府不同的业务应用场景对用户数、QoS、带宽的不同需求，将 5G 物理网络切成多张相互独立的逻辑网络，与智慧政务业务进行深度的定制；保证了政务网络隔离性，确保了传输数据的保密性、安全性、高效性。具有提升业务体验、摆脱自建烦恼、安全可靠和云网融合等建设意义。同时，基于 5G 的智慧应用也在数字政府领域不断涌现，包括 5G 移动执法、5G 移动餐车监管、5G 服务机器人、5G 救护车应急救援、5G 无人机巡逻等。

2. 政务动脉新"疏通"

政务服务新动脉与政务大数据强关联，跨越数据壁垒，用好大数据，提升政府办事效率，是实现数字政府数字命脉的学界共识。从电子政府向互联网 + 政府的转型，未来则会向构建"数字政府"的方向演进，其目的是使政府从职能驱动向需求驱动的服务模式转变。为了打破政府各部门的"信息孤岛"，加强政府各部门数据信息的共享与应用，加速推动政府职能转变，大幅提升服务效率，增强发展动能，从而为企业提供更好的生存和发展空间，借助集成大数据共享交换平台的大数据治理中心，融合海量计算能力和海量算力的机器算法和深度学习，提供智能化大数据运算能力，消除数据融合共享的堵点、难点，疏通政务信息大动脉；通过数据共享融合平台，承担数据交换、管理、采集、清洗等功能，协助地方各级政府转变政府职能、创新管理服务、提升治理能力，实现"网络通""数据通""应用通"，助力群众办事"最多跑一次"。

服务入口上移与全渠道整合。随着政务集约化建设持续深入，政府对外提供政务服务的入口呈现由市级向省级上移的趋势，在数字政府领域建设上，类似"粤省事"的省级服务入口成为各省共识。除了广东省级政务小程序——"粤省事"，以安徽、浙江、福建为代表的省份先后上线了政务服务微信小程序"皖事通""浙里办""闽政通"，为各省居民提供"一次登录、全网通办"的服务。

服务入口向省级上移并统一相对应的功能，是服务入口的多元化与功能一致化，即全渠道融合服务。从政府自有网站、App、热线、自助服务终端到第三方流量入口微信（公众号、小程序）、支付宝等，可以看到，移动互联网丰富了政务服务入口，而数据融合与开放则保证了各渠道间功能的一致性，实现"数据多跑路、群众少跑路"。这将成为政务行业地方政府服务入口建设的方向。

政务服务下沉打通"最后一公里"。数字政府的建设将逐渐覆盖区（县）、乡镇或街道。自下而上地激活政务数据的融合需求，推动快速整合部门数据。地市、区（县）乃至乡镇成为重要的建设方向，在中国数字政府建设过程中，省市级建设已趋于完善和饱和，但区（县）乃至街道、乡镇等地区的建设覆盖仍然不足。自2018年中央一号文件《中共中央 国务院关于实施乡村振兴战略的意见》发布以来，一系列乡村振兴政策文件陆续出台，为乡村政务热点提供助力。为了能够真正打通政务服务"最后一公里"，政务服务发展的未来一定在街道、在乡村。不仅要有线上的统一政务服务门户，更要有线下的政务服务大厅、市民之家，甚至各类政务服务自助终端，能够简单、便捷地满足各年龄段群众办理常见事项的需求。

基层政府"自下而上"激活数据融合。区（县）乃至乡镇一级政府，由需求驱动，利用并整合各部门数据，由此驱动各部门的数据开放与融合，实现"自下而上"激活数据融合。

基层政府直接面向公众，与公众的距离最近，复杂的服务内容与单薄的人力、物力、能力形成直接矛盾。赋能基层，提升其服务范围与服务能力，是基层政府的迫切需求，也能直接满足公众政务服务需求，分流区域政务中心的业务压力。

更重要的是，基层政府的应用场景有需求、有价值，需要的数据与能力也来源于多个政府部门，这将有效驱动政府各部门的数据集中与融合，并提升数据价值。由于基层政府是以区域来划分的，区域内的大小事情全部都要负责，所以基层政府在实际服务中，需要整合涉及各个部门自身区域的相关数据，化零为整，为己所用。目前，部分省市政府已经开始关注基层政府的需求并进行基层政府赋能。

3.国产自主研发持续发力

2021年，"十四五"规划发布，提出了"坚持创新在我国现代化建设全局中的核心地位，把科技自立自强作为国家发展的战略支撑，面向世界科技前沿、面向经济主战场、面向国家重大需求、面向人民生命健康，深入实施科教兴国战略、人才强国战略、创新驱动发展战略，完善国家创新体系，加快建设科技强国"。持续深化信息科技领域实现自主可控，以创新引领发展为第一动力，并逐步完成国产化替代部署。

总体来看，国产自主研发生态产业体系可分为基础硬件、基础软件、应用软件、信息安全四大部分。

以芯片、传感器和存储为主的基础硬件，芯片作为整个计算机体系的"心脏"。受全球市场大环境的影响，不少国产自研厂家在芯片上正在大力投入，实现产业自研与创新。以海思为代表的国产化厂商正在全面助力"中国芯"

快速推进，并已取得了重大突破。

以操作系统和数据库为主的基础软件，横向铺开金融、政府等行业领域覆盖，纵向实现对接国产集成硬件，并已初步建立国产化基础体系。

以面向办公、政务等软件为代表的应用软件，适配国产化基础软件底座，是面向用户使用的关键界面。国产应用软件产业链整体发展较为成熟，已有大部分软件完成了对国产基础软件的适配。

以安全服务为代表的信息安全，为整个政府数字治理信息化体系提供安全保障。在国家治理数字信息化进程中，信息安全有着举足轻重的地位，产业发展行驶在"快车道"。

在以数字信息化手段助力政府实现治理现代化建设的背景中，安全、自主、可控是建设内容中的重中之重。未来需要创新突破基础软硬件产业技术壁垒，保持应用软件的成熟生态产业，实现国产研发产业链的强大与完善。

4. 数字发展与安全协同并进

大数据时代，从公众到政府职能机关，从公众到企业内部，从企业到政府职能机关，上下游产业链每天都会产生海量数据。这些数据会给企业带来无限的机会，推动社会向数字化迈进，给公众带来更多利好，同时数据也成为新时代的"黄金"和"石油"，正在成为企业的核心资产和国家的战略资源。我国于2021年6月正式颁布《中华人民共和国数据安全法》，并于2021年9月正式施行。作为数据安全领域的基础性法律和国家安全法律制度体系的重要组成，《中华人民共和国数据安全法》的出台有着深刻的时代背景和现实意义，是对当前数据安全内外部形势的回应，是护航数字经济发展的重要举措，开创了新时代中国数据安全治理的新局面。

在数字政府及数字中国的整体建设规划中，网络安全、信息安全、数据安全的重要性显得尤为突出。在"没有网络安全就没有国家安全"的总体国家安全观的指导下，伴随着《中华人民共和国网络安全法》《中华人民共和国数据安全法》《中华人民共和国个人信息保护法》的陆续出台和施行，数字政府的建设要与整体的国家安全、社会安全及公众信息安全保持一致。要在数字政府体系的建设过程中与信息、数据安全保障共生发展。及时构建安全体系、安全技术标准及安全防范的技术保障体系，保障数字政府的业务安全、数据安全、运营安全，与数字政府的建设协同推进，共生共利。

四、推动数字治理发展的建议

数字政府是提升政府治理现代化水平的重要引擎，是推进数字中国发展的关键支撑，是政府治理体系和治理能力现代化的核心与标准载体。在数字政府的建设中，应把握以下重点。

提升数字政府是自我革命的深刻认识。数字政府建设是大数据时代政府提升社会治理能效必须面对的一场深刻革命，是互联网和信息技术推动或倒逼政府改革的结果，数字政府建设不是简单的线上业务升级，而是一场治理思想与治理模式的变革。第一，在快速变化的社会环境中，要积极主动地拥抱这场革命，主动作为，落实国家政策的要求，做出地方自有特色，注重多项改革的协同配合和统筹推进，抓住重点领域和关键环节，强化问题导向。第二，要推动从量变到质变、从理念到行为、从制度与工具到方法的系统性转变，整合资源，搭建政府、企业、社会群众和社会组织交流互动平台，持续地实现数字资源的能力化和数字能力的共享化。

以人民为中心推动政务服务供给侧改革。数字政府的建设发展以互联网发展为基础，而互联网的核心思维方式就是用户思维，即从用户角度出发，以用户需求为导向。数字政府要树立"用户即人民"的服务理念，根据用户需求不断调整方向和策略，推动政务供给侧改革，打破政府机构和单位内部的局限，从"政府端菜"变为"群众点餐"。政府要整体面向人民群众，推动固有制度的改革，优化业务流程，甚至调整政府职能和组织机构，以满足人民群众的诉求，为人民群众办实事，让人民群众方便、实时、经济地获取政务服务；让人民群众深入参与社会监督工作，提升政务的公信力和形象；建立起政府和公众双向高效的沟通机制，让政策的制定和落地更接地气。

用大数据推动监管创新提升治理能力。依托大数据整合监管资源和力量，形成协同合作的共同监管主体，推动跨区域、跨业务协同，实现政策共商、措施共议、资源共享、监管联动，全面提升政府协同社会主体改善宏观调控、市场监管、社会管理和公共服务等领域的治理水平，从而增强政府治理的有效性。利用大数据、区块链、物联网等技术手段，创新监管方式，实现信用监管、非现场监管，推动监管模式的变革，提高监管的准确性和科学性。实现全流程数据化记录，为深度分析、过程回溯、事后监管、优化服务等工作提供可靠的依据，并为快速落实责任、及时发现、处置问题提供便利条件。在充分利用大数据的同时，强化信息安全、隐私保护的能力，规范大数据的运用与发展。

充分发挥数据的基础资源和关键要素作用。在"业务数据化、数据业务化"的全新数字政府发展理念下，政府需要在顶层设计上重视对数据资源的利用，从业务现状和业务优化出发，做好数据资源规划。建立数据资源应用的软件、硬件、标准和规划等，从统筹协调、组织管理、授权许可、权责区分、数据治理、应用创新和安全保障等方面建立保障制度。丰富数据资源的应用，以数据驱动重塑政务信息化管理结构、业务体系，进一步优化政府职能、组织架构和运作模式，形成"用数据对话、用数据对策、用数据服务、用数据创新"的现代治理模式。有序开放政务数据资源，让社会各方参与数据价值的挖掘利用，更好地发挥数据资源的经济价值和社会价值，激发数据资源活力。

线上线下融合构建全渠道综合服务体系。建设线下综合服务大厅，丰富线下智慧应用，加快实体大厅与网上大厅的深度融合，全面覆盖老年人、残疾人等特殊群体，实现预约、咨询、受理、办理、反馈、查询、邮寄等环节的线上线下无缝衔接。将政务服务终端、一体机等智能设备下沉部署到街道、社区、乡、村等政务服务中心，打造政务便民服务站，让群众在家门口即可实现信息查询、事项办理、结果打印或领取，打通政务服务"最后一公里"。推动实体大厅、网上政务服务平台、移动客户端、自助终端、服务热线相结合，线上线下功能互补、融合，最终实现"线上为主、线下为辅"的全渠道、全覆盖综合服务体系。

严守安全底线，构建全方位多元化安全体系。面对多元化、个性化的政务服务功能和海量的数据信息资源，数字政府安全风险挑战也与日俱增。要建立全方位、动态调整、高效协同的安全管理制度，发展独立自主的安全防护技术和应用，实现风险评估、监测预警与应急处置全周期管控。以《中华人民共和国网络安全法》《信息安全等级保护管理办法》等国家法律法规为基础，理清网络安全权责，建立事前、事中、事后的全面监管制度，实行奖惩结合的管理模式。政府部门要加大安全投入，落实资源保障，提升安全人才能力，建立常态化安全绩效考核机制。

建立多元参与社会共治的持续运营体系。政府部门要改变传统观念，实现从建、管、运一体的"划桨者"到定方向、提需求、出保障的"掌舵者"的转变。充分发挥政府、市场主体、社会组织和公众等参与方的优势及协同共治作用，坚持发展与监管并重，增加制度弹性，包容新业态、新模式发展，激发各类市场主体的创新创业活力，建立各种合作机制和模式，鼓励跨领域、跨行业的对话互动，构建多元参与、社会共治的运营体系。

编写单位：中移系统集成有限公司

作者：任世杰　李双佶　王诗璇　陈志刚　肖青山　楚佳盟　岳德生　杨佳丽

第九章
网格化管理：
多网格融合助力实现"一网统管"

　　网格化管理是运用先进信息技术，采用单元网格管理法、部件事件管理法等精细管理方式，通过建立高效的数字化发现和监督机制，构建监管分离、高位考核、发现核查和落实责任的新型管理模式，整合管理资源，再造管理流程，实现管理的标准化、信息化和精细化，建成规范化、科学化的长效管理机制。

　　我国的网格化管理模式以 2004 年北京市东城区网格化城市管理新模式正式运行为标志，以其先进的管理理念、管理方法和管理手段，将现代化城市管理的构想变为现实，其显著的运行成果引起国家相关部门及业内人士高度关注，全国迅速出现了数以千计的团组和数以万计的人员前往原创和试点城市考察学习的热潮，推动了东、中、西部大中城市在较短时期内全面普及网格化管理模式。截至 2020 年年底，网格化的管理模式已覆盖 31 个省（自治区、直辖市）的 270 余个地级以上城市，地级以上城市覆盖率超过 90%。其中，河北、内蒙古、黑龙江、江苏、浙江、安徽、江西、山东、河南、湖北、湖南、四川、贵州、陕西、青海、宁夏、新疆 17 个省（自治区）已实现地级城市全覆盖。

　　实践证明，网格化的管理模式是大部分城市管理者所认可的，是解决我国城镇化快速发展中城市管理难题的创新之举。网格化的管理模式已经走过

17 年的发展历程，在经历了由不了解到达成共识、由"要我建"到"我要建"、由试点到普及、由以市政设施和市容秩序为重点到城市运行"一网统管"，向智慧城市过渡的转变之后，正在蓬勃地发展。

一、网格化管理发展历程

（一）第一阶段：网格化城市管理发展期（2003—2011 年）

数字城市建设刚刚起步，城市各行业部门处于"信息荒岛"，传统城市管理模式粗放落后、效率低下，严重制约了城市现代化发展与人民生活水平提高的需求。2004 年，北京市东城区政府率先组建了城市管理模式课题组，依托数字城市信息技术提出了网格化城市管理理念，开发了全国首个网格化城市管理平台，形成以"万米单元网格管理法"和部件事件管理法等为代表的"网格化城市管理新模式"。在此基础上，住房和城乡建设部发文，要在 2005—2007 年分 3 批共遴选出 51 个城市开展网格化城市管理新模式试点工作。通过应用推广，截至 2011 年年底，全国共有 170 个城市建成网格化城市管理平台，并制定出数字化城市管理系列国家标准和行业标准，指导各地规范平台的建设、验收和运行。该阶段以管理各类城管事件和部件为主，可称为"狭义"的网格化城市管理阶段。东城区首创网格化城市管理新模式如图 9-1 所示。

图 9-1　东城区首创网格化城市管理新模式

（二）第二阶段：网格化社会治理与公共服务拓展期（2012—2017年）

2012年，在前阶段"狭义"的网格化城市管理基础上探索开展网格化社会管理服务，并取得成功的实践经验。网格化管理模式得到党中央认可并写入党的十八大文件，中央政法委员会等先后发文将城市管理、社会管理和公共服务事项纳入网格化管理。自此，城市管理范围、管理对象及其内涵不断延伸，从狭义城市管理拓展至广义城市管理的范畴。截至2017年年底，全国有200余个地级以上城市已建成网格化管理平台，大部分平台涵盖了社会管理与公共服务的拓展，形成城市管理多网格并存的局面，此时期被称为"广义"的网格化城市管理阶段。

（三）第三阶段："一网统管"新时期（2018年以来）

2018年年底，习近平总书记在上海市考察时强调，城市治理是国家治理体系和治理能力现代化的重要内容。一流城市要有一流治理，要注重在科学化、精细化、智能化上下功夫。既要善于运用现代科技手段实现智能化，又要通过绣花般的细心、耐心、巧心提高精细化水平，绣出城市的品质品牌。上海要继续探索，走出一条中国特色超大城市管理新路子，不断提高城市管理水平。

前期多网并行造成的建设条块多、重复建设、"信息烟囱"等问题逐渐显现，严重制约了城市综合管理，亟须通过"多网（格）融合"和"一网统管"加以解决。国务院于2019年正式出台了"多网合一"的政策文件。住房和城乡建设部明确提出应搭建城市综合管理服务平台，出台《关于开展城市综合管理服务平台建设和联网工作活动的通知》《关于全面加快建设城市运行管理服务平台的通知》《城市运行管理服务平台技术标准》。这些文件指导各地积极推动网格化城市管理平台到城市运行管理服务平台的升级演进，逐步实现城市运行"一网统管"。2021年3月，"十四五"规划中也明确提到"提升城市智慧化水平，推行城市楼宇、公共空间、地下管网等'一张图'数字化管理和城市运行一网统管"，这标志着网格化管理已经进入以"一网统管"为特征的城市综合管理新时期。

二、网格化管理核心内涵

网格化管理模式针对城市管理的问题多、主体多，造成的问题发现不及时、处置被动滞后等管理弊端，从管理方法、管理体制和管理机制等方面进行重大变革与创新。

（一）管理模式

1. 管理方法方面，创新单元网格管理法和部件事件管理法

单元网格管理法。 这是将城市划分为若干个网格状单元，由专职的网格员实施全时段巡查，使问题发现变得更加主动及时，同时明确各级地域责任人为辖区城市管理责任人，实现了管理责任的网格化。

部件事件管理法。 这是根据国家标准将城市管理对象分为城市部件和城市事件。城市部件通过拉网式普查，明确每个部件的名称、归属部门等属性信息，做到"底数清、情况明"。政府部门通过编制规范化的《网格化城市管理工作手册》，明确所有管理对象的主管部门、权属单位、处置单位、处置时限和结案标准等，保障问题的准确派遣、快速处置，实现由粗放管理到精细管理的转变。《北京市东城区网格化城市管理工作手册》示意如图 9-2 所示。

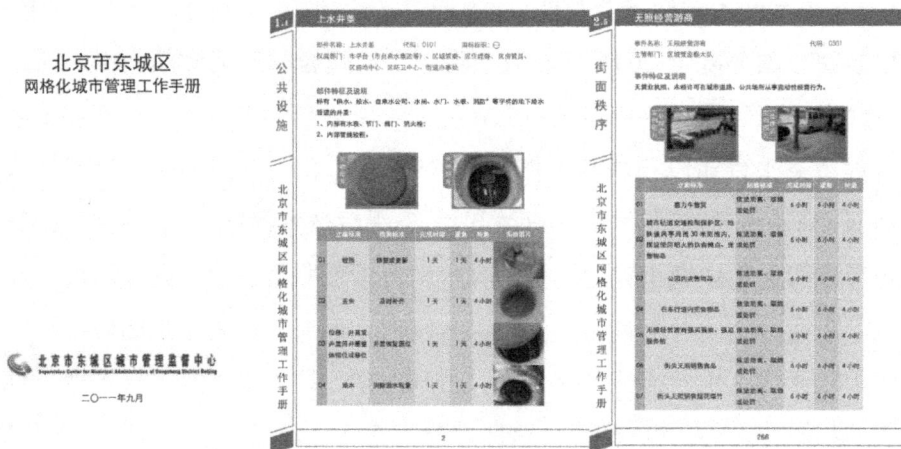

图 9-2 《北京市东城区网格化城市管理工作手册》示意

2. 管理体制方面，创新"监管分离"的城市管理体制

政府通过建立高位独立的城市管理监督指挥中心，将监督职能和管理职能分开，避免任何涉及城市管理职能的部门和单位既当"运动员"又当"裁判员"，形成依托一个监督机构驱动专业部门和地区政府切实履职的长效机制。北京市东城区监督轴和指挥轴如图9-3所示。

图9-3　北京市东城区监督轴和指挥轴

3. 管理机制方面，创新闭环工作流程和绩效评价机制

建成"信息收集、案卷建立、任务派遣、任务处理、处理反馈、核查结案和综合评价"7个闭环流程，建立主动及时的问题发现机制、责任明确的问题处置机制和长效的考核评价机制，克服部门"发现问题靠投诉、处置问题靠批示"的被动管理模式，实现由被动型管理向主动型管理的转变。

（二）主要特征

与传统管理模式相比，网格化管理模式的主要特征体现在以下4个方面。

1. 数字化管理

与传统管理模式不同，网格化管理模式与现代信息技术的联系空前紧密，地理信息技术、卫星定位技术、海量数据存储技术、移动通信技术、中间件技术等共同奠定了网格化管理模式的技术基础，即便是处于模式最终端的网格员巡查使用的移动终端，也凝结了现代数字技术的结晶。在网格化管理模式框架内，科学技术与现代管理理念有机地结合为一体，实现了工具理性与社会理性的高度统一，并最终共同为管理实践服务。

2.闭环式管理

传统管理模式下的管理效果经常是力度很大，结果很差，造成这种结果的原因之一是管理系统内信息的单向传递，政令频出，但忽视了结果控制。其典型的是一阵风似的运动式管理，这种管理模式在控制论上属于典型的开环控制。网格化管理模式建立了监管分离的两极管理体制，监督中心既负责信号输入，也负责评价结果，对整个管理系统全面控制，同时，社会公众的意见构成了监督评价体系的一部分，各个管理部门的工作成效得到了有效监督，管理系统实现了闭环控制。

3.精细化管理

精细管理的核心思想是通过管理的细化和深化，明确各环节的关键控制点，建立合理、高效、不断优化的业务流程。精细管理是现代管理的发展方向和本质要求，网格化管理模式正是一种精细化的管理。例如，《数字化城市管理信息系统 第2部分：管理部件和事件》中，将所有城市管理对象分为五大类121个小类部件和六大类83个小类事件，每个部件小到井盖、路灯、邮筒、果皮箱、行道树，大到停车场、工地、立交桥、电话亭、公厕，全都有自己的身份代码，每个网格员对自己管理区域内的城市部件的数量、位置、所属社区、管理部门都了如指掌，问题处理时间精确到秒。这充分说明，网格化管理模式摆脱了传统管理模式粗放、滞后的缺点，向精细化方向演进。

4.动态化管理

传统管理模式在信息获取上基本处于静止、被动的状态。网格化管理模式有网格化管理信息平台作为技术支撑，实现了信息的实时更新和动态监控。单元网格内一旦出现某类管理事项问题，会在第一时间被发现、第一时间被解决、第一时间被反馈、第一时间被检验。政府管理工作的主动性大大增强，实现准确、及时的动态化管理。

（三）实践经验

网格化管理模式经过 17 年的创建、试点、推广、普及和不断提高，已经发展成为具有中国特色的城市精细化管理新模式，同时也积累了一些宝贵的实践经验。

1. 努力把网格化管理模式列为"一把手"工程，保证新模式高效建设与运行

网格化管理模式建设是一项既要调整机构职能又要投入大量资金，既有行政管理问题又有技术指导任务的复杂系统工程，只有地方的"一把手"亲自挂帅，才能实现网格化管理模式所要求的机构人员、管理职能和相关资源的优化配置与科学共享。为此，住房和城乡建设部于 2009 年印发《数字化城市管理模式建设导则（试行）》，提出了"高位监督""监管分离""标准规范"和"严格考核"等实行网格化管理模式的基本原则，同时，每年都将网格化管理列入年度工作要点，布置和落实不同时期的工作任务。2013 年，国务院颁布的《关于加强城市基础设施建设的意见》也对网格化管理平台建设提出明确的要求。在住房和城乡建设部的正确指导下，各省（自治区、直辖市）特别是地方政府把网格化管理平台建设列入重要的议事日程，成为"一把手"工程，在机构设置、资金投入、资源共享、考核评价等方面给予重要保障，有效地保证了网格化城市管理模式的顺利建设和健康运行。

2. 创建全新城市管理流程，落实监督与管理责任

网格化管理模式是将监管区域划分成若干单元网格和责任网格，将网格内城市管理部件与事件的监管责任到人，同时建成"信息采集、案卷建立、任务派遣、任务处理、处理反馈、核查结案和综合评价"7 个闭环流程，将问题发现、立案、处置、结案和考核，全部落实监督和管理责任，实行"阳光操作"。特别是通过建立问题发现机制，使城市运行管理问题的处置变为"未雨绸缪"，极大提升了人民群众的幸福指数，提高了政府部门的公信力。

3. 制定完善的建设和运行标准，夯实建设与运行基础

网格化管理模式从创建伊始就十分重视标准规范的编制工作，自 2005 至 2012 年先后编制了住房和城乡建设部管辖的《城市市政综合监管信息系统技术规范》等标准，对网格化城市管理模式从建设到验收、从管理到运行、从体制机制设计到技术保障支持等各个环节都给予标准规范，使建设与运行的全过程都有标可依，有规可循。2012 年，国家标准化委员会下达任务书，将网格化城市管理新模式的 9 个行业标准升级为国家标准，更名为《数字化城市管理信息系统》，2013 年 12 月，《数字化城市管理信息系统 第 1 部分：单元网格》《数字化城市管理信息系统 第 2 部分：管理部件和事件》已颁布实施。截至 2021 年 9 月，其余 7 个行业标准已全部升级为国家标准，同时根据需要增加编制新国标。31 个省（自治区、直辖市）和地方也都结合实际出台了相关标准和规范，从而使网格化管理模式建设有了标准保障，为系统的健康运行打下了坚实的基础。

4. 严把网格化管理模式建设与运行关，提高建设和运行的质量与效率

为了保证网格化管理项目"能用、好用和管用"，主要把好两个关口，一是建设关，组成专家组对项目实施前的建设方案进行评审，对建成后的项目进行预验收和正式验收。网格化管理模式主要在管理体制机制建设、资源共享、技术架构、投资分析等方面严格把关，避免出现"大而全""小而全"的盲目投资问题和"信息孤岛"现象，特别是对决定网格化管理模式运行质量的"管理体制和机制方面（包括机构设立、管理模式、考核评价等）的建设"，在《城市市政综合监管信息系统模式验收》标准中给予总分值 30% 的权重，以确保网格化管理模式切实落地。二是运行关，《城市市政综合监管信息系统模式验收》严格规定了试运行中应达到的覆盖范围、管理对象、案件数量及案件结案率等具体量化指标并占总分值 25% 的权重，杜绝系统"带

病"上线的问题。对系统正式运行后出现的运行质量问题，则通过举办培训班、现场答疑、深入基层咨询诊断等方式进行指导服务，促进运行质量不断提高，保证网格化管理模式的健康发展。

5. 重视网格化管理模式的考核评价及结果使用，增强新模式的生命力

网格化管理模式的业务流程设立了"综合评价"环节，为保证评价结果有效使用，在相关标准中都有明确要求，将网格化管理模式中对区域和部门的考核评价结果纳入地方政府行政效能考核指标体系，并将这一要求作为网格化管理模式验收的重要指标。各省、市、区、县按照统一要求将考核评价工作落实到位。中央精神文明建设指导委员会将网格化管理模式建设及运行情况纳入"全国文明城市"评选指标体系；住房和城乡建设部将网格化管理模式纳入"人居环境奖"评选指标体系；许多省将其作为"文明城市""园林城市""卫生城市"等评先创优的考核指标，实行"一票否决"。许多城市在将其列入地方行政效能考核指标体系的同时，还创造出定期举办"市长讲评会、媒体通报、以奖代拨和业绩保证金"等行之有效的考评制度，从而保证了网格化管理模式高效运行，使其积蓄了强大的生命力。

同时，网格化管理模式的推广应用和成功运营，对于推动城市管理的市场化进程，扩大劳动就业，对于普及和深化网格化管理理念，提高社会管理水平，对于推进信息化要素的合理配置，提高信息资源的综合利用效率，对于搭建智慧城市物理平台，助推全社会信息化建设进程发挥了重要的基础和示范作用。

三、网格化管理典型实践

（一）北京市东城区

1. 北京市东城区概况

北京市东城区面积为 41.84 平方千米，是北京市面积最小的区。区域狭小，区位重要，是首都功能核心区。北京市东城区有丰厚的文化积淀，是北京市历史文化遗存和胡同四合院最为密集的地区。现有国家级、市级文物保护单位 106 家，占全市的 1/3；在旧城内的 19 片历史文化保护区中，北京市东城区占 10.5 片。现存完整的胡同 500 余条，占全市胡同的 30%。同时，北京市东城区人口密度大，常住人口 90 余万，常住人口平均密度每平方千米约 2.16 万人。其中，常住外来人口近 20 万，全区流动人口 20 多万，出租房屋近 5 万户。如何在风貌保护、发展产业、疏解人口的同时，提升城市环境水平，改善民生，是北京市东城区长期面临的难题，解决办法只能是建设网格化服务管理体系，走精细化发展之路。

2. 经验做法

（1）网格化管理模式带动东城区城市管理精细化

2004 年，北京市东城区首创网格化城市管理模式，2005 年 8 月在全国推广。该模式运行 17 年来，东城区网格化城市管理系统解决了原有的管理空间划分不合理、管理对象不具体、监督不到位、责任不落实、信息获取滞后、处理效率低下等问题。在实践中不断探索完善，将网格化拓展到文明城区常态化建设，将测评指标与网格案件信息对接，常态监测文明程度，将阶段性地突击创建转为日常的习惯养成。网格化管理模式在改善城市环境、提升城市形象、促进社会和谐中发挥了重要作用。

（2）网格化管理模式助力社会服务管理提升

2010 年，北京市东城区被确定为全国和北京市"社会管理创新综合试点区"，在网格化城市管理体系的基础上，全区划分为 592 个社会服务管理网格，将人、地、物、事、情、组织等基本情况全部纳入数据库，实现"网格全覆盖、工作零缝隙"，并通过结合"信访代理制""城管综合执法机制"等管理理念和实践经验，形成具有北京市东城区特色的网格化社会服务管理新模式。

（3）多网融合推动网格化服务管理体系建设

从 2014 年开始，北京市东城区立足首都功能核心区定位，以服务民生为出发点和落脚点，以落实责任和强化部门联动为基础，以整合力量和优化流程为重点，以打造城市综合服务管理平台为核心，全面推进网格化社会服务管理体系与网格化城市管理体系融合，构建"大循环 + 小循环"的运行体系，努力打造社会服务、城市管理、社会治安三位一体的城市综合服务管理平台，建成北京市东城区城市运行的中枢指挥体系、社会服务的综合平台、政民互动的有效载体。北京市东城区"大循环 + 小循环"运行体系如图 9-4 所示。

（4）适应城市管理体制改革，搭建完善网格化平台体系

近年来，北京市东城区网格化服务管理中心积极推进城市管理体制改革，深化网格化服务管理模式，建立一体化信息平台，着力拓展和统筹建立覆盖区、街道、社区，深入群众地全开放、广覆盖监督网络，提高问题发现能力，实现感知、分析、服务、指挥、监察"五位一体"。努力形成面向社会的工作机制，畅通渠道的共治监督，建立独立、统一、科学的考核评价信用体系。

3. 案例小结

北京市东城区作为网格化管理新模式的发源地，开创伊始就在体制机制的设计和落实上实现了高位监督考核，建立了全国第一个专门从事城市管理监督的行政机构，确定了区委干部绩效考核百分制、数字城管考核结果占10 分等制度保障。这种新模式运行以来始终引领全国网格化城市管理新模式的推广和发展。近年来，北京市东城区在网格化城市管理基础上先后拓展了社会服务、综治管理、应急管理等领域，全面推进网格化社会服务管理体系与网格化城市管理体系融合，建立网格一体化治理平台，实现了一体化采集、指挥、处置、评价，提升了城市精细化管理水平，打造了协同聚力、广泛参与、精治共治的网格化城市治理新格局。

（二）上海市浦东新区

1. 上海市浦东新区概况

上海市浦东新区于 2006 年启动实施网格化城市管理，将"单元网格管理法"和"城市事（部）件管理法"相结合，逐步融合"12345"市民

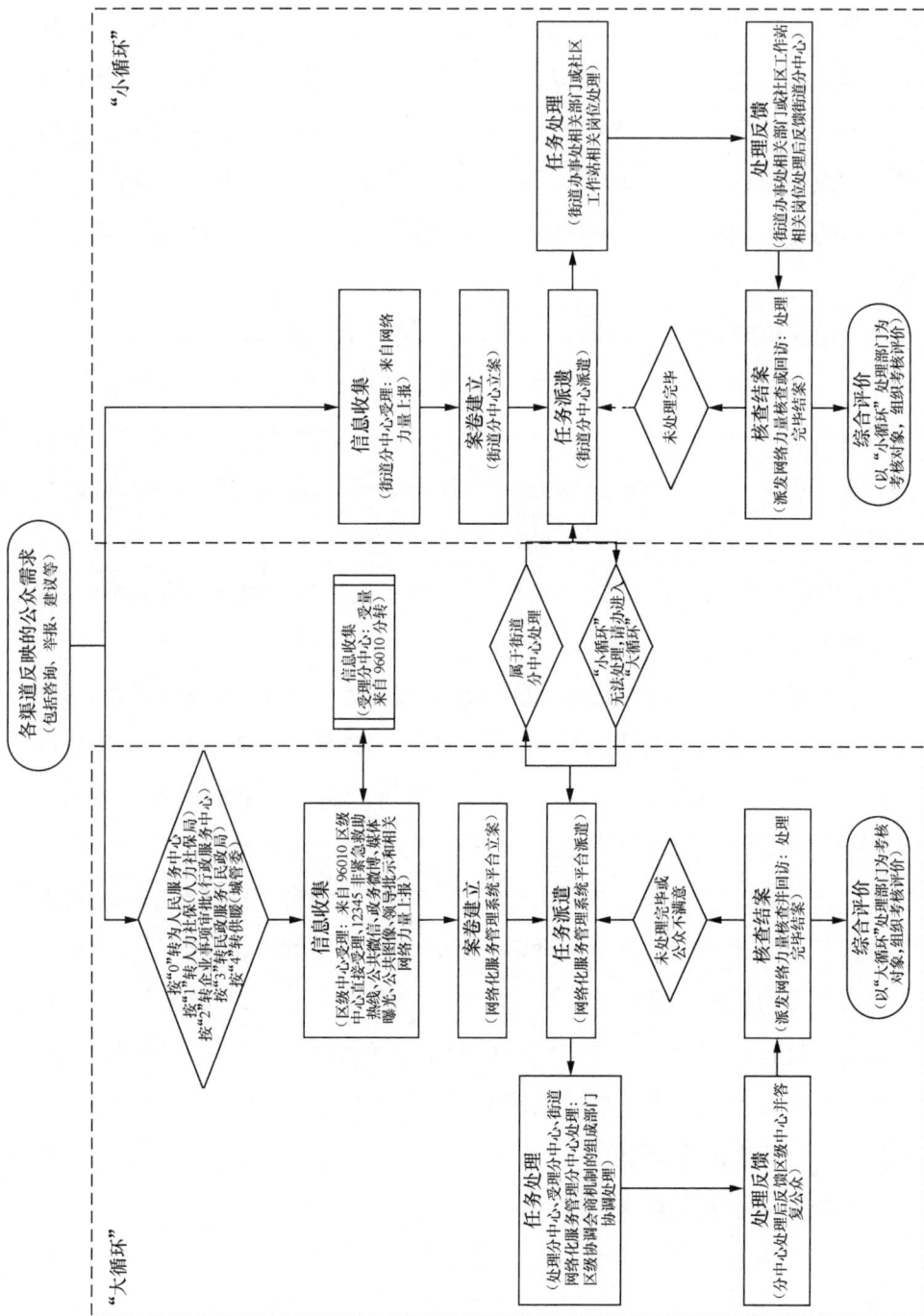

图9-4 北京市东城区"大循环+小循环"运行体系

热线、环境热线等职能，形成"发现、受理、指挥、处置、监督、评价"六位一体的城市网格化管理机制。2017年，上海市浦东新区通过整合与城市管理和安全运行相关的管理资源，深化拓展城市运行综合管理功能，建设符合浦东实际、体现浦东特点、形成浦东特色的新区城市运行综合管理体系，实现城市网格化综合管理与社会治理、应急管理的深度融合，实现城市运行综合管理全行业、全区域、全时段覆盖，实现城市管理资源高度整合，监控信息系统高度集成、部门联勤联动高度协同、上下贯通指挥高度统一。

2. 经验做法

（1）成立高位统筹的上海市浦东新区城市运行综合管理中心

上海市浦东新区城市运行综合管理中心（以下简称"区城运中心"）于2017年9月启动运行，是区政府直属、委托区政府办管理的五级事业单位。区城运中心是浦东城市运行综合管理的统筹协调机构，也是浦东推动构建社会治理体系和治理能力现代化的重要平台，具有统筹规划、信息汇聚、预警监控、联勤联动、监督考核、数据共享等职能。它的主要目标是以网格化精细管理为基础，以全覆盖、全过程、全天候和法治化、社会化、智能化、标准化为着力点，运用现代信息技术手段充分整合各种资源，有效推进部门协同和联勤联动，实现社会治理和城市管理问题的智能主动发现与快速高效处置，努力提高城市治理的整体能力，全面提升城市管理精细化水平，使城市更有序、更安全、更干净。

2018年11月6日，习近平总书记考察区城运中心，对浦东在城市"绣花式"智能管理的探索和实践给予高度肯定，并提出"一流城市要有一流治理"的新要求。

（2）搭建上海市浦东新区"城市大脑"

2018年以来，上海市浦东新区逐步进入"城市大脑"阶段。在线下，上海市浦东新区建立与城管执法队伍紧密配合的城市运行平台——区城运中心，集中所有城市运行管理事务，横向集中所有城市运行管理事务，以入驻或派驻方式，整合市民热线、值班、应急、防汛、110、120、安全生产、城管执法等 15 个部门的职责；纵向形成"区城运中心、36 个街镇城运分中心、1316 个村居工作站"三级管理体系。在线上，上海市浦东新区以区城运中心为载体，探索构建"城市大脑"，围绕让城区更有序、更安全、更干净的目标，以物联为"针"、以数联为"线"，综合运用大数据、云计算、人工智能等智联"针法"，开发了常态、应急、专项一系列智能管理场景。

截至 2021 年 9 月，上海市浦东新区"城市大脑"实现数据广归集，"城市大脑"共接入 109 个单位的 341 个系统、归集使用数据 11.8PB，部署物联感知设备近 4 万个，与公安共享视频 8000 多路；应用已初显成效，区层面已有 16 个精细化管理模块投入实战运用，街镇层面已完成各项基础功能的统一部署；管理闭环初步实现了主动发现、自动指令、快速处置、实时反馈的紧密衔接，使城市管理更加科学高效。

3. 案例小结

区城运中心以智能化提升为抓手推动精细化管理，创新城市运行智能管理体系（即"智理浦东"），着力深化城运平台推动社会治理创新和城市精细管理的核心功能，聚焦常态、专项、应急 3 种状态，推进"城市大脑"智能迭代，实现城市运行状态全面感知、隐患精准预警、问题智能发现、指令智能推送、条块无缝联动、处置即时高效、监管动态闭环，提高社会治理社会化、法治化、智能化、专业化水平，全力探索建设世界前沿的城市智能管理模式。

（三）杭州市

1. 杭州市概况

2005 年 7 月，杭州市被国家住房和城乡建设部确立为首批"网格化城市管理新模式试点城市"，同年 10 月项目开始建设，次年 3 月 28 日网格化城市管理平台上线运行。2006 年 8 月，杭州市网格化城市管理项目通过国家住房和城乡建设部的验收，成为全国第一个通过验收的网格化城市管理新模式试点城市。目前，杭州市网格化管理覆盖面积达到 611.5 平方千米。近年来，杭州市数字城管以"三个第一"（第一时间发现问题、第一时间处置问题、第一时间解决问题）为总要求，以"扩面、扩容、提质、增效"为主要手段，以"四个最"（最高标准、最快速度、最严作风、最好效果）为目标，完成了从数字化城市管理到智慧化城市管理的转型，在杭州市城市日常管理、应急管理、服务为民和科学决策等方面发挥了积极作用。

2. 经验做法

（1）成立高位统筹的监督指挥机构

成立杭州市数字城管信息处置中心，这是杭州市数字化城市管理和监督的具体实施机构，隶属杭州市城市管理委员会，职级为副局级，负责全市实施数字化城管范围内数字城管的信息采集、问题立案和处置督办及评价考核，负责城管与执法系统信息化建设与管理等工作。

（2）建立市场化的网格信息采集机制

杭州市首创了网格化信息采集市场化的方法，坚持政府"掌舵"，问题采集由市场化招聘的采集公司完成，并通过合同设定和科学考评强化对采集公司的管控。目前，杭州市主城区范围共有网覆信息采集员 413 名，通过政府公开招标，共有 6 家采集公司参与具体的采集工作，日均上报问题 5000余件。

（3）建立"平急"转换机制

建立"平急"转换机制，实现了城市日常管理和应急管理模式间的无缝切换。在日常状态下，主要围绕城市的"四化"做好长效管理，而在台风、暴雪等恶劣天气或其他应急状态下，能迅速进行"平急"转换，按"三个第一"要求及时、全面地上报街面动态信息，处置突发事件。

（4）建立专项普查机制

针对阶段性重点工作和城市管理的热点难点，有计划地安排专项普查，为行业监管和领导决策提供翔实的参考依据。例如，定期开展主城区范围内小锅炉经营点的普查，为推进 PM2.5 的治理提供参考；定期开展河道排污口排污情况的普查，为推进五水共治工作提供保障。专项普查重点对象如图 9-5 所示。

图 9-5　专项普查重点对象

（5）建立目标考核机制

杭州将"问题及时解决率"作为城市管理评价的唯一指标（问题及时解决率不仅体现了问题的解决率，还将处置超时、返工、延期、缓办、有责差错等考核项纳入计算公式，科学、全面、细致地评价问题处置情况，问题及时解决率是一项综合性的考核指标），纳入市委、市政府对区委、区政府及对市相关部门（单位）的考评体系，有力地推动了问题的解决。

3.案例小结

杭州市是首批网格化城市管理试点城市，2006 年建成并通过验收，是全国第一个实施网格化城市管理的省会城市。杭州市通过建立主动推进、及时采集的发现机制，问题处置快速精准到位的响应机制，职责分明、监督有力的综合评价机制，以及管理规范、运转高效的城市管理长效机制，保证了城市在运行中出现的问题能够得到第一时间发现、第一时间处置、第一时间解决。特别是在举行 G20 杭州峰会期间，杭州市将城市管理精细化管理立结案规范提升为"美丽杭州"城市长效管理标准，落实重点区域全覆盖，每日发现问题 1 万件以上，有力地保障了 G20 杭州峰会的有序进行。多年来，杭州市网格化城市管理工作得到了各级领导的高度重视，2005 年 11 月，时任浙江省委书记的习近平同志对数字城管工作作出重要批示，要求有关部门"要结合我省实际，抓好试点，逐步推开，以此为载体，全面提升我省城市日常和应急管理水平"。

（四）宁波市

1.宁波市概况

宁波市全市总面积为 9816 平方千米，下辖海曙等 6 个区、两个县、两个县级市，共有 75 个镇、10 个乡、69 个街道办事处，2017 年常住人口为 800.5 万人。宁波市于 2008 年建成网格化城市管理系统，2011 年开始筹建升级为智慧城管，2012 年 4 月 15 日，宁波市智慧城管中心正式揭牌成立。智慧城管中心自启动运行以来，坚持以服务民生为大局，以项目推进为抓手，以精细管理为主线，以科技创新为驱动，按照"覆盖全面、信息融合、运转高效、全国领先"的总体建设目标，成为国内第一家挂牌成立的智慧城管中心、城市管理领域第一家获得国家级北斗卫星应用课题资助的申报单位。

2.经验做法

（1）建立"大城管"组织格局

宁波市成立由分管市长、区长、县长分别挂帅的市、区、县智慧城管工作领导小组，通过建立"一级监督、两级指挥、三级政府、四级网络"的运作体系，理顺市、区、县（市）、园区的关系，强化各部门协作，改变原有"小城管"模式，确立"大城管"格局，加快智慧城管工作全面推进。其中，市级成立市级智慧城管工作领导小组，由分管副市长为组长，市直属部门和各区政府等 40 余家主要成员单位组成市智慧城管工作领导小组，代表市政府全面行使智慧城管指挥、监督、协调、考核、评价和奖惩等职能。

（2）搭建"大协同"网络架构

宁波市发布《宁波市智慧城管工作实施办法》，全面推进全市智慧城管工作的开展，将市、区、县（市）的420余家职能部门和主要企事业单位纳入智慧城管协同网络，宁波市集中部门资源、强化联动效能，使186类城市管理问题实现"属地为主、按责处置"的有效管理，统一了工作标准，量化工作要求。

（3）完善"全覆盖"机构建设

到2017年，宁波市已建成1家副局级市级中心，海曙区、江北区、鄞州区、镇海区、北仑区、奉化区6家副处级区级中心，余姚市、慈溪市、宁海县、象山县4家副科级以上县（市）级中心，东钱湖旅游度假区、国家高新区、大榭开发区、保税区、杭州湾新区5家园区中心，并逐步向建制镇（街道）三级平台试点延伸，至2017年完成22家中心镇三级平台建设覆盖，2018年目标实现全市建制镇建设全覆盖。宁波市智慧城管实施机构组成示意如图9-6所示。

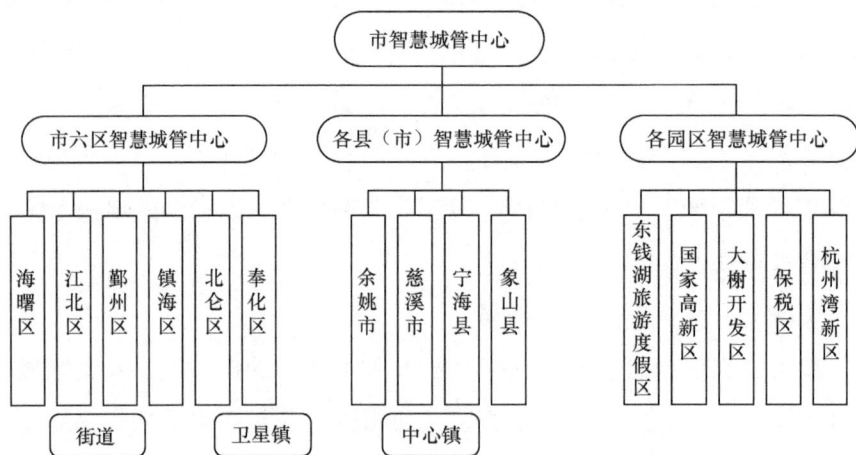

图 9-6　宁波市智慧城管实施机构组成示意

（4）搭建"9631"平台框架

宁波市以"9631"平台框架推进智慧化城市管理建设。建设内容涵盖智慧市政、智慧环卫、智慧园林、智慧内河、智慧供水、智慧排水、智慧工程质监、智慧公用监管、智慧培训研究九大智慧行业，物联网公共管理平台、基础设施共享平台、统一视频平台、数据交换平台、空间信息平台、统一安全平台六大基础支撑平台，智慧城管、综合执法、城市综合管理服务三大核心应用和1个综合数据服务中心。

3. 案例小结

宁波市成立全国第一家挂牌的智慧城管中心，将网格化城市管理模式与智慧城市整体建设架构有机结合，在全国数字城管建设升级模式中具有较好的先创先试意义。宁波市建立了较为完整的领导小组、协同网络、实施机构等运行体系，同时充分利用信息化、智能化手段，在业内首家示范应用北斗卫星定位技术，完成全市平台统一及云化改造，实现跨部门资源整合，制定全市统一的城市管理行业系统信息化技术标准，较早地启用"温馨提醒""智能管控"等特色应用。通过体制优化、机制创新及信息技术应用，为数字化城市管理向智慧化城市管理的跨越积累了宝贵的经验和模式示范。

（五）青岛市

1. 青岛市概况

青岛市作为全国网格化城市管理新模式的第三批试点城市，于2009年9月建成了网格化城市管理信息系统。2019年，青岛市作为全国7个首批城市之一，与住房和城乡建设部城市综合管理服务平台实现了对接联网。2020年，青岛市被确定为全国城市综合管理服务平台建设15个试点城市之一，全面推进城市综合管理服务平台建设。2021年，青岛市在优化完善城市综合管理服务平台功能的同时，深入贯彻"新城建"工作部署和"运、管、服"平台升级建设要求，不断推进城市管理领域"一网统管"，构建和打造了"上下贯通、左右衔接、协同联动、高度集成"的城市运行管理服务体系，努力探索城市运行管理服务平台建设的"青岛模式"。

2. 经验做法

按照《青岛市城市云脑建设指引》和《数字青岛建设规划（2019—2022年）》，以青岛市原有数字化城市管理信息系统为基础，统筹整合全市城市管理领域管理和信息资源，创新"1中心 +1平台 +1张图 +N 项应用"的建设思路。

（1）"1中心"汇聚数据，推动信息资源融合共享

依托青岛市信息资源交换共享平台，综合汇聚城市管理基础数据、城市部件事件数据、城市管理行业应用数据、公众诉求数据、网络舆情数据等主题数据，拓展城市运行数据的综合采集、智能感知，打造城市综合管理服务大数据中心，并加强所有数据的高效治理、深度挖掘和融合分析，实现城市综合管理服务数据跨系统、跨行业、跨部门共享运用，为城市管理行业赋能、指挥调度、决策分析、效率提升提供大数据支撑。目前，该中心已整合供热供气、环境卫生、综合执法等16个城市管理行业部门的数据，共享公安、交通、住建、园林、水务等28个市直属部门、区、市的数据及2.5万余路视频数据，已完成全市建成区597平方千米城市管理部件基础数据的普查和更新，180余万个城市管理部件全部统一标识编码，建立了数字化的城市部件库。

（2）"1平台"指挥调度，推动问题处置高效协同

建立健全城市综合管理状态监测（发现问题）、指挥调度（事件分拨）、流转处置（监督考核）的管理闭环体系，纵向部署全面贯通市、区（市）、街道、社区、作业单元的5级联动协同指挥系统，横向上与全市城市综合管理相关行业部门形成协调联动和多层次协同，实现对全市城市管理工作的统筹协调、指挥调度、监督考核和综合评价。

（3）"1张图"统揽全局，推动运行态势精准展示

综合城市管理业务、事件等数据，建立城市管理分析和预测模型，打造15个可视化专题，集中展示环境卫生、市容景观、户外广告、垃圾分类、

渣土监管、供热供气等行业的运行态势，形成城市管理多发问题、易发区域、高发时段的"热点地图"，实现对城市综合管理服务的直观监测和预测预警，为行业管理部门加强管理决策提供科学依据与信息化支撑。

（4）"N 项应用"破解难题，推动行业难点智能监管

着眼城市管理中的重点、难点，建设涵盖城市运行、行业监管、综合执法等方面的 24 个具体场景应用，实现违法建设"智能管控"、渣土车"统一监管"、环卫作业"数字管控"、责任区"电子承诺"、城市问题"智能感知"、户外广告"智能监管"等，打造具有"青岛特色"的智能化应用场景新标杆。

3. 案例小结

青岛市按照"1 中心 +1 平台 +1 张图 +N 项应用"的建设思路，推进平台数据体系、应用体系、运行规范体系和管理体制机制建设，采用大数据、人工智能、物联感知等技术，充分利用现有资源，深化应用场景，注重在科学化、精细化、智能化上下功夫，建设感知、分析、服务、指挥、监察"五位一体"的城市运行管理服务平台，全面构建城市运行管理服务体系，推动多个部门高效处置一件事。目前，平台日均流转处置问题 11000 余件，处置率保持在 99% 以上，为有效解决群众身边的"操心事""烦心事"发挥了重要的作用。

（六）昆山市

1. 昆山市概况

昆山市是江苏省直管县级市，辖区面积为 931 平方千米，建成区面积为 115.85 平方千米，常住人口约为 255 万，辖区内有国家级昆山经济技术开发区、昆山高新技术产业开发区，省级昆山花桥经济开发区、昆山旅游度假区及 8 个镇。2007 年 4 月，昆山市被住房和城乡建设部列为全国网格化城市管理新模式第三批试点城市。2008 年 8 月投入运行，昆山市网格化城市管理系统于 2008 年 12 月通过国家住房和城乡建设部验收，率先在全国县级市中实现网格化管理。

2．经验做法

（1）组织独立、高位协调

昆山市网格化城市管理由市编委下达三定方案，为全额拨款事业单位，有 4 个正股级内置科室，正式编制 20 人，辅助性编制 25 人，中心职级未定，依托城管局，由分管副市长任中心主任，公安局长、城管局长及一名分管领导任副主任，分管领导为中心法人并主持工作，中心人事、财务、业务独立运作，依托城管委高位组织协调职能，加大对各执行部门的监督指挥。中心内设办公室（技保科）、监督科、呼叫中心、协调科 4 个科室，在运行机制上，3 个业务科室各司其职，形成相互制约的工作机制，确保中心工作的公正性和公平性。

（2）构建城乡一体管理格局

昆山市网格化城市管理系统处于建设初期，把 11 个区镇作为一级执行部门纳入数字城管，中心对各区镇同步实施考核评估。2010 年，为加快推进城市管理的城乡一体化管理水平，启动区镇数字城管建设工作试点，本着高点定位、分步实施、强势推进的原则，至 2012 年年底所有区镇完成了数字城管指挥中心建设，实现了向"一级监督、两级指挥"管理模式的转变。各区镇指挥中心均设立专职机构，配备专职人员，落实专项经费，建立专项考核，保障了区镇指挥中心的高效运行。

（3）考核纳入政府评估体系

昆山市网格化城市管理建立了完整的量化评估体系，考核利用市政府现有的考核机制，纳入考核的主要指标有处置率、按期处置率和一次完成率。昆山市将城市管理相关部门纳入政府评估体系如图 9-7 所示。

昆山市把凡涉及城市管理职能的部门及条线垂直单位全部纳入数字城管，并根据具体情况分成 4 类考核：政府部门纳入市级机关效能评估，区镇纳入社会经济目标责任制考核。城市管理办事处纳入城管委考核，垂直单位则向其上级部门通报。每月中心编制简报，抄报市委市政府主要领导。

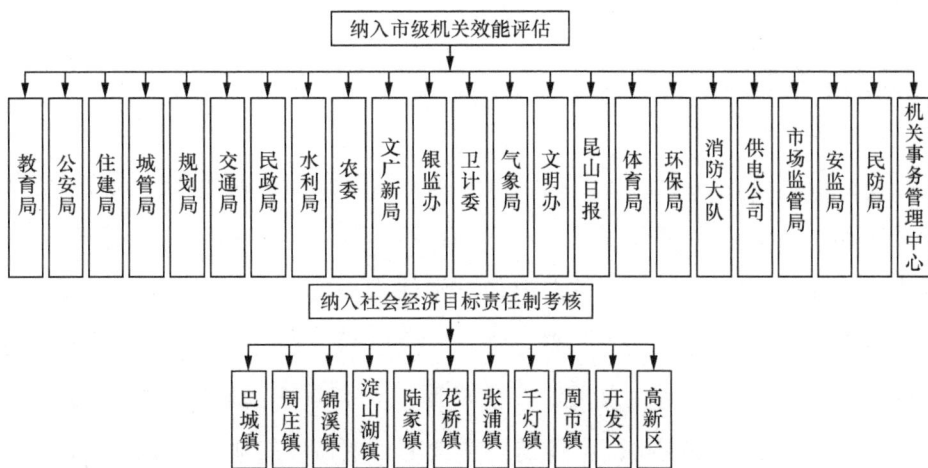

图 9-7　昆山市将城市管理相关部门纳入政府评估体系

（4）组建专职考评队伍

2017 年，昆山市创新考核机制，通过建立一个考核体系、一个考核标准、一支考核队伍、一个考核结果、一个结果运用的"五个一"原则，实行"1+X"考核模式，着力形成"用数据说话、用数据决策、用数据管理、用数据创新"的城市管理新格局。每月由城管委组织召开工作例会，各区镇、部门分管领导参加，对于问题比较突出的区镇和部门，会上进行表态发言，明确整改措施与整改期限。

中心建立了一支专职考评员队伍，负责 X 项考核任务。各牵头部门只需要制定每月的考核需求，明确考核区域与考核事项，具体考核工作由中心监督科负责组织实施。

3. 案例小结

昆山市网格化管理模式在高位的机构、完善的机制、有素的队伍、严格的考核支撑下，建立了两级监督两级指挥模式，运行体系覆盖全市各级城市管理职能部门，监管面积覆盖建成区和各区镇的核心区域，实现了网格化管理市、区镇一体化运行。十年来，昆山市网格化管理不断完善系统建设、拓展应用功能、调整优化流程、开展数据分析，夯实基础。同时树立创新意识和服务意识，持之以恒地坚持高标准、高效率运行，充分发挥了网格化管理的监督和协调作用。

（七）合肥市包河区

1. 合肥市包河区概况

合肥市包河区位于合肥主城区东南部，辖 9 条街、两个镇、两个街道级大社区和 1 个省级经济开发区——包河经开区，区域面积为 340 平方千米，其中，巢湖水域面积为 70 平方千米，常住人口为 142 万。2019 年地区生产总值突破 1300 亿元，综合实力跻身"全国百强区"第 41 位。合肥市包河区发展正处在向高质量发展、高品质建设、高效率治理转变的关键时期，推动跨越发展、转型崛起，不仅需要重大项目的持续突破、新兴产业的迅速壮大，还需要社会环境、基层治理的优化提升。然而，与安徽省位列第一的经济总量、城市形象相比，社会治理能力和水平还比较滞后。面对基层社会治理中出现的问题及群众对服务品质要求的不断提升，合肥市包河区积极探索片区管理和社会治理的创新。

2. 经验做法

合肥市包河区提出大共治基础网格的概念，以居民区、道路、自然要素为基础，根据辖区实有人口、建筑物、沿街门店等要素的数量、类型及综合管理难度，划分为若干个边界清晰、大小适合的工作单元。网格化治理的目的是推行全民参与社会治理和为民服务，做强、做实前端居民自治。合肥市包河区 434 个大共治基础网格按照"五个一"标准进行组建，通过网格治理大整合，变粗放管理为基层精细治理。

一张网格。构建三级网格体系，即全区为大网，街镇（大社区）为中网，居村为小网。基础网格在居村小网的基础上进行划分。按照"10 分钟管理全覆盖"的要求，各街镇结合居村小网区域面积、工作量大小、管理力量配备等实际情况，将单个居村小网合理划分为一个或几个基础网格，逐步实现"多网融合、一网多用"。

一张清单。按照"危险性、直观性、无序性"优先处置的原则，将区域涉及安全隐患、明显影响城市环境等问题和群众关注的焦点纳入管理服务清单，共计 11 个大类、118 个小类，明确了每类问题在不同环节的责任主体、处置流程、处理时限、结案标准。街镇采取"规定 + 自选"的方式制定个性化网格任务清单，实行"一网一单"。

一支队伍。按照"1+2+N"的标准配备网格治理力量。其中，"1"是指每个网格配备 1 名网格长。"2"是指每个网格不少于 2 名专兼职网格员，组建相对固定的基础网格治理队伍。网格长由所在居村"两委"干部担任，负责网格治理的组织实施，整合力量加强前端自治，统筹解决疑难问题。网格员负责对照网格服务管理事项清单开展日常巡查，采集基础信息，发现并上报问题，依托网格自治力量进行前端处置。"N"是指网格自治力量，包括网格内各类协辅人员、市场化服务人员、居民区党小组长、楼栋长、村民组长、路长、物业人员、志愿者骨干等。

一套机制。建立分级处置机制，居村、街镇（大社区）和区分别实行"微循环""小循环"和"大循环"处置模式。居村推行巡办分离工作机制，即以网格员为主、N 个力量为辅的问题发现机制，以网格长统筹网格力量实施前端自治的问题处置机制；街镇（大社区）建立以城管为骨干，以公安为保障，市场监管、交警等职能部门共同参与的联动机制，处置居村前端自治无法解决的复杂问题；全区推行主协办模式，区级平台统一受理影响大、涉及面广的疑难案件，按照权属划分，派单至相关责任部门联动处置。

一把尺子。对街镇围绕"按期处置率""治理精准率""群众满意率"等关键性指标进行考核；对基础网格注重考核前端自治情况，以责任倒查评价主动发现率，以处置结果评价问题解决率；对区相关职能部门的考核聚焦服务监管责任的落实情况，实行与街镇（大社区）任务捆绑、责任共担的双向考核机制。

3. 案例小结

"包河大共治"模式入选"2019 中国数字经济与智慧社会优秀案例"，

一举揽获"优秀平台""优秀创新""优秀服务"和"特别突出贡献奖"4项荣誉。按照"上级有要求、群众有期盼、包河能作为"的原则，创新建立了"大共治"平台，主要解决"街道看得见管不着，区里市里管得着看不见"的问题，合肥市包河区成立区网格化服务管理中心，做实了区级"大共治"平台，做强了街道的中心，做优了网格中心，通过这种联合执法、综合管理的方式，把行政管理资源和社会服务资源向街道下沉、向社区下沉，做到人民群众有困难、有矛盾时，能够及时找到组织和解决问题的路径。

四、网格化管理发展展望

网格化管理模式的推广应用，大大提高了城市管理水平，推进了经济社会发展，显示了强大的生命力，并且在加快城镇化进程、推进智慧城市的建设氛围中，涌动着更加活跃的发展激情，呈现百花齐放、百舸争流的发展趋势。

（一）网格化管理对象正向更广泛的领域和范围拓展

就狭义的城市管理而言，网格化管理正在由市中心区向远郊区，由地上向地下，由基础的市政设施和市容秩序为重点的部事件管理，向更能体现人本理念的执法、环卫、园林等专项管理和供热、供水、供气等社会公共服务产品的监管延伸。就广义的城市管理而言，网格化管理正在向社会管理、应急处置、社会治安、人口管理等"一网统管"的方向拓展。

（二）网格化行业管理体系正在潜移默化中形成

网格化管理模式的推广与普及采用"从地市切入，向省、县两端延伸"的方法，在地市（建成区）落地生效后，向县市（街办、乡镇）拓展，实现城市的全覆盖。在此基础上，建设省级网格化管理机构便水到渠成、势在必行，同时相应的国家级机构也呼之欲出，这样便形成以地市为中枢，连通县和省的系统架构。搭建这一架构的意义不仅在于建成了自上而下的网格化行业管理体系，更重要的是通过对网格化管理平台获取的数据进行评估、整理和挖掘分析，能够更好地实施对城市规划建设和管理的宏观调控，全面提高城市的管理水平。

（三）网格化管理模式正由"新生事物"变为城市运行管理"新常态"

网格化管理模式在全国许多城市的成功运行，改变了城市管理决策者"摸着石头过河"的谨慎态度，使网格化管理模式由"新生事物"变为城市运行管理"新常态"。在国内经济发达的中东部和东南沿海地区，地市及以上城市网格化管理模式的覆盖率已达70%以上，经济相对欠发达的西南、西北和东北地区，也已充分认识到实行网格化管理模式的客观必要性，正在积极谋划投融资方式，疏通投资渠道，以期尽快建成网格化管理系统平台，实行城市精细化管理。

（四）网格化管理手段正在向现代科学技术演进

网格化管理平台建设采用了先进的信息科学技术，包括计算机技术、互联网技术、地理空间信息技术、通信技术等，在监管过程中，又大量运用了物联网、移动互联网、云计算、人工智能、大数据等新技术，从而提升了城市管理的科技含量，提高了城市管理的质量与效率。

（五）网格化管理平台正在向智慧城市物理性平台过渡

城市网格化管理平台的搭建采用了先进的科学技术，架构设计合理，技术路线正确，系统功能强大，存储空间充足，经过十余年的磨合，已日臻完善。特别是网格化管理模式的高效运行，给政府的信息化工程建设提供了成功范例。在这一背景下，相当一部分城市在建设智慧城市的过程中，将系统平台置于网格化管理平台之中，或者二者合建，一方面实现了信息化工程硬件的优化配置与资源共享，避免和减少了"信息孤岛"现象，另一方面加速了信息数据资源的互联互通，推动了地方信息化水平的提升。

编写单位：北京数字政通科技股份有限公司

作者：吴江寿　宋宇震　王　芳　王　瑞　郭廷坤

第十章
应急管理：
智慧应急产业促进
应急管理水平提升

应急管理是国家治理体系和治理能力的重要组成部分，承担防范化解重大安全风险、及时应对处置各类灾害事故的重要职责，担负保护人民群众生命财产安全和维护社会稳定的重要使命。

2020年和2021年，我国应急管理体系和能力经受了严峻的考验，我国在以习近平同志为核心的党中央的坚强领导下，在全国人民的全力支持下，在防控新冠肺炎疫情中取得了重大的战略成果，同时有效应对了罕见的洪涝和极端气象灾害，还及时妥善地应对了事故灾难和社会安全事件等重大风险挑战。

在此过程中，我国应急管理体系和能力的现代化建设取得了重大进展，初步形成"统一指挥、专常兼备、反应灵敏、上下联动、平战结合"的中国特色应急管理体制和"统一领导、权责一致、权威高效"的国家应急能力体系，持续健全应急管理法律制度体系，安全生产形势稳定好转，自然灾害防治能力明显提升，应急救援队伍逐步成型。但是，新冠肺炎疫情也侧面说明我国迫切需要加快云计算、大数据、物联网、人工智能等新技术与应急产业深度融合，以智慧应急产业发展建设全面支撑具有系统化、扁平化、立体化、智能化、人性化特征，与大国应急管理能力相适应的中国现代应急管理体系。

一、中国自上而下推动应急管理数字化转型，智慧应急产业逐步形成

2007 年，时任国务院秘书长华建敏在全国贯彻实施《中华人民共和国突发事件应对法》电视电话会议的讲话中，正式提出要"进一步加快发展应急产业"。随后，国家相继出台了一系列促进应急产业发展的政策，但这一阶段应急管理部尚未成立。2018 年 3 月，根据第十三届全国人民代表大会第一次会议批准的国务院机构改革方案，设立中华人民共和国应急管理部（以下简称"应急管理部"）。应急管理部将之前分散在各部门的应急管理相关职能进行整合，推进形成"统一指挥、专常兼备、反应灵敏、上下联动、平战结合"的中国特色应急管理机制。应急管理部在成立之初便高度重视信息化建设，提出信息化是构建新时代大国应急管理体系的基础工程，也是提升应急保障能力的必经之路。得益于中国电子政务"十二金工程"二十余年的建设经验，国内形成较为成熟的信息化产业链，再结合近年来新一代信息技术的飞速发展，以及应对新冠肺炎疫情过程中信息技术体现的巨大价值，多种因素相互促进，形成"中央—地方—市场"三者的良性互动，推动智慧应急产业不断发展。

（一）应急管理部稳步出台顶层规划，大力推进应急管理事业的数字化和智能化

应急管理部高度重视科技信息化工作，始终把科技信息化工作当作全局性、系统性、战略性工作，与应急管理事业一体化推进，并于 2018 年 12 月 13 日发布《应急管理信息化发展战略规划框架（2018—2022 年）》。这个纲领性文件高屋建瓴地规划了应急管理信息化发展的愿景目标、详细方案、工作机制和"三步走"的实施路径。该文件提出，构筑应急管理信息化

发展"四横四纵"总体架构，形成"两网络""四体系""两机制"。其中，"两网络"是指全域覆盖的感知网络、天地一体的应急通信网络。"四体系"是指先进强大的大数据支撑体系、智慧协同的业务应用体系、安全可靠的运行保障体系、严谨全面的标准规范体系。"两机制"是指统一完备的信息化工作机制和创新多元的科技力量汇集机制。应急管理信息化总体架构示意如图 10-1 所示。

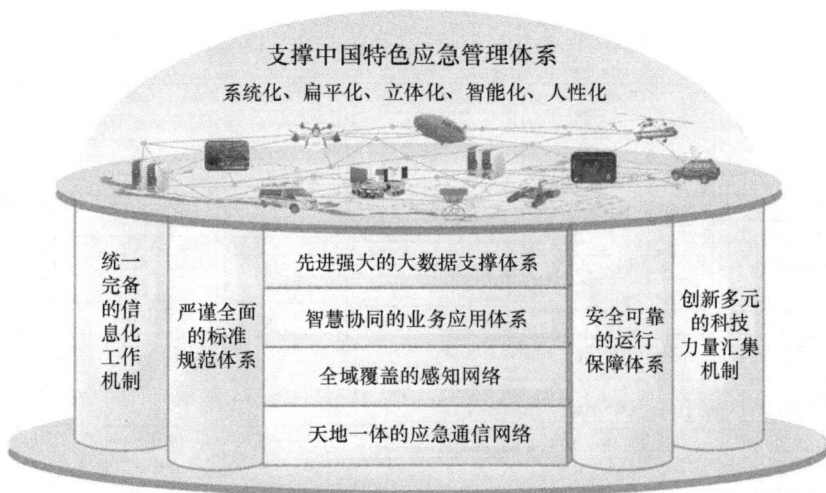

图 10-1　应急管理信息化总体架构示意

　　上述"四横四纵"总体架构成为近年来应急管理信息化建设的标准蓝图，为规范应急管理信息化建设起到了重要作用。以此为基础，应急管理部出台了一系列应急管理信息化建设政策，由总体到分项，由宏观到具体业务，逐步给出了国家对应急管理数字化转型的构想。2021 年 5 月，应急管理部发布《关于推进应急管理信息化建设的意见》，该文强调，"强化试点示范带动"，通过"试点'智慧应急'""实施'雁阵行动'"和"鼓励基层创新"，发掘出一批智慧应急应用模式，而后推广复制到全国。这也能看出，应急管理部在信息化建设方面的务实态度，坚持以需求为依据，以问题为导向，以数据为关键要素，以应用为核心，促进技术与业务深度融合。

同时，应急管理部也非常关注信息化产业的建设。《应急管理信息化发展战略规划框架（2018—2022年）》提出，"加强产业生态构建，吸引社会力量参与应急管理信息化建设，探索建立廉政、风险可控的内外合作机制，培育一批合作意愿强烈、技术实力雄厚的领军企业"。应急管理智慧应用体系架构如图10-2所示。

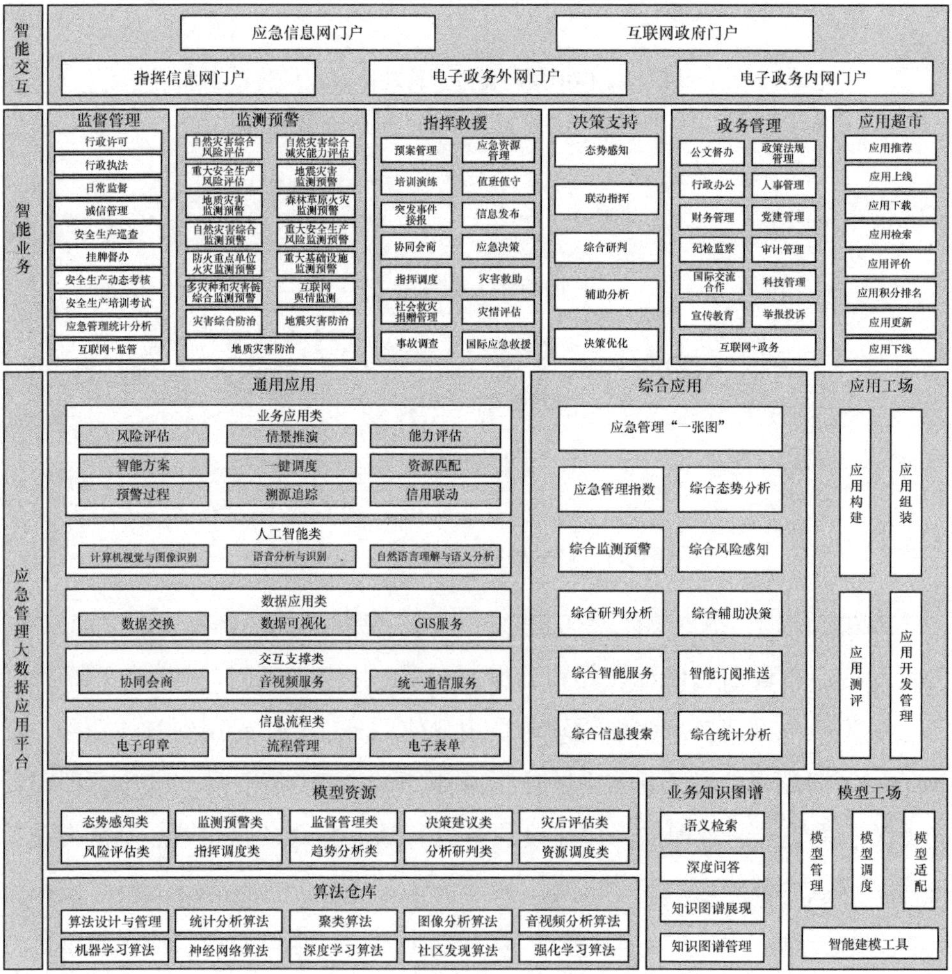

图 10-2　应急管理智慧应用体系架构

（二）有条件的地区积极探索应急管理数字化转型模式，成效显著

智慧应急还处于探索阶段，尚未形成统一的建设模式，有条件的省市纷纷根据自身需求和特点开始探索实践。

广东省应急管理厅对标《应急管理信息化发展战略规划框架（2018—2022 年）》，围绕实际需求，结合当前信息化建设进度，瞄准融合指挥、应急通信、全域感知、短临预警、数据智能五大难题进行攻关，进一步加强广东省应急管理信息化建设。2020 年，广东省因自然灾害死亡人数同比下降 73.4%，安全生产形势持续稳定向好。这些成绩的取得离不开"智慧应急"信息化建设成果的支撑和保障。

安徽省应急管理厅积极创新推进监测预警、指挥调度、抢险救援"三大系统"建设，信息化建设取得了阶段性成效，实现了"六个率先"：在全国率先贯通"四级两网"，打通了应急管理的"绿色通道"；率先建成综合平台，形成全省应急管理"一张图"；率先实行移动执法，实现了执法工作网络化、工作管理流程化、审批审核规范化；率先推行危化联网，实现安徽省危险化学品企业全生命周期监管；率先应用资源平台，应急资源管理调度能力进一步提升；率先建设"智慧机关"，实现了"不见面"审批，提高了工作效率。

山东省应急管理厅开发并完善了全国第一个应急专家管理信息系统，面向全国组建了山东省第一届应急管理专家队伍，为山东省应急管理工作再上新台阶做好扎实的"智慧"支撑。这套系统按照专家的专业和任务类别进行网格化设置，细化专家的领域、行业、专业的横向建设，共分为 4 个领域、20 个主要行业、79 个重点行业及 261 个专业；明晰专家应急处置类、咨询服务类、现场检查类、评审评估类、宣传培训类及其他六大类的任务类别纵向建设，实现精准调用符合条件的专家。

上海市"灾害事故 e 键通"以支付宝、微信小程序为访问入口，构建了灾害事故现场信息的便捷采集渠道，一旦发生灾害事故，应急信息员和社会公众可第一时间在手机端的支付宝或微信小程序，通过简单的勾选、拍照、

录制视频即可完成现场信息的采集，并向应急管理部门报送。应急管理部门可依托智能外呼系统，与基层信息员进行实时联系，通过定制智能语音问答快速收集现场信息，及时掌握灾区情况。

（三）科技公司纷纷布局应急行业，市场处于蓄势待发阶段

智慧应急产业生态图谱按照《应急管理信息化发展战略规划框架（2018—2022年）》和数字技术特点设计与布局。智慧应急产业生态图谱如图10-3所示。

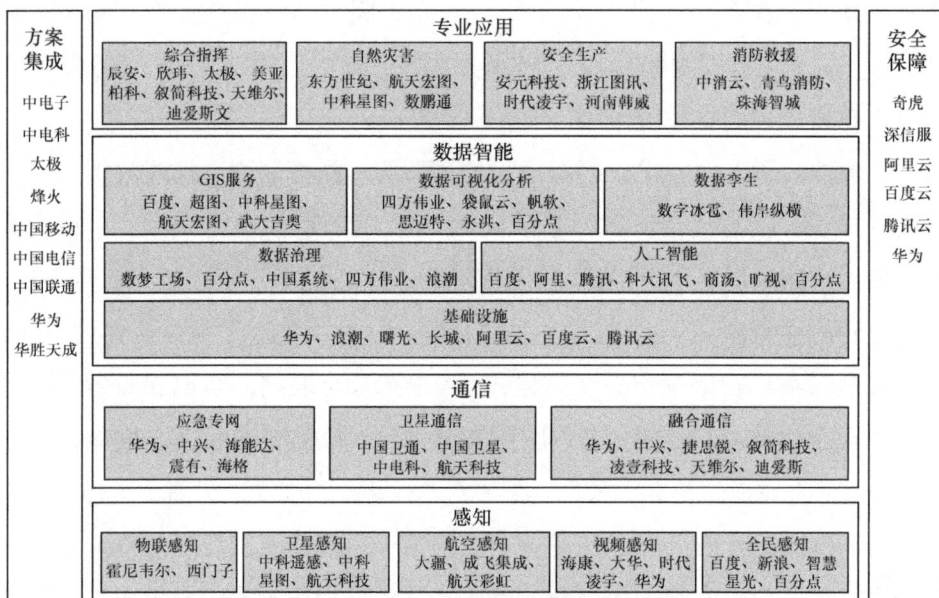

图 10-3　智慧应急产业生态图谱

总体来讲，智慧应急产业目前尚处于起步阶段，当前整个产业分为感知、通信、数据智能、专业应用、方案集成和安全保障6个版块。产业中既有在行业中经营十余年的业务精专企业，也有新一代信息技术企业，互联网头部企业和方案集成公司也纷纷入局。据不完全统计，2019年国内智慧应急行业市场规模约为557亿元，较2018年上涨了20.6%。国内智慧城市建设的加快，对智慧应急行业的需求不断增加。从近几年国内智慧应急行业的走势来看，行业增速较高，保持在20%以上，虽然市场规模在整个应急行业中

还较小，但未来的市场空间较广。

二、智慧应急当前的建设热点

（一）全域感知体系覆盖范围逐步扩大，智能化监测预警手段加快应用，市场空间巨大

应急部门针对自然灾害监测、城市安全监测、行业领域生产安全监测、区域风险隐患监测、应急救援现场实时动态监测等应用需求，利用物联网、卫星遥感、视频识别、网络爬虫、移动互联等技术，通过物联感知、卫星感知、航空感知、视频感知和全民感知 5 类感知途径，汇集各地、各部门感知信息，建设全域覆盖的感知网络，实现全方位、立体化、无盲区的动态监测，为多维度全面分析风险信息提供数据源。感知网络示意如图 10-4 所示。

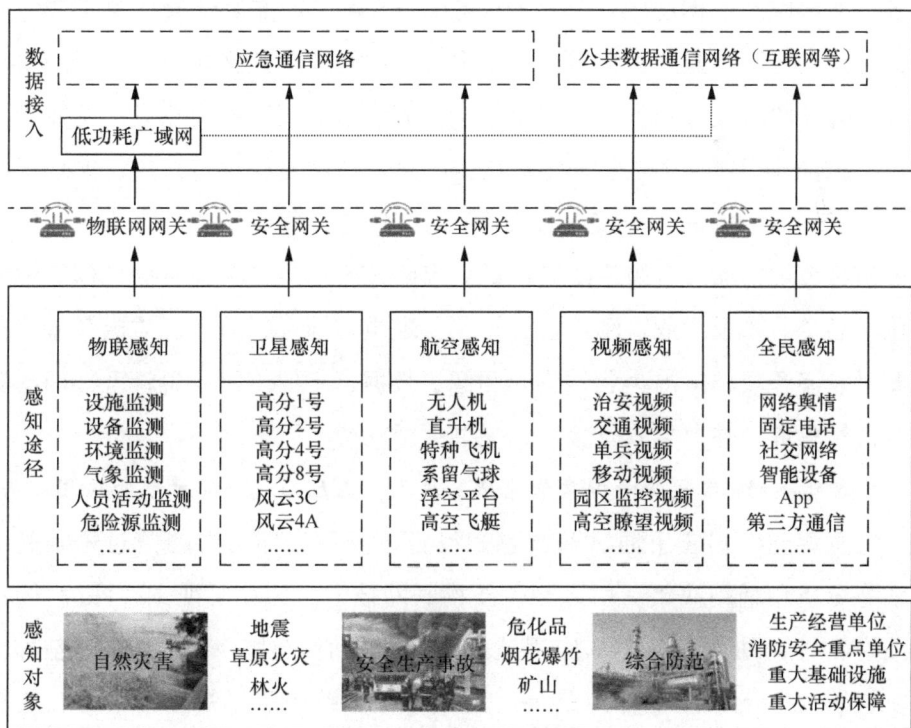

图 10-4　感知网络示意

目前，全域感知体系的建设主要呈现以下 3 个特点。

1. 政策引领：应急管理部陆续出台地方建设任务书，各地大力推进感知网络和预警能力建设

2019 年，应急管理部下发《应急管理信息化 2019 年第一批地方建设任务书》，该文件明确要求，地方应急管理建设以物联感知、航空感知和视频感知建设为主的感知网络，重点建设安全生产、自然灾害、城市安全领域和应急处置现场的感知网络，建设全域覆盖应急管理感知数据采集体系，为应急管理大数据分析应用提供数据来源。2020 年，应急管理部下发的《地方应急管理信息化 2020 年建设任务书》中明确提出，加强风险监测预警，继续扩大灾害风险监测联网范围，基本覆盖安全生产和自然灾害重点领域，初步实现自然灾害风险综合监测预警等目标。根据应急管理部地方建设相关要求，各地应急管理部门从 2019 年起逐步开展风险监测预警项目工作。其中，自然灾害综合监测预警系统和安全生产综合监测预警系统是建设的重点任务，有条件的地方初步试点城市安全领域的监测预警能力建设。例如，江苏省应急管理厅建立了全省非煤矿山安全生产风险监测预警系统，实现了对全省非煤矿山数据的统一接入和管理；湖南省建立危险化学品安全生产风险监测预警系统，通过省级系统获取重大风险预警信息，全面掌握本辖区内危险化学品企业和重大危险源风险分布，实现重点地区风险动态监测预警，在需要时能够调取辖区内企业的实时图像、数据，督促市级应急管理部门落实安全监管职责，并为事故应急处置提供数据支持。

2. 智能驱动：各地纷纷探索智能感知应用，已经形成一批典型的应用成果

应急智能感知应用通过前端感知设备，对各类环境中的信息采集后进行动态分析和辅助决策。引入和革新物联网技术、计算机视觉、深度学习、集成算法等，助力应急感知应用适应智能化、时效性、态势感知等差异化需求，形成一批典型的应用成果。全域感知体系按照感知途径划分，主要包括物联感知、卫星感知、航空感知、视频感知和全民感知 5 种方式。

（1）物联感知："工业互联网 + 危化安全生产"，已形成示范工程

工业和信息化部、应急管理部联合发布了《"工业互联网 + 安全生产"行动计划（2021—2023 年）》，并开展"工业互联网 + 危化安全生产"示范工程。例如，设备完整性管理与预测性维修，基于同类设备故障案例库和专家知识库，建立设备异常状态预警模型，应用人工智能及自愈技术，开发设备运行状态监测信息系统，建立远程诊断预警中心，具备对大机组、关键机泵及压力容器、常压关键容器等设备的健康状态评估、故障趋势预测功能，从而实现对机组振动严重、旋转不平衡失速、储罐渗漏、管道腐蚀、轴承损坏等设备异常工况和失效风险进行提前报警，使传统的被动维护、周期性维护和预防性维护转为预测性维护，避免因停机造成的生产损失、过剩检维修、超量备件储备、过度依赖个人经验，有效减少设备故障，防止因设备失效引发事故，确保设备服役期间安全可靠、可长周期运行。

（2）卫星感知：基于卫星遥感数据，实现林火监测预警能力

应急管理部已建立"天眼"卫星监测系统，主要内容包括卫星仿真成像任务规划、遥感卫星数据接入与可视化两大功能。通过卫星遥感数据的人工智能智能分析，深入解决森林火险精细化预测预报，有效整合和配置信息基础资源，形成基础共性技术与应用服务相结合的基础架构，提供火险预测预报业务的完整支撑，最终建成一套具有先进性、稳定性、完善性、实用性和可扩展性的全国森林火险预测预报系统。例如，林火火险等级监测以遥感为基础，利用 GIS 分析林火点的空间环境因子，提取其属性数据，在统计软件中分析并建立拟合公式，将各专题图层进行叠置分析，实现林火风险动态区划和等级划分。

（3）航空感知："5G + 无人机智能应用"，实现应急救援现场监测能力

"5G + 无人机智能应用"主要由无人机搜索监测系统、影像实时拼接系统和智能分析决策系统组成，系统支持快速获取地质灾害全貌图、滑坡监测视频、江河水库实况图像及红外影像、震区影像数据、危化品航空图像及红外影像、尾矿库航空图像、无人机遥感影像及倾斜摄影影像、非煤矿山航空

图像、油气管道巡查影像等信息。例如，针对震后现场的应急救援工作，首先，快速生成灾害现场二维图像并进行发布，实现对现场态势的实时全域感知，达到"目之所及、图之所至"的效果；其次，结合人工智能算法模型，实现对震区倒塌房屋、道路、救援车辆、帐篷等灾情要素的提取，并实现基础可视化统计分析；最后，融合气象、地质等环境因素数据后，可辅助专家进行快速、科学的综合指挥调度，为灾情现场的指挥决策提供有效辅助。

（4）视频感知：利用视频 AI 算法，助力安全生产监管工作全面高效

利用安全生产企业的视频数据，包括烟花爆竹仓储视频监控、危化品部门储罐区/库区/生产场所等视频、尾矿库视频、非煤矿山视频、公共空间安全监控等信息，针对特定场景（例如，人员不安全行为管控）实现视频结构化算法，有效提升安全生产的管理能力和效率。视频感知可以实现对作业人员数量、人员身份信息等方面的认证及监管；对各类人员的不安全行为（例如，脱岗、进入危险区域等）进行识别、监测及管控；结合生产工艺设备升级，对违规操作、误操作和未授权操作等进行防范；探索基于人员行为因素的标准操作规程智能设计与实施。

（5）全民感知：建立网络舆情采集分析能力，监控管理热点事件

应急管理部建设"网罗天下"的情报系统，该系统包括情报全景、情报专题、安全生产情报、自然灾害情报等功能模块。当发生灾害事故时，系统可快速对互联网信息进行实时搜索，将最新的图文、视频、直播信息整理成分类专题，丰富情报渠道，同时保存历史灾害数据，为大数据分析提供基础。

3.全域感知：发达地区积极开展全域感知融合探索，试点应用价值逐步显现

当前，广东等地积极开展全域感知融合探索，构建全域覆盖应急管理感知数据采集和管理体系，实现管理多维感知设备，汇聚全域感知数据，支撑智慧业务应用。全域感知体系能力的建设从业务应用价值的角度，主要有以下3个方面的发展趋势。

（1）从单一灾种监测预警向综合监测预警转变

应急管理部门在组建之前，地质、水旱、气象、地震、农业和森林草原火灾等单灾种监测部门都是各自为战，多灾种、灾害链的监测预警处于空白状态，对次生、衍生自然灾害综合风险的防范能力严重不足。全域感知能力的建设将着力打破单灾种监测部门各自为战的局面，强化监测预警信息的共享协同，提高应急管理部门面向多灾种、灾害链的综合风险监测预警能力，真正实现从单一灾种监测预警向综合监测预警转变。

（2）从灾前监测预警向灾前、灾中和灾后全过程监测预警转变

目前，自然灾害监测预警主要聚焦于灾前监测预警。由于对灾害现场信息的获取能力不足，缺乏监测预警装备，偏远地区通信保障能力差，所以现场监测情况难以实时回传，对于灾中、灾后的灾情研判能力非常薄弱。通过全域感知能力的建设，着力利用空天地一体化的监测网络，对重大风险进行连续性监测预警和分析研判，真正实现从灾前监测预警向灾前、灾中、灾后全过程监测预警转变。

（3）从风险识别发现向综合决策、应急处置的能力转变

结合视频感知、卫星感知、物联感知、互联网舆情等实时数据，完善各种自然灾害的发展演变和风险分析模型，提升综合的研判会商和辅助决策能力，为应急管理防灾、减灾、救灾业务提供全面、有效、精准、及时的监测预警，为信息服务提供应用基础和支撑保障。通过汇聚各类监测数据、风险信息和自然灾害现场监测数据，第一时间传输给应急处置现场的人员，对自然灾害应急处置提供多维度、全过程、全方位的信息支撑。

（二）空天地一体、全域覆盖的应急通信网络是应急指挥体系的核心能力，也是产业重点投入领域

1. 空天地一体、全域覆盖、全程贯通、韧性抗毁的应急通信网络是综合协调、统一指挥、协同联动的应急指挥体系的核心技术手段

空天地一体、全域覆盖、全程贯通、韧性抗毁的应急通信网络是采用

5G、软件定义网络、IPv6、专业数字集群等技术，综合专网、互联网、宽窄带无线通信网、北斗卫星、通信卫星、无人机、单兵装备等手段，有机结合建设形成的三网融合、多通信机制的应急通信体系，其特点是有韧性、高速、智能、融合。应急通信网络示意如图 10-5 所示。

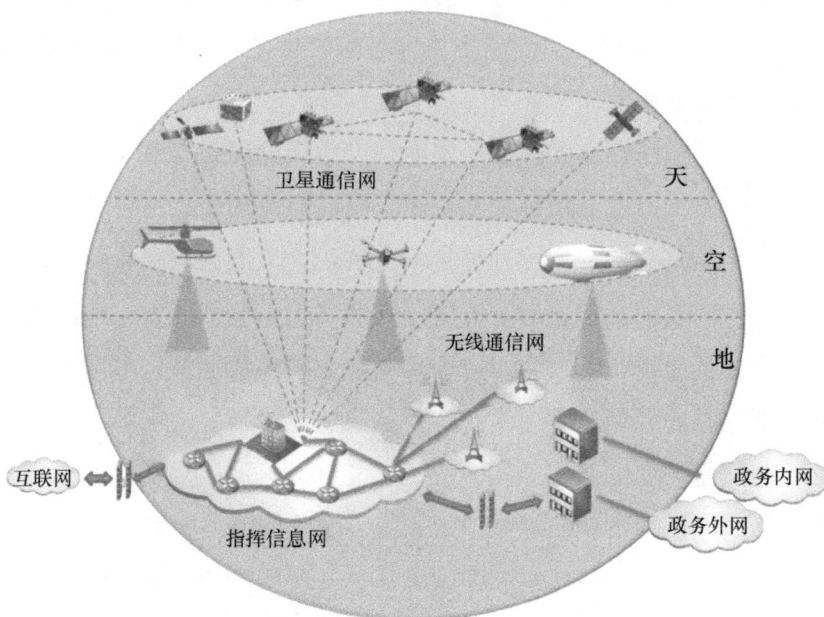

图 10-5　应急通信网络示意

应急通信网络在应急指挥体系中承担着及时、准确、畅通地传递第一手信息的"急先锋"角色，是决策者正确指挥抢险救灾的中枢神经，实现自然灾害或事故灾难时应急指挥中心、应急通信车与事发现场之间的通信畅通；及时向现场发布、调整或解除预警信息；保证与应急指挥中心之间的互联互通和数据交互；疏通灾害地区通信网络，防止网络拥塞，保证用户正常使用。

"十四五"规划明确要求，构建统一指挥、专常兼备、反应灵敏、上下联动的应急管理体制，构建应急指挥信息和综合监测预警网络体系，加强极端条件应急救援通信保障能力建设。

应急管理部《关于加快编制地方应急管理信息化发展规划的通知》要求，实现"全面融合、全程贯通、随遇接入、按需服务"，为应急救援指挥提供统一高效的通信保障。

《2019年地方应急管理信息化实施指南》《应急管理信息化2019年第一批地方建设任务书》《地方应急管理信息化2020年建设任务书》均明确各地各级政府应急管理部门在专用网络、卫星通信、无线通信及终端设备的具体建设任务和要求。

江西、陕西、吉林等省应急管理厅，天津、新疆、广西等地消防救援总队均在实战演练中重点检验应急通信保障队伍的快速反应和保障能力，加快推进应急通信保障队伍的转型升级，进一步推进应急通信体系在应急指挥体系中上下联动、高效协同。

2. 新一代信息技术的发展，使应急通信网络具备了转型升级、融合创新和协同联动的潜力

应急通信体系建设获得了应急管理部的高度重视，推动了应急通信产业发展建设。2020年新冠肺炎疫情暴发，在云计算、大数据、物联网、移动互联网等新一代信息技术及5G技术的快速发展和应用的驱动下，信息技术创新不断加快，信息领域新产品、新服务、新业态大量涌现，应急通信也呈现新的形式，我国应急通信发展进入新阶段。

2008年汶川地震发生后，道路损毁严重，导致网络抢通困难，应急通信车无法进入，震中区域的对外通信全部中断，直到147个小时后，7个重灾县对外移动通信才逐渐恢复。此后，解决应急通信车无法进入灾区开展通信保障任务的问题成为运营商、通信技术厂商的重点关注焦点。

2017年8月8日九寨沟地震发生后，无人机高空应急通信网络迅速恢复30多平方千米的通信信号，实现在应急通信车不能到达区域的情况下迅速抢通网络。2018年的广东"山竹"台风、山东"寿光"抗洪，2019年的木里森林火灾，2021年的河南大规模极端强降雨等救援不断验证了高空无人机应急通信是地震、洪水、泥石流、强降雨等受灾面积大、道路损毁严重的灾害场景下最为有力的通信保障利器之一。高空无人机解决了断网极端情况下"信息传不出来"的问题，实现了应急救援行动的高效、准确指挥，打通了应急通信保障生命线。

5G技术与无人机的组合也让5G高空基站方案成为可能。2020年8月，中国移动联合华为公司完成全球首个无人机5G高空基站应急通信测试，高空无人机飞行200米高空时覆盖能力超过6500米。此次测试进一步验证了5G高空基站方案的落地可行性，为今后的应急救援工作提供了更加优质的通信保障方案。

3. 应急通信网络在应急救援中展现的实战价值，使其成为应急管理信息化建设的必要内容，产业发展机会巨大

部分发达国家和地区的应急通信发展较早，经过了多年的建设和实践的不断检验，目前已颇具规模。其中，美国、日本、欧洲均建立了较为完善的应急通信体系，在近年的突发事件应对中发挥了突出的作用。

我国应急通信网络在汶川地震、广东"山竹"台风、木里森林火灾和河南极端强降雨灾害中发挥了极其重要的应急通信保障作用。

基于应急通信网络的实战价值，在借鉴国外应急通信模式的基础上，伴随我国卫星互联网、专网通信等产业发展逐渐成熟，我国应急通信的通信方式逐渐走向卫星化、专网宽带化，从而带来卫星终端、专网通信终端、融合通信及相关软硬件系统的需求大增，为中国应急通信企业带来新的市场机遇和发展活力。

随着应急指挥调度要求的部署灵活性、调度协同性、业务联动性逐步提高，为满足客户各种业务应急通信需求，涌现出大量优秀的应急通信产业厂商，例如，中国卫通、中国卫星、北斗导航、中国电子科技集团公司第五十四研究所等卫星通信领域厂商，例如，海能达、海格、华为、中兴等专网通信领域的厂商，例如，华为、中兴、捷思锐、叙简科技等融合通信领域的厂商。

自 2018 年国内应急管理信息化建设政策提出后，各地方应急管理部门已经逐步完成了应急通信网络的建设任务。各地市、区（县）、乡镇应急通信网络建设工作也逐步展开，应急通信市场空间巨大。随着智慧城市的建设投资、国家应急通信"十三五"相关规划及 5G 技术的不断发展，中国应急通信系统的建设将进入高速发展时期，应急通信产业前景广阔。

（三）数据治理已具备基础支撑能力，体系健全但精细化程度不足，产业逐步向纵深发展

1. 应急管理部出台数据治理建设任务书，多地积极响应，已取得初步成效

应急管理部高度重视数据治理工作，在《应急管理信息化发展战略规划框架（2018—2022 年）》中提出了"在统一信息资源规划下，利用数据接入、数据处理及数据管控 3 个系统实现应急管理业务数据的汇聚、治理，形成统一大数据资源中心，对外提供数据共享交换、数据应用两大类服务"。数据治理总体框架如图 10-6 所示。

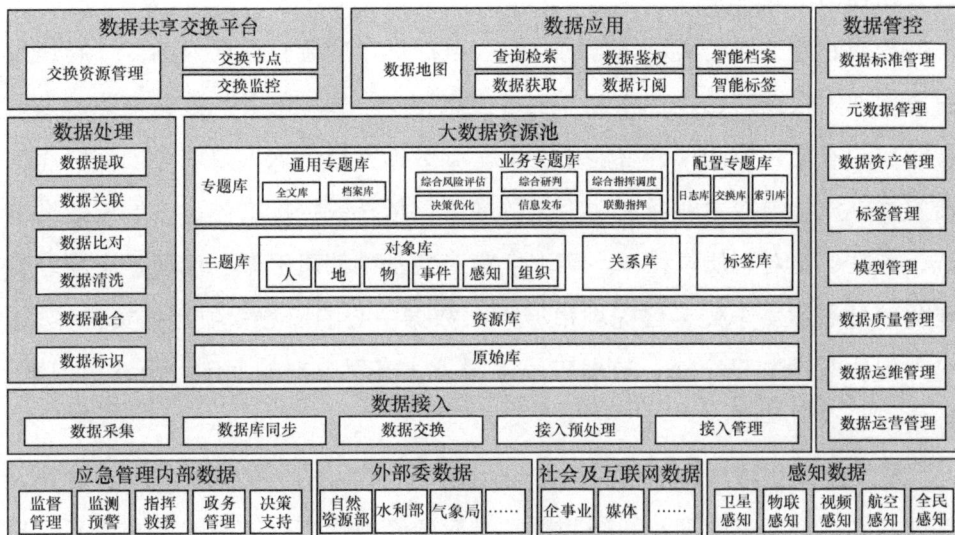

图 10-6 数据治理总体框架

随后，应急管理部在 2019 年 4 月发布的《应急管理信息化 2019 年第

一批地方建设任务书》中专门设置了"数据治理系统地方建设任务书"，该任务书进一步规定了地方建设数据治理系统的总体设计、重点建设内容、主要技术指标和实施进度等。该任务书出台后，广东、广西、湖北、江苏、浙江等地方应急管理部门纷纷积极响应数据治理建设工作，开展信息资源清单的梳理与编制，并建设地方数据治理平台，汇聚本部门业务系统数据与其他部门共享数据进入数据治理平台。总体看来，这些试点单位已经取得了非常好的建设成果，充分支持了应急管理的各项业务开展。

2. 数据汇聚工作价值突显，精细化治理、数据运营能力或将成为下一步重点建设方向

在2019年"数据治理系统地方建设任务书"基础之上，应急管理部在《地方应急管理信息化2020年建设任务书》中进一步提出"应急基础信息汇聚融合工程地方建设任务书"，该任务书要求"整合各方资源，加强应急基础信息管理，推进信息共享公用，深化信息的分析和应用，提升应急智能预测预警和辅助决策水平"。

数据汇聚工作已实现显著的成效。以深圳市应急管理局为例，该局建设应急管理大数据库，整合和统筹全市应急和安全领域的各类数据资源，为风险管控动态化、监测预警智能化提供基础数据支撑。该大数据库已汇聚深圳市安委办成员与应急业务密切相关的数据，依托数据标准体系，通过数据清洗、关联、比对、质量稽核，实现全市应急基础信息汇聚、治理、主题库构建及信息展示。率先构建深圳市城市大数据中心的应急专项数据资源体系，对外提供数据共享交换、数据应用等服务，实现数据的上传、下达、内联、外接。

数据精细化治理和运营将是数据治理下一阶段的主要探索方向。这不仅是技术问题，还是管理和组织问题，是应急管理数字化转型的核心要义。只有通过完善的数据运营管理机制，让应急管理的各个阶段有"数"可依，依"数"决策，才能发挥数据的价值，真正实现智慧应急。

3. 主流厂商分占省级市场，地市市场发展潜力巨大

从省级市场来看，自2019年应急管理部下发《应急管理信息化2019年第一批地方建设任务书》以来，主流数据厂商已分占数据治理市场，例如，百分点、数梦工场、中国系统、浪潮等数据治理厂商纷纷布局建设数据治理平台，开展数据治理服务工作。还有部分省份选择当地的地方厂商支撑数据治理工作。主流厂商纷纷抢占信息化水平发展较高的省级市场，在此打下基础并有向下级地市发展的趋势。地方厂商一般以多年的本地项目经验、本地化资源多等优势占领属地，并向周边地区辐射。目前来看，省级市场基本处于饱和状态。

从地市市场来看，部分地市已先行开始建设数据治理平台，例如，深圳市、沈阳市、张家口市等地方市政府。但是各个地市甚至区政府都有建设数据治理平台的想法，却还没有开展数据治理平台的建设工作，因此，市场仍有很大空缺，发展潜力巨大。而地市市场的数据治理建设模式与省级也有很大的不同，除了少数有条件的地市（例如，深圳）将数据治理作为单独项目进行建设，其他多数城市在建设数据治理过程中会将数据治理作为大项目中的子项目去建设，例如，"智慧大应急""应急信息化建设项目"等，也有些地市会在建设某些业务系统时加入数据治理的内容，例如，"危险化学品风险监测预警系统数据治理项目"。因此，在这种模式下，系统集成模式也成为地市市场的主流。系统集成模式由集成服务的厂商去承接整个大项目，再由集成商在数据治理方面的合作伙伴负责数据治理的建设工作。

（四）安全生产信息化向动态化、科学化、智能化、精准化迈进，促进安全管理向数字化、智能化转型

1. 安全生产业务应用系统已趋于成熟

安全生产信息化建设始于2003年12月发布的《国家安全生产发展规划纲要（2004—2010年）》，主要任务是加快安全生产信息化建设，规划实施安全生产信息化建设工程，建立安全生产信息系统，提高安全生产监管水平。

2016 年，国家安全生产监督管理总局发布《关于印发安全生产信息化总体建设方案及相关技术文件的通知》，该文件要求加快推进全国安全生产信息化，提高信息化建设和应用水平，加强信息系统互联互通，消除"信息孤岛"，开展安全生产规律性、关联性特征分析，提高信息化应用水平。

截至 2017 年年底，国家及各地安全生产信息化建设已初见成效。国家建设平台有生产安全事故统计信息直报系统、安全生产行政执法统计系统、企业安全生产标准信息管理系统、全国安全培训考试信息管理平台等。各省、市、区、县安监局已基本建设完成的信息化建设项目主要有安全生产综合管理系统、安全生产网格化监管系统、安全生产行政执法系统、安全生产风险分级管控系统、隐患排查治理系统、重大危险源管理系统、安全生产标准化管理系统等，有条件的大型企业集团也建设了企业安全生产综合管理系统。

2. 基于物联网的动态监测预警系统已在重点行业领域全面推广

2016 年，《国家安全监管总局办公厅关于开展危险化学品重大危险源在线监控及事故预警系统建设试点工作的通知》要求天津、辽宁、江苏、浙江等地试点建设"在线监控及事故预警系统"，2019 年应急管理部发布《国务院安委会办公室 应急管理部关于加快推进危险化学品安全生产风险监测预警系统建设的指导意见》，2019 年、2020 年应急管理部发布的相关建设任务书中也明确要求，在危险化学品、烟花爆竹、尾矿库等行业领域建设安全生产风险监测预警系统。2021 年应急管理部进一步聚焦于煤矿、危险化学品等重点行业领域，连续发布了《关于加快煤矿智能化发展的指导意见》《"工业互联网 + 安全生产"行动计划（2021—2023 年）》《"工业互联网 + 危化安全生产"试点建设方案》，督促和指导相关领域开展安全生产信息化建设。

目前，矿山安全信息化已经取得积极进展，煤矿和重点尾矿库实现了安全风险监测预警全部联网和数据接入，创新风险分析研判处置工作机制，推进"互联网 + 监管监察"远程执法常态化。

2019—2020 年，应急管理部针对重大危险源建设了风险监测预警系统，目前，全面接入了危险化学品生产存储企业重大危险源监测监控数据，加强信息化管控。同时，《"工业互联网＋危化安全生产"试点建设方案》将在危险化学品领域的 68 家企业和 5 个园区率先试点，推动工业互联网、大数据、人工智能等新一代信息技术与安全管理深度融合，为危险化学品安全生产工作赋能。

物联网的应用在安全生产监测预警中起到了至关重要的作用，具体场景如下所述。基于物联网的设备安全管理，生产设备安装 RFID 标签，对其运行状态进行跟踪和管理；基于物联网的安全生产管理，对企业风险隐患点安装 RFID 标签，安全管理人员通过手持个人数字助理（Personal Digital Assistant，PDA）进行日常巡检，避免安全检查过程的漏检现象；基于物联网的人员定位应用，利用局域网和 RFID 标签技术实现对企业内部人员的精确定位；基于物联网的危化品运输动态监控，利用 RFID、全球定位系统（Global Positioning System，GPS）、GIS、移动网络实现危运车辆的实时定位、行驶过程监测；基于物联网的一卡通应用，包括重点安全生产场所和部位的出入；基于物联网的视频监控应用，利用基于 4G/5G 通信技术的视频监控设备，在企业重点场所和部位布设视频监控设备，全方位无死角地进行监控。

物联网技术的应用已深入企业安全生产的各个环节，大大提高了企业的安全生产管理水平。

3. 数据智能技术将安全生产工作推向动态化、科学化、智能化、精准化的新高度

近 20 年的安全生产信息化建设已积累了海量的结构化、半结构化和非结构化数据，安全生产数据已具备大数据 "4V[1]" 属性。政府安全生产监管已从粗放的、被动的、基于经验的方式向精细的、主动的、基于数据决策的方式转变。应急管理部、各地应急管理厅/局也都在尝试通过数据治理打通

1　4V：Volume（规模性），Variety（多样性），Velocity（高速性），Value（价值性）。

业务数据间的壁垒，实现对安全生产数据的综合全面分析，深入挖掘数据内部的规律和关联性，动态掌握安全生产宏观态势，科学合理地制定安全生产政策，为基础安全生产监管提供抓手工具。典型应用是对行业和区域的企业数量、隐患数量、生产安全事故等开展时间维度的统计和对比分析。创新应用是基于数据治理成果，开展安全生产的精细化分析和决策，建立安全生产动态评估体系，利用大数据和机器学习技术，建立安全生产风险评估模型，动态评估当前的安全生产态势；建立企业动态安全生产画像体系，动态掌握企业当前阶段的安全生产现状；实现高风险企业智能推送，通过对企业现有数据进行分析研判，向监管人员推送高风险企业，明确监管重点方向，提高精准执法效率。

人工智能技术已深入安全生产的各行业领域，尤其机器视觉、体态识别、异常行为分析预警等技术，在工业生产安全领域发挥着重要作用，从而实现对危险的预先识别、分析和控制的智能预警，达到事先控制、预防为主、关口前移、防患于未然的目的。例如，基于身份识别的安全作业票证管理系统可以识别作业现场的危险行为，确保作业人员与作业票一致及现场作业安全；基于 AI 视频分析的视频监控系统可以实现对不戴安全帽、抽烟、打斗等不安全行为的智能识别，对于设备运转异常、漏油、火灾等不安全状态进行实时动态分析预警，精准及时地采取措施将安全隐患遏制在萌芽中。

2021 年 11 月，应急管理部公布《化工园区安全风险智能化管控平台建设指南（试行）》，要求推动物联网、大数据、人工智能、5G 等新一代信息技术与化工园区安全风险管控的深度融合，建设化工园区安全风险智能化管控平台，推进化工园区安全风险管控信息化、数字化、网络化、智能化。落实《"工业互联网＋安全生产"行动计划（2021—2023 年）》和《"工业互联网＋危化安全生产"试点建设方案》工作安排，指导全国化工园区安全风险管控向数字化转型、智能化升级。

2021 年 11 月，应急管理部公布《危险化学品企业安全风险智能化管控平台建设指南（试行）》，要求依靠物联网、大数据、云计算、人工智能、

5G 等新一代信息技术，建设危险化学品企业安全风险智能化管控平台，在感知、监测、预警、处置、评估等方面赋能企业。

综上所述，新一代信息技术的发展，提出了安全生产多元化应用场景的新需求，安全生产工作进入动态化、科学化、智能化、精细化的新阶段，与经济社会的高速发展相适应，推动高质量发展与高水平安全的动态平衡。

（五）应急指挥救援对数据智能技术和高科技装备提出了新需求，相关产业将蓬勃发展

1. 国家和地方相继出台政策文件，对技术装备能力要求及落实路径给出明确指引

对于应急指挥救援来讲，数据智能技术是提升"大脑"决策的关键，高科技装备则是强化"手脚"落实的关键。自 2018 年政府机构改革以来，各级政府和应急管理部门高度重视应急指挥救援领域中数据智能技术和高科技装备的技术研究、产业发展和落地应用，各级政府"十四五"规划、应急管理部有关规划和任务书、有关部委联合文件，从不同层面对应急指挥救援的科技化、智能化提出了政策要求和落实路径，对指导和鼓励各地建设、技术和产业发展起到了积极的指引作用。各地方积极响应、结合本地实际陆续出台有关政策和要求，对依托数据智能技术和高科技应急装备提升应急指挥救援能力，以及对推动相关产业发展提出了具体要求，指导本省新时代应急指挥救援信息化建设及其技术攻关和产业发展。国家及有关部委相关政策见表 10-1。

表 10-1　国家及有关部委相关政策

政策名称	颁布时间	颁布主体	相关内容
《中华人民共和国国民经济和社会发展第十四个五年规划和 2035 年远景目标纲要》	2021 年 3 月 11 日	中共中央	针对增强全灾种救援能力，提高应急物资储备、快速调配和紧急运输能力，应急指挥能力提出建设要求，为坚定不移地推进落实具体工作提供了方向性指引

续表

政策名称	颁布时间	颁布主体	相关内容
《应急管理部关于加快编制地方应急管理信息化发展规划的通知》	2018年12月12日	应急管理部	从加强科技力量汇聚机制的角色提出了有效落实规划的具体举措
《应急管理信息化2019年第一批地方建设任务书》	2019年4月	应急管理部	对应急指挥信息系统提出了要利用多源数据融合、大数据分析、机器学习、案例推演及基于预案和案例的应急图谱等数据智能技术，建立面向各类事故灾害的次生衍生事件链模型、资源需求分析模型、辅助决策模型，围绕事故灾害的动态演化特点和救援重点难点，提出风险防护、应急处置等决策建议，有效支撑高效救援的要求，突出了数据智能对应急处置的支撑作用
《应急管理部关于推进应急管理信息化建设的意见》	2021年5月6日	应急管理部	为促进信息技术与应急管理业务深度融合，实现应急管理高质量发展，就推进"十四五"规划应急管理信息化建设，应急管理部提出，支持鼓励各"智慧应急"试点省份和其他有条件的地区加快推进相关业务系统智能化升级改造
《关于加快安全产业发展的指导意见》	2018年6月19日	工业和信息化部、应急管理部、财政部、科学技术部	指出应急救援产业，重点发展各类搜救、破拆、消防等智能化救援装备
《应急管理部办公厅关于开展2020年度应急管理部重点实验室申报工作的通知》	2021年9月6日	应急管理部	将智能装备、大数据与人工智能应用创新、灾害链监测评估与风险防范、无人机应急救援技术等涉及应急指挥救援能力提升关键技术的实验室列入拟重点培育名单
《关于组织开展2021年安全应急装备应用试点示范工程申报的通知》	2021年1月20日	工业和信息化部、国家发展和改革委员会、科学技术部、应急管理部	部署开展2021年安全应急装备应用试点示范工程申报工作，包括涉及事故现场处置装备的矿山事故应急救援装备、重特大危险化学品事故现场处置装备、洪涝灾害防范及处置装置等16个重点方向，从应用成效，以及运用无人机、卫星遥感、5G、物联网等现代化技术方面提出了具体要求，为有效遴选出一批具备技术先进性、应用实效性、模式创新性、示范带动性的试点项目奠定了重要基础

2. 数据智能技术在应急指挥救援辅助决策中起到重要作用

基于强大的数据支撑，利用模型深入分析和挖掘数据价值，通过数据驱动实现指挥救援的科学化、高效化的新手段，是应急指挥救援信息化高层次发展的必然选择和重要标志。在应急管理部有关规划的指引下，各级应急管理部门高度重视，有关科研院所、高校、企业积极投入研究，并取得初步成效。

次生、衍生事件分析技术走向实用，为应急指挥提供有力支撑。各级应急管理部门在处置火灾、爆炸、油气泄漏等重大事故灾难的过程中，在关注如何处置已发生事故的同时，也非常关注该事故可能引发的次生事故，会对此提前做出防范部署，实战中迫切需要重大事故灾害次生灾害的辅助支撑。由中国科学技术大学牵头承担的"重大事故灾难次生衍生与多灾种耦合致灾机理与规律"课题，为重大事故灾难风险防控提供了基础理论、方法、模型、分析软件和风险预测评估系统，对进一步广泛应用和深入研究提供了重要的研究成果。应急管理部信息研究院研究了基于事故灾害文本信息的灾害事故链构建技术，并根据灾害事故发生、发展的趋势给出事态发展的预警信息，并将其应用于对有关灾害链的研究和决策建议中，取得了一定的实用价值。

数字化应急预案取得实质性突破，推动应急指挥智能决策。应急预案是指导应急指挥救援的重要基础。近年来，各级应急管理部门高度重视应急预案的规范化和可操作性，预案质量不断提升。但文本形态的应急预案在实战中的实用性严重不足，亟须通过数字技术实现突破。近期，基于知识图谱的数字化预案技术取得了实质性突破，有效提升了应急预案的规范性、实效性和实用性。该研究成果正在应用于某地应急指挥智能辅助决策系统的研发中，不久将呈现具体的实际应用价值，也将开辟基于预案图谱辅助应急指挥决策的先河。

3．智能化高科技救援装备自研能力提升，国产装备逐步担当现场处置救援的重要角色

在国家有关政策的扶持下，涉及空中救援、陆地救援、水下救援及通用救援的高科技救援装备技术水平不断进步，智能化程度越来越高，在应急救援中的作用也愈加不可替代。例如，采用雷达等多种技术的生命探测仪，"龙吸水"排水机、动力舟桥、无人机、全景式水下救援机器人及轮滑式、履带式、人形式、遥控机械手等多种形式和用途的智能救援装备已在历次自然灾害和事故灾难应急救援中有突出表现，大大提升了现场救援的能力。随着我国高科技救援装备技术持续提升，实现高度智能化，未来应急战场呈现的将是以高科技救援装备为主、以人类为辅的真正科技化、现代化、高效化的应急场景。

（六）数字孪生正在成为智慧应急标配，市场发展迅速

1．数字孪生已经成为智慧城市建设的基本内容

数字孪生经过多年的概念培育期，目前已经步入落地实施阶段。为推动数字孪生城市发展，"十四五"规划纲要提出，探索建设数字孪生城市。31个省（自治区、直辖市）均出台了以数字孪生城市为导向推进新型智慧城市建设的文件，重庆、江苏、广西、黑龙江等（自治区、直辖市）将数字孪生城市写入"十四五"规划纲要。数字孪生城市架构如图10-7所示。

数字孪生城市是将城市的人、物、事件等所有要素数字化，在网络空间再造一个相对应的"虚拟城市"，形成物理实体世界和信息维度的数字虚拟世界共生共存、虚实结合的一种形态。在城市管理上，借助数字孪生技术，可以建设数字驾驶舱，以数字化方式展现城市的运营态势，实现城市管理决策的协同化和智能化，推动虚拟交互、智慧服务等城市公共服务系统的发展。当前，数字孪生城市已经从概念培育期进入建设实施期，作为数字孪生城市核心要素的城市信息模型（City Information Model，CIM）相关项目逐年快速增长。

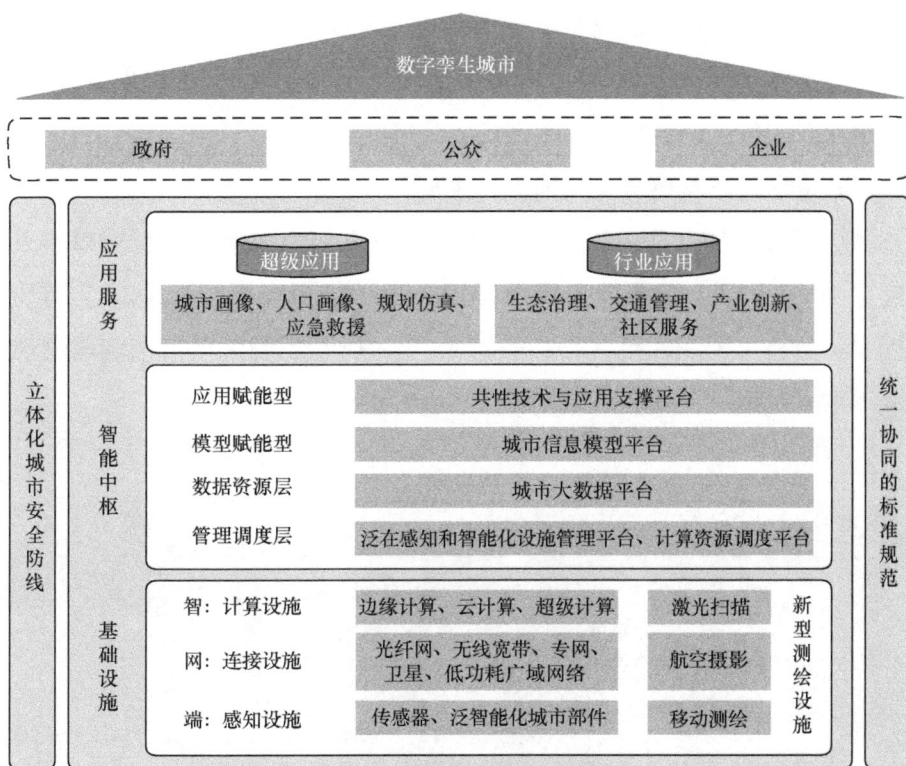

图 10-7 数字孪生城市架构

2. 数字孪生从多方面助力城市应急管理，正成为智慧应急不可或缺的部分

构建现实物质世界和社会系统的数字孪生体系，是支撑未来应急管理数字化的重要基础。应急管理体系的质量明显依赖于对物理世界和社会系统的全面准确认知，尤其依赖于对物理世界和社会系统运行中突发特殊情况的认知与识别能力。因此，全面掌握物理世界和社会系统运行的风险点是应急管理体系需要解决的关键问题。随着数字孪生技术的应用与物理世界相映射的数字空间正在逐步构建，物理世界的运行不断以可视化的方式呈现，现实世界运行的异常表现在数字孪生系统中将更为显著，数字孪生系统有助于更准确地识别相关异常现象。物质世界和社会系统的数字孪生，不仅会积累生成大量数据，为应急管理提供丰富可用的人口、交通、气象、住房、消防、环保等信息，还会通过构建应急事件虚拟空间场景，为应急防控体系提供参考模型，为处突方案的研定、应急预案的演练、干预效果的评估提供关键载体，使构建面向应急管理的数字孪生系统成为可能。

3. 数字孪生产业链准备度很高，市场蓬勃发展

《数字孪生应用白皮书 2020》介绍，2019 年中国新型智慧城市建设规模超过 9000 亿元，未来几年将保持较快速度增长，预计到 2023 年市场建设规模将超过 1.3 万亿元。2017—2023 年中国新型智慧城市市场建设规模如图 10-8 所示。

图 10-8　2017—2023 年中国新型智慧城市市场建设规模

智慧城市是数字城市发展的高级阶段，而数字孪生城市是数字城市的目标，是智慧城市的新起点，能够赋予城市智慧化重要设施和基础能力。由此，数字孪生城市市场潜力巨大，行业前景可期。

当前，在国内外复杂的经济政治格局下，数字经济在推动经济发展、提高劳动生产率、培育新市场和产业新增长点、实现包容性增长和可持续增长等方面发挥着重要作用。

数字孪生作为数字经济中一项关键技术和高效能工具，可以有效发挥在模型设计、数据采集、分析预测、模拟仿真等方面的作用，助力推进产业数字化，促进数字经济与实体经济融合发展。

如今得益于物联网、大数据、云计算、人工智能等新一代信息技术的发展，数字孪生在各个领域得到越来越广泛的应用实施。

三、我国智慧应急发展展望

结合应急管理部近期的政策导向、先进地区的探索实践，以及数字技术的发展趋势，我们研判未来 3 年智慧应急产业的建设重点将从基础设施转向智能应用，并且数字化预案和数字化演练是最有可能脱颖而出的行业共性智能应用。

（一）数字化应急预案引领应急预案管理变革

应急预案是指各级人民政府及其部门、基层组织、企事业单位、社会团体等为依法、迅速、科学、有序应对突发事件，最大限度地减少突发事件及其造成的损害而预先制定的工作方案。应急预案具有规划、纲领和指导的作用，是应急管理理念的载体，是应急行动的动员令，是应急管理部门实施应急、预防、引导、操作等工作的重要依据。但是，应急预案在实战应用中效果不佳，与其重要地位极其不匹配。究其原因，传统的应急预案主要以文本或电子文档形式存在，是静态化的，无法匹配突发事件的动态变化。业界纷纷探索应急预案的数字化改革，即数字化应急预案。应急管理部《关于推进应急管理信息化建设的意见》也提出"建设数字化应急预案库"。

数字化应急预案（以下简称"数字化预案"）是以应急预案文本为基础，以数字技术为支撑，对预案涉及的突发事件情景、应急响应行动、应急组织机构及其职责、应急资源等要素进行数字化描述的预案形式。更直接地讲，数字化预案可以理解成用计算机语言描述应急组织和流程的预案。对比使用自然语言的传统预案，数字化预案有着语义精确、细节丰富、易于执行等优势，并且与计算程序语言类似，可以通过一系列智能工具开展自动化检查、优化和执行。

数字化预案发展阶段如图 10-9 所示。

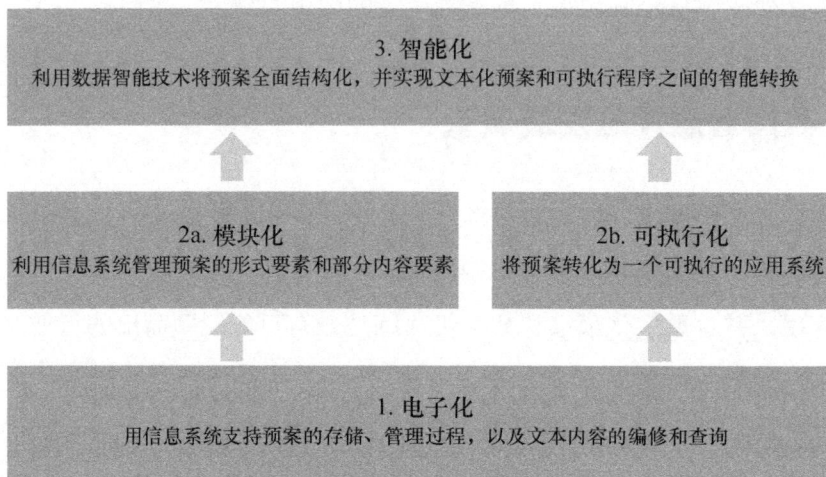

图 10-9　数字化预案发展阶段

数字化预案的发展大致可分为电子化、模块化、可执行化、智能化 4 个阶段。当前，数字化预案正由模块化和可执行化向智能化转型，并且呈现以下特点。**一是从单点到体系**。需要数字化的不再是单个预案，而是整个预案体系及其相关内容。数字化预案需要处理整个预案体系，检查体系的完备性和衔接性；需要数字化预案中的所有要素，包括法律法规、突发事件情景、组织架构和职责、应急指令等；需要数字化应急预案相关的事故风险、事故案例、上报信息等各类内容。**二是从专用到通用**。数字化预案覆盖的场景要扩大，不仅覆盖建筑物消防、工地安全、交通事故等特殊场景，还覆盖自然灾害和事故灾难的全部场景。未来，还会进一步覆盖公共卫生事件和社会安全事件。**三是从训练到实战**。数字化预案要更贴近实战，不仅服务于人员训练，还要支持应急的全业务流程，尤其要在指挥调度中发挥重要的作用。以上几个转变将有效支撑预案在应急管理中的关键地位，因此，具有极大的应用价值。

数字化预案作为"一案三制"管理体系中的关键组成，可以应用到预案编修、事故调查、预案演练、应急指挥调度和处置执行等应急管理的各个场景中，并促进相关业务的智能化程度，有效改变整个行业的工作模式，极大地提高组织应对突发事件的效率。数字化预案及其应用场景如图 10-10 所示。

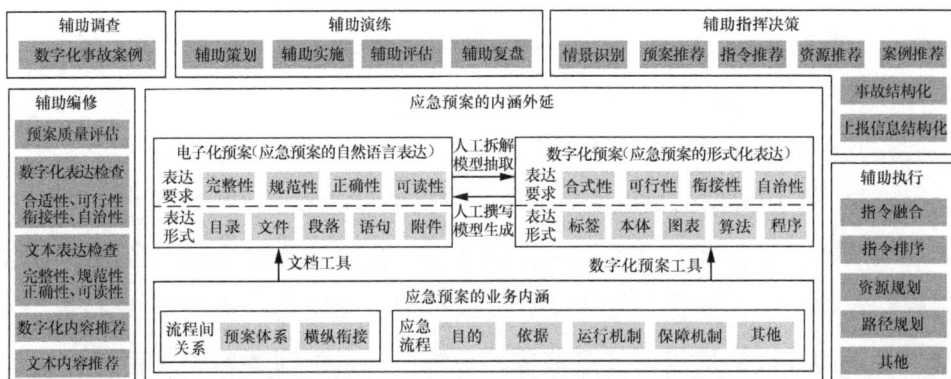

图 10-10　数字化预案及其应用场景

（二）数字化演练探索初见成效

应急管理部门将演练视为应急实战的必要阶段，而且越来越多的法律法规对演练做出了明确的要求，并针对演练推出一系列标准规范。在应急管理数字化转型的大背景下，应急演练作为应急管理体系的重要组成部分，也开始由传统演练模式向数字化演练模式转变。

1. 应急演练法律法规、政策制度体系日臻完善

在信息技术飞速发展，AI、大数据、数字孪生等技术日益成熟的今天，推进现代化演练发展，需要数字化、智能化的转变，才能发挥更大的作用，更加贴合实际服务于突发事件的应急救援。我国政府陆续出台一系列加强数字化演练建设的纲领性文件，例如，《应急管理信息化发展战略规划框架（2018—2022 年）》中明确将"培训演练"纳入业务应用体系建设范围。目前，应急管理部已研究编制了应急预案管理和应急演练系统设计方案，组织开展预案数字化建设、应急演练仿真实训平台建设等相关课题研究，着力构建全

流程应急预案管理平台和基于情景事件模型驱动的决策型应急演练仿真实训平台，推动提高应急预案建设的层次性、协调性和应急演练的针对性。《上海市应急管理"十四五"规划》中的重点工程项目"海上搜救应急联动指挥系统建设工程"和"危险化学品安全生产应急救援上海基地建设工程"也将培训演练数字化建设纳入规划，以便加强应急装备物资储备、应急预案演练、应急救援培训、应急队伍训练。

2. 数字化演练平台建设方兴未艾

目前，个别试点已初见成效，例如，交通运输部海事局建设的海事危防管理系统实现了基础信息管理、资源调度、模拟演练等重要业务环节的电子化、可视化、智能化。其中，桌面模拟演练模块支持模拟事故环境，供用户在不同预设的场景下开展演练，系统自动记录演练实施过程，实现对演练实施过程进行回溯分析。浙江省杭州市危化品事故防控和模拟演练系统、福建省水利厅建设的防汛减灾 VR 应急演练系统、辽宁省组织研发的原油罐区事故应急决策模拟演练平台、上海市政府建设的化学工业区公共事务中心化工区智能化应急指挥部项目中也包含了应急演练信息系统的建设、南京市栖霞区人民政府江阴市应急办等多家单位使用了应急演练仿真模拟系统，实现对应急管理流程的演练，使问题提前暴露，提升了城市的应急管理水平。同时，以演练个性化需求为驱动的企业级演练数字化建设呈快速上升趋势，该种方式既满足了企业频繁演练、培训的需求，又节省了人力、物力、财力。并且基于模拟仿真、数字孪生等技术的应急演练系统可以将事故现场高度还原到虚拟智慧场景，具有传统应急演练无法比拟的优势，为应急演练提供了一种全新的模式。

（三）智慧应急应用百花齐放

应急管理部于 2018 年发布的《应急管理信息化发展战略规划框架（2018—2022 年）》，已成为应急管理信息化工作的基本纲领。各级地方政府积极响应，大力推进应急管理的数字化转型。经过多年的建设，全国的应急管理信息化已经取得了显著成效。

基本搭建了全国应急通信网络。初步实现了"国家—省—市—县"四级信息贯通和视频直通。建成了公共应急宽带卫星通信系统甚小天线地球站（Very Small Aperture Terminal，VSAT），发射"天通一号"自主卫星和 Ka 宽带卫星，完善了国家"空天地一体"的应急通信保障网络。初步形成覆盖全国的应急宽带卫星通信和短波通信网络。

基本形成"一网通办、一网统管"模式。应急管理部主导建设了一系列全国统一使用的管理系统，包括企业安全生产标准化信息管理系统、生产安全事故统计信息直报系统、危险化学品登记信息管理系统、全国应急避难场所综合信息管理服务平台、互联网＋执法、安全生产举报信息统计系统、安全生产信用信息管理系统等。

应急管理部和各地初步搭建了应急管理云计算和大数据平台。应急管理部各机关司局、国家煤监局、消防救援局及部分有条件的省厅均建设了应急管理应用云计算和大数据平台。多地完成了应急管理信息交换共享平台建设，开展数据治理工作。

以上共性数字化基础设施为应急管理的数字化转型打下了坚实的基础。接下来，智慧应急的工作将瞄准实战应用展开。《应急管理部关于推进应急管理信息化建设的意见》提出，统筹基础设施、应用系统、网络安全防护和大数据基础等共性内容的建设，并将由应急管理部统一运营，向全国开放使用。预计未来与这些内容相关的市场集中度会比较高。该文件强调突出深化专项应用系统建设，包括安全生产风险监测预警系统、自然灾害综合风险监测预警系统、监管和政务服务系统、科普宣教系统等，预计这些专项应用将是未来 3 年的发展重点。

编写单位：北京百分点科技集团股份有限公司　北京大学政府管理学院

作者：刘译璟　李霖枫　刘　旭　高竞秀　陈　宁　丁　磊　蒋腾龙　徐璐琳